GOLDMANN KLASSIKER

Band KL 240

Gottfried Keller. Die Leute von Seldwyla I

GOTTFRIED KELLER

Ausgewählte Werke in sieben Bänden:

Die Leute von Seldwyla. Erzählungen. Erster Teil. Inhalt: Pankraz, der Schmoller – Romeo und Julia auf dem Dorfe – Frau Regel Amrain und ihr Jüngster – Die drei gerechten Kammmacher – Spiegel, das Kätzchen (KL 240)

Die Leute von Seldwyla. Erzählungen. Zweiter Teil. Inhalt: Kleider machen Leute – Der Schmied seines Glückes – Die mißbrauchten Liebesbriefe – Dietegen – Das verlorene Lachen (KL 241)

Der grüne Heinrich (Zweite Fassung). Roman (KL 239)

Züricher Novellen. Inhalt: Herr Jacques – Hadlaub – Der Narr auf Manegg – Der Landvogt von Greifensee – Das Fähnlein der sieben Aufrechten – Ursula (KL 243)

Sieben Legenden – Das Sinngedicht (1556/57)

Martin Salander. Roman (1558/59)

Gedichte und Schriften. Inhalt: Gedichte – Vermischte Gedanken über die Schweiz – Ludwig Börne – Die Romantik und die Gegenwart – Jeremias Gotthelf – Das goldene Grün bei Goethe und Schiller – Am Mythenstein – Die neuen kritischen Gänge von F. Th. Vischer – Erinnerung an Xaver Schnyder von Wartensee – Zu Friedrich Theodor Vischers achtzigstem Geburtstage – Bettagsmandate – Autobiographien (1560)

GOTTFRIED KELLER

Die Leute von Seldwyla

Erzählungen

ERSTER TEIL

WILHELM GOLDMANN VERLAG
MÜNCHEN

Umschlagbild: St. Gallen. Stich um 1840 (Ausschnitt)

7054 · Made in Germany · VI · 76185
Umschlagentwurf: Ilsegard Reiner. Foto: Staatsbibliothek Berlin, Bildarchiv.
Satz und Druck: Presse-Druck, Augsburg. Verlagsnummer KL 240 · MV/Pay
ISBN 3-442-12240-6

INHALT

Seldwyla bedeutet nach der älteren Sprache einen wonnigen und sonnigen Ort, und so ist auch in der Tat die kleine Stadt dieses Namens gelegen irgendwo in der Schweiz. Sie steckt noch in den gleichen alten Ringmauern und Türmen wie vor dreihundert Jahren und ist also immer das gleiche Nest; die ursprüngliche tiefe Absicht dieser Anlage wird durch den Umstand erhärtet, daß die Gründer der Stadt dieselbe eine gute halbe Stunde von einem schiffbaren Flusse angepflanzt, zum deutlichen Zeichen, daß nichts daraus werden solle. Aber schön ist sie gelegen mitten in grünen Bergen, die nach der Mittagseite zu offen sind, so daß wohl die Sonne herein kann, aber kein rauhes Lüftchen. Deswegen gedeiht auch ein ziemlich guter Wein rings um die alte Stadtmauer, während höher hinauf an den Bergen unabsehbare Waldungen sich hinziehen, welche das Vermögen der Stadt ausmachen; denn dies ist das Wahrzeichen und sonderbare Schicksal derselben, daß die Gemeinde reich ist und die Bürgerschaft arm, und zwar so, daß kein Mensch zu Seldwyla etwas hat und niemand weiß, wovon sie seit Jahrhunderten eigentlich leben. Und sie leben sehr lustig und guter Dinge, halten die Gemütlichkeit für ihre besondere Kunst, und wenn sie irgendwo hinkommen, wo man anderes Holz brennt, so kritisieren sie zuerst die dortige Gemütlichkeit und meinen, ihnen tue es doch niemand zuvor in dieser Hantierung.

Der Kern und der Glanz des Volkes besteht aus den jungen Leuten von etwa zwanzig bis fünf-, sechsunddreißig Jahren, und diese sind es, welche den Ton angeben, die Stange halten und die Herrlichkeit von Seldwyla darstellen. Denn während dieses Alters üben sie das Geschäft, das Handwerk, den Vorteil oder was sie sonst gelernt haben, d. h. sie lassen, solange es geht, fremde Leute für sich arbeiten und benutzen ihre Profession zur Betreibung eines trefflichen Schuldenverkehres, der eben die Grundlage der Macht, Herrlichkeit und Gemütlichkeit der Herren von Seldwyla bildet und mit einer ausgezeichneten Gegenseitigkeit und Verständnisinnigkeit gewahrt wird; aber wohlgemerkt, nur unter dieser Aristokratie der Jugend. Denn sowie einer die Grenze der besagten blühenden Jahre erreicht, wo die Männer anderer Städtlein etwa anfangen erst recht in sich zu gehen und zu erstarken, so ist er in Seldwyla fertig; er muß fallen lassen und hält sich, wenn er ein ganz gewöhnlicher Seldwyler ist, ferner am Orte auf als ein Entkräfteter und aus dem Paradies des Kredites Verstoßener, oder wenn noch etwas in ihm steckt, das noch nicht verbraucht ist, so geht er in fremde Kriegsdienste und lernt dort für einen fremden Tyrannen, was er für sich selbst zu üben verschmäht hat, sich einzuknöpfen und steif aufrecht zu halten. Diese kehren als tüchtige Kriegsmänner nach einer Reihe von Jahren zurück und gehören dann zu den besten Exerziermeistern der Schweiz, welche die junge Mannschaft zu erziehen wissen, daß es eine Lust ist. Andere ziehen noch anderwärts auf Abenteuer aus gegen das vierzigste Jahr hin, und in den verschiedensten Weltteilen kann man Seldwyler treffen, die sich alle dadurch auszeichnen, daß sie sehr geschickt Fische zu essen verstehen, in Australien, in Kalifornien, in Texas wie in Paris oder Konstantinopel.

Was aber zurückbleibt und am Orte alt wird, das lernt dann nachträglich arbeiten, und zwar jene krabbelige Arbeit von tausend kleinen Dingen, die man eigentlich nicht gelernt, für den täglichen Kreuzer, und die alternden verarmten Seldwyler mit ihren Weibern und Kindern sind die emsigsten Leutchen von der Welt, nachdem sie das erlernte Handwerk aufgegeben, und es ist rührend anzusehen, wie tätig sie dahinter her sind, sich die Mittelchen zu einem guten Stückchen Fleisch von ehedem zu erwerben. Holz haben alle Bürger die Fülle, und die Gemeinde verkauft jährlich noch einen guten Teil, woraus die große Armut unterstützt und genährt wird, und so steht das alte Städtchen in unveränderlichem Kreislauf der Dinge bis heute. Aber immer sind sie im ganzen zufrieden und munter, und wenn je ein Schatten ihre Seele trübt, wenn etwa eine allzu hartnäckige Geldklemme über der Stadt weilt, so vertreiben sie sich die Zeit und ermuntern sich durch ihre große politische Beweglichkeit, welche ein weiterer Charakterzug der Seldwyler ist. Sie sind nämlich leidenschaftliche Parteileute, Verfassungsrevisoren und Antragsteller, und wenn sie eine recht verrückte Motion ausgeheckt haben und durch ihr Großratsmitglied stellen lassen oder wenn der Ruf nach Verfassungsänderung in Seldwyla ausgeht, so weiß man im Lande, daß im Augenblick dort kein Geld zirkuliert. Dabei lieben sie die Abwechslung der Meinungen und Grundsätze und sind stets den Tag darauf, nachdem eine Regierung gewählt ist, in der Opposition gegen dieselbe. Ist es ein radikales Regiment, so scharen sie sich, um es zu ärgern, um den konservativen frömmlichen Stadtpfarrer, den sie noch gestern gehänselt, und machen ihm den Hof, indem sie sich mit verstellter Begeisterung in seine Kirche drängen, seine Predigten preisen und mit großem Geräusch seine gedruckten Traktätchen und Berichte der Baseler Missionsgesellschaft umherbieten, natürlich ohne ihm einen Pfennig beizusteuern. Ist aber ein Regiment am Ruder, welches nur halbwegs konservativ aussieht, stracks drängen sie sich um die Schullehrer der Stadt, und der Pfarrer hat genug an den Glaser zu zahlen für eingeworfene Scheiben. Besteht hingegen die Regierung aus liberalen Juristen, die viel auf die Form halten, und aus häklichen Geldmännern, so laufen sie flugs dem nächstwohnenden Sozialisten zu und ärgern die Regierung, indem sie denselben in den Rat wählen mit dem Feldgeschrei: Es sei nun genug des politischen Formenwesens, und die materiellen Interessen seien es, welche allein das Volk noch kümmern könnten. Heute wollen sie das Veto haben und sogar die unmittelbarste Selbstregierung mit permanenter Volksversammlung, wozu freilich die Seldwyler am meisten Zeit hätten, morgen stellen sie sich übermüdet und blasiert in öffentlichen Dingen und lassen ein halbes Dutzend alte Stillständer, die vor dreißig Jahren falliert und sich seither stillschweigend rehabilitiert haben, die Wahlen besorgen; alsdann sehen sie behaglich hinter den Wirtshausfenstern hervor die Stillständer in die Kirche schleichen und lachen sich in die Faust, wie jener Knabe, welcher sagte: Es geschieht meinem Vater schon recht, wenn ich mir die Hände verfriere, warum kauft er mir keine Handschuhe! * Gestern schwärmten sie allein für das eidgenössische Bundesleben und waren höchlich empört, daß man Anno achtundvierzig nicht gänzliche Einheit hergestellt habe; heute sind sie ganz versessen auf die Kantonalsouveränität und haben nicht mehr in den Nationalrat gewählt.

Wenn aber eine ihrer Aufregungen und Motionen der Landesmehrheit störend und unbequem wird, so schickt ihnen die Regierung gewöhnlich als Beruhigungsmittel eine Untersuchungskommission auf den Hals, welche die Verwaltung des Seldwyler Gemeindegutes regulieren soll; dann haben sie vollauf mit sich selbst zu tun, und die Gefahr ist abgeleitet.

Alles dies macht ihnen großen Spaß, der nur überboten wird, wenn sie allherbstlich ihren jungen Wein trinken, den gärenden Most, den sie Sauser nennen; wenn er gut ist, so ist man des Lebens nicht sicher unter ihnen, und sie machen einen Höllenlärm; die ganze Stadt duftet nach jungem Wein, und die Seldwyler taugen dann auch gar nichts. Je weniger aber ein Seldwyler zu Hause was taugt, um so besser hält er sich sonderbarerweise, wenn er ausrückt, und ob sie einzeln oder in Kompanie ausziehen, wie z. B. in früheren Kriegen, so haben sie sich doch immer gut gehalten. Auch als Spekulant und Geschäftsmann hat schon mancher sich rüstig umge-

* Seldwyler Maxime: Charakteristik des Betragens der dortigen Bewohner

tan, wenn er nur erst aus dem warmen sonnigen Tale herauskam, wo er nicht gedieh.

In einer so lustigen und seltsamen Stadt kann es an allerhand seltsamen Geschichten und Lebensläufen nicht fehlen, da Müßiggang aller Laster Anfang ist. Doch nicht solche Geschichten, wie sie in dem beschriebenen Charakter von Seldwyla liegen, will ich eigentlich in diesem Büchlein erzählen, sondern einige sonderbare Abfällsel, die so zwischendurch passierten, gewissermaßen ausnahmsweise, und doch auch gerade nur zu Seldwyla vor sich gehen konnten.

Pankraz, der Schmoller

Auf einem stillen Seitenplätzchen, nahe an der Stadtmauer, lebte die Witwe eines Seldwylers, der schon lange fertig geworden und unter dem Boden lag. Dieser war keiner von den Schlimmsten gewesen, vielmehr fühlte er eine so starke Sehnsucht, ein ordentlicher und fester Mann zu sein, daß ihn der herrschende Ton, dem er als junger Mensch nicht entgehen konnte, angriff; und als seine Glanzzeit vorübergegangen und er der Sitte gemäß abtreten mußte von dem Schauplatz der Taten, da erschien ihm alles wie ein wüster Traum und wie ein Betrug um das Leben, und er bekam davon die Auszehrung und starb unverweilt.

Er hinterließ seiner Witwe ein kleines baufälliges Häuschen, einen Kartoffelacker vor dem Tore und zwei Kinder, einen Sohn und eine Tochter. Mit dem Spinnrocken verdiente sie Milch und Butter, um die Kartoffeln zu kochen, die sie pflanzte, und ein kleines Witwengehalt, das der Armenpfleger jährlich auszahlte, nachdem er es jedesmal einige Wochen über den Termin hinaus in seinem Geschäfte benutzt, reichte gerade zu dem Kleiderbedarf und einigen anderen kleinen Ausgaben hin. Dieses Geld wurde immer mit Schmerzen erwartet, indem die ärmlichen Gewänder der Kinder gerade um jene verlängerten Wochen zu früh gänzlich schadhaft waren und der Buttertopf überall seinen Grund durchblicken ließ. Dieses Durchblicken des grünen Topfbodens war eine so regelmäßige jährliche Erscheinung, wie irgendeine am Himmel, und verwandelte ebenso regelmäßig eine Zeitlang die kühle, kümmerlichstille Zufriedenheit der Familie in eine wirkliche Unzufriedenheit. Die Kinder plagten die Mutter um besseres und reichlicheres Essen; denn sie hielten sie in ihrem Unverstande für mächtig genug dazu, weil sie ihr ein und alles, ihr einziger Schutz und ihre einzige Oberbehörde war. Dic Mutter war unzufrieden, daß die Kinder nicht entweder mehr Verstand oder mehr zu essen oder bcides zusammen erhielten.

Besagte Kinder aber zeigten verschiedene Eigenschaften. Der Sohn war ein unansehnlicher Knabe von vierzehn Jahren, mit grauen Augen und ernsthaften Gesichtszügen, welcher des Morgens lang im Bette lag, dann ein wenig in einem zerrissenen Geschichts- und Geographiebuche las und alle Abend, sommers wie winters, auf den Berg lief, um dem Sonnenuntergang beizuwohnen, welches die einzige glänzende und pomphafte Begebenheit war, welche sich für ihn zutrug. Sie schien für ihn etwa das zu sein, was für die

Kaufleute der Mittag auf der Börse; wenigstens kam er mit ebenso abwechselnder Stimmung von diesem Vorgang zurück, und wenn es recht rotes und gelbes Gewölk gegeben, welches gleich großen Schlachtheeren in Blut und Feuer gestanden und majestätisch manövriert hatte, so war er eigentlich vergnügt zu nennen.

Dann und wann, jedoch nur selten, beschrieb er ein Blatt Papier mit seltsamen Listen und Zahlen, welches er dann zu einem kleinen Bündel legte, das durch ein Endchen alte Goldtresse zusammengehalten wurde. In diesem Bündelchen stak hauptsächlich ein kleines Heft, aus einem zusammengefalteten Bogen Goldpapier gefertigt, dessen weiße Rückseiten mit allerlei Linien, Figuren und aufgereihten Punkten, dazwischen Rauchwolken und fliegende Bomben, gefüllt und beschrieben waren. Dies Büchlein betrachtete er oft mit großer Befriedigung und brachte neue Zeichnungen darin an, meistens um die Zeit, wenn das Kartoffelfeld in voller Blüte stand. Er lag dann im blühenden Kraut unter dem blauen Himmel, und wenn er eine weiße beschriebene Seite betrachtet hatte, so schaute er dreimal so lange in das gegenüberstehende glänzende Goldblatt, in welchem sich die Sonne brach. Im übrigen war es ein eigensinniger und zum Schmollen geneigter Junge, welcher nie lachte und auf Gottes lieber Welt nichts tat oder lernte.

Seine Schwester war zwölf Jahre alt und ein bildschönes Kind mit langem und dickem braunem Haar, großen braunen Augen und der allerweißesten Hautfarbe. Dies Mädchen war sanft und still, ließ sich vieles gefallen und murrte weit seltener als sein Bruder. Es besaß eine helle Stimme und sang gleich einer Nachtigall; doch obgleich es mit all diesem freundlicher und lieblicher war als der Knabe, so gab die Mutter doch diesem scheinbar den Vorzug und begünstigte ihn in seinem Wesen, weil sie Erbarmen mit ihm hatte, da er nichts lernen und es ihm wahrscheinlicherweise einmal recht schlecht ergehen konnte, während nach ihrer Ansicht das Mädchen nicht viel brauchte und schon deshalb unterkommen würde.

Dieses mußte daher unaufhörlich spinnen, damit das Söhnlein desto mehr zu essen bekäme und recht mit Muße sein einstiges Unheil erwarten könne. Der Junge nahm dies ohne weiteres an und gebärdete sich wie ein kleiner Indianer, der die Weiber arbeiten läßt, und auch seine Schwester empfand hiervon keinen Verdruß und glaubte, das müsse so sein.

Die einzige Entschädigung und Rache nahm sie sich durch eine allerdings arge Unzukömmlichkeit, welche sie sich beim Essen mit List oder Gewalt immer wieder erlaubte. Die Mutter kochte nämlich jeden Mittag einen dicken Kartoffelbrei, über welchen sie eine fette Milch oder eine Brühe von schöner brauner Butter goß. Diesen Kartoffelbrei aßen sie alle zusammen aus der Schüssel mit ihren Blechlöffeln, indem jeder vor sich eine Vertiefung in das feste Kartoffelgebirge hineingrub. Das Söhnlein, welches bei aller Seltsamkeit in Eßangelegenheiten einen strengen Sinn für militärische Regelmäßigkeit beurkundete und streng darauf hielt, daß jeder nicht mehr noch weniger nahm, als was ihm zukomme, sah stets darauf, daß die Milch oder die gelbe Butter, welche am Rande der Schlüssel umherfloß, gleichmäßig in die abgeteilten Gruben laufe; das Schwesterchen hingegen, welches viel harmloser war, suchte, sobald ihre Quellen versiegt waren, durch allerhand künstliche Stollen und Abzugsgräben die wohlschmeckenden Bächlein auf ihre Seite zu leiten, und wie sehr sich auch der Bruder dem widersetzte und ebenso künstliche Dämme aufbaute und überall verstopfte, wo sich ein verdächtiges Loch zeigen wollte, so wußte sie doch immer wieder eine geheime Ader des Breies zu eröffnen oder langte kurzweg in offenem Friedensbruch mit ihrem Löffel und mit lachenden Augen in des Bruders gefüllte Grube. Alsdann warf er den Löffel weg, lamentierte und schmollte, bis die gute Mutter die Schüssel zur Seite neigte und ihre eigene Brühe voll in das Labyrinth der Kanäle und Dämme ihrer Kinder strömen ließ.

So lebte die kleine Familie einen Tag wie den andern, und indem dies immer so blieb, während doch die Kinder sich auswuchsen, ohne daß sich eine günstige Gelegenheit zeigte, die Welt zu erfassen und irgend etwas zu werden, fühlten sich alle immer unbehaglicher und kümmerlicher in ihrem Zusammensein. Pankraz, der Sohn, tat und lernte fortwährend nichts als eine sehr ausgebildete und künstliche Art zu schmollen, mit welcher er seine Mutter, seine Schwester und sich selbst quälte. Es ward dies eine ordentliche und interessante Beschäftigung für ihn, bei welcher er die müßigen Seelenkräfte fleißig übte im Erfinden von hundert kleinen häuslichen Trauerspielen, die er veranlaßte und in welchen er behende und meisterlich den steten Unrechtleider zu spielen wußte. Estherchen, die Schwester, wurde dadurch zu reichlichem Weinen gebracht, durch welches aber die Sonne ihrer Heiterkeit schnell wieder hervorstrahlte. Diese Oberflächlichkeit ärgerte und kränkte dann den Pankraz so, daß er immer längere Zeiträume hindurch schmollte und aus selbstgeschaffenem Ärger selbst heimlich weinte.

Doch nahm er bei dieser Lebensart merklich zu an Gesundheit und Kräften, und als er diese in seinen Gliedern anwachsen fühlte, erweiterte er seinen Wirkungskreis und strich mit einer tüchtigen Baumwurzel oder einem Besenstiel in der Hand durch Feld und

Wald, um zu sehen, wie er irgendwo ein tüchtiges Unrecht auftreiben und erleiden könne. Sobald sich ein solches zur Not dargestellt und entwickelt, prügelte er unverweilt seine Widersacher auf das jämmerlichste durch, und er erwarb sich und bewies in dieser seltsamen Tätigkeit eine solche Gewandtheit, Energie und feine Taktik, sowohl im Ausspüren und Aufbringen des Feindes als im Kampfe, daß er sowohl einzelne ihm an Stärke weit überlegene Jünglinge als ganze Trupps derselben entweder besiegte oder wenigstens einen ungestraften Rückzug ausführte.

War er von einem solchen wohlgelungenen Abenteuer zurückgekommen, so schmeckte ihm das Essen doppelt gut, und die Seinigen erfreuten sich dann einer heitern Stimmung. Eines Tages aber war es ihm doch begegnet, daß er, statt welche auszuteilen, beträchtliche Schläge selbst geerntet hatte, und als er voll Scham, Verdruß und Wut nach Hause kam, hatte Estherchen, welche den ganzen Tag gesponnen, dem Gelüste nicht widerstehen können und sich noch einmal über das für Pankraz aufgehobene Essen hergemacht und davon einen Teil gegessen, und zwar, wie es ihm vorkam, den besten. Traurig und wehmütig, mit kaum verhaltenen Tränen in den Augen, besah er das unansehnliche, kalt gewordene Restchen, während die schlimme Schwester, welche schon wieder am Spinnrädchen saß, unmäßig lachte.

Das war zuviel, und nun mußte etwas Gründliches geschehen. Ohne zu essen, ging Pankraz hungrig in seine Kammer, und als ihn am Morgen seine Mutter wecken wollte, daß er doch zum Frühstück käme, war er verschwunden und nirgends zu finden. Der Tag verging, ohne daß er kam, und ebenso der zweite und dritte Tag. Die Mutter und Estherchen gerieten in große Angst und Not; sie sahen wohl, daß er vorsätzlich davongegangen, indem er seine Habseligkeiten mitgenommen. Sie weinten und klagten unaufhörlich, wenn alle Bemühungen fruchtlos blieben, eine Spur von ihm zu entdecken, und als nach Verlauf eines halben Jahres Pankrazius verschwunden war und blieb, ergaben sie sich mit trauriger Seele in ihr Schicksal, das ihnen nun doppelt einsam und arm erschien.

Wie lange wird nicht eine Woche, ja nur ein Tag, wenn man nicht weiß, wo diejenigen, die man liebt, jetzt stehn und gehn, wenn eine solche Stille darüber durch die Welt herrscht, daß allnirgends auch nur der leiseste Hauch von ihrem Namen ergeht, und man weiß doch, sie sind da und atmen irgendwo.

So erging es der Mutter und dem Estherlein fünf Jahre, zehn Jahre und fünfzehn Jahre, einen Tag wie den andern, und sie wußten nicht, ob ihr Pankrazius tot oder lebendig sei. Das war ein langes und gründliches Schmollen, und Estherchen, welches eine schöne Jungfrau geworden, wurde darüber zu einer hübschen und feinen alten Jungfer, welche nicht nur aus Kindestreue bei der alternden Mutter blieb, sondern ebensowohl aus Neugierde, um ja in dem Augenblicke dazusein, wo der Bruder sich endlich zeigen würde, und zu sehen, wie die Sache eigentlich verlaufe. Denn sie war guter Dinge und glaubte fest, daß er eines Tages wiederkäme und daß es dann etwas Rechtes auszulachen gäbe. Übrigens fiel es ihr nicht schwer, ledig zu bleiben, da sie klug war und wohl sah, wie bei den Seldwylern nicht viel dahintersteckte an dauerhaftem Lebensglücke und sie dagegen mit ihrer Mutter unveränderlich in einem kleinen Wohlständchen lebte, ruhig und ohne Sorgen; denn sie hatten ja einen tüchtigen Esser weniger und brauchten für sich fast gar nichts.

Da war es einst ein heller schöner Sommernachmittag, mitten in der Woche, wo man so an gar nichts denkt und die Leute in den kleinen Städten fleißig arbeiten. Der Glanz von Seldwyla befand sich sämtlich mit dem Sonnenschein auf den übergrünten Kegelbahnen vor dem Tore oder auch in kühlen Schenkstuben in der Stadt. Die Falliten und Alten aber hämmerten, näheten, schusterten, klebten, schnitzelten und bastelten gar emsig darauflos, um den langen Tag zu benutzen und einen vergnügten Abend zu erwerben, den sie nunmehr zu würdigen verstanden. Auf dem kleinen Platze, wo die Witwe wohnte, war nichts als die stille Sommersonne auf dem begrasten Pflaster zu sehen; an den offenen Fenstern aber arbeiteten ringsum die alten Leute und spielten die Kinder. Hinter einem blühenden Rosmaringärtchen auf einem Brette saß die Witwe und spann und ihr gegenüber Estherchen und nähete. Es waren schon einige Stunden seit dem Essen verflossen, und noch hatte niemand eine Zwiesprache gehalten von der ganzen Nachbarschaft. Da fand der Schuhmacher wahrscheinlich, daß es Zeit sei, eine kleine Erholungspause zu eröffnen, und nieste so laut und mutwillig: Hupschi!, daß alle Fenster zitterten und der Buchbinder gegenüber – der eigentlich kein Buchbinder war, sondern nur so aus dem Stegreif allerhand Pappkästchen zusammenleimte und an der Türe ein verwittertes Glaskästchen hängen hatte, in welchem eine Stange Siegellack an der Sonne krumm wurde –, dieser Buchbinder rief: Zur Gesundheit!!, und alle Nachbarsleute lachten. Einer nach dem andern steckte den Kopf durch das Fenster, einige traten sogar vor die Türe und gaben sich Prisen, und so war das Zeichen gegeben zu einer kleinen Nachmittagsunterhaltung und zu einem fröhlichen Gelächter während des Vesperkaffees, der schon aus allen

Häusern duftete und zichorierte. Diese hatten endlich gelernt, sich aus wenigem einen Spaß zu machen. Da kam in dies Vergnügen herein ein fremder Leiermann mit einem schön polierten Orgelkasten, was in der Schweiz eine ziemliche Seltenheit ist, da sie keine eingeborenen Leiermänner besitzt. Er spielte ein sehnsüchtiges Lied von der Ferne und ihren Dingen, welches die Leute über die Maßen schön dünkte und besonders der Witwe Tränen entlockte, da sie ihres Pankräzchens gedachte, das nun schon viele Jahre verschwunden war. Der Schuhmacher gab dem Manne einen Kreuzer, er zog ab, und das Plätzchen wurde wieder still. Aber nicht lange nachher kam ein anderer Herumtreiber mit einem großen fremden Vogel in einem Käfig, den er unaufhörlich zwischen dem Gitter durch mit einem Stäbchen anstach und erklärte, so daß der traurige Vogel keine Ruhe hatte. Es war ein Adler aus Amerika; und die fernen blauesten Länder, über denen er in seiner Freiheit geschwebt, kamen der Witwe in den Sinn und machten sie um so trauriger, als sie gar nicht wußte, was das für Länder wären, noch wo ihr Söhnchen sei. Um den Vogel zu sehen, hatten die Nachbaren auf das Plätzchen hinaustreten müssen, und als er nun fort war, bildeten sie eine Gruppe, steckten die Nasen in die Luft und lauerten auf noch mehr Merkwürdigkeiten, da sie nun doch die Lust ankam, den übrigen Tag zu vertrödeln.

Diese Lust wurde denn auch erfüllt, und es dauerte nicht lange, bis das allergrößte Spektakel sich mit großem Lärm näherte, unter dem Zulauf aller Kinder des Städtchens. Denn ein mächtiges Kamel schwankte auf den Platz, von mehreren Affen bewohnt; ein großer Bär wurde an seinem Nasenring herbeigeführt; zwei oder drei Männer waren dabei, kurz, ein ganzer Bärentanz führte sich auf, und der Bär tanzte und machte seine possierlichen Künste, indem er von Zeit zu Zeit unwirsch brummte, daß die friedlichen Leute sich fürchteten und in scheuer Entfernung dem wilden Wesen zuschauten. Estherchen lachte und freute sich unbändig über den Bären, wie er so zierlich umherwatschelte mit seinem Stecken, über das Kamel mit seinem selbstvergnügten Gesicht und über die Affen. Die Mutter dagegen mußte fortwährend weinen; denn der böse Bär erbarmte sie, und sie mußte wiederum ihres verschollenen Sohnes gedenken.

Als endlich auch dieser Aufzug wieder verschwunden und es wieder still geworden, indem die aufgeregten Nachbaren sich mit seinem Gefolge ebenfalls aus dem Staube gemacht, um da oder dort zu einem Abendschöppchen unterzukommen, sagte Estherchen: »Mir ist es nun zumute, als ob der Pankraz ganz gewiß heute noch kommen würde, da schon so viele unerwartete Dinge geschehen und solche Kamele, Affen und Bären dagewesen sind!« Die Mutter ward böse darüber, daß sie den armen Pankraz mit diesen Bestien sozusagen zusammenzählte und auslachte, und hieß sie schweigen, nicht innewerdend, daß sie ja selbst das gleiche getan in ihren Gedanken. Dann sagte sie seufzend: »Ich werde es nicht erleben, daß er wiederkommt!«

Indem sie dies sagte, begab sich die größte Merkwürdigkeit dieses Tages, und ein offener Reisewagen mit einem Extrapostillion fuhr mit Macht auf das stille Plätzchen, das von der Abendsonne noch halb bestreift war. In dem Wagen saß ein Mann, der eine Mütze trug, wie die französischen Offiziere sie tragen, und ebenso trug er einen Schnurr- und Kinnbart und ein gänzlich gebräuntes und ausgedörrtes Gesicht zur Schau, das überdies einige Spuren von Kugeln und Säbelhieben zeigte. Auch war er in einen Burnus gehüllt, alles dies, wie es französische Militärs aus Afrika mitzubringen pflegen, und die Füße stemmte er gegen eine kolossale Löwenhaut, welche auf dem Boden des Wagens lag; auf dem Rücksitze vor ihm lag ein Säbel und eine halblange arabische Pfeife neben anderen fremdartigen Gegenständen.

Dieser Mann sperrte ungeachtet des ernsten Gesichtes, das er machte, die Augen weit auf und suchte mit denselben rings auf dem Platze ein Haus, wie einer, der aus einem schweren Traume erwacht. Beinahe taumelnd sprang er aus dem Wagen, der von ungefähr auf der Mitte des Plätzchens still hielt; doch ergriff er die Löwenhaut und seinen Säbel und ging sogleich sicheren Schrittes in das Häuschen der Witwe, als ob er erst vor einer Stunde aus demselben gegangen wäre. Die Mutter und Estherchen sahen dies voll Verwunderung und Neugierde und horchten auf, ob der Fremde die Treppe heraufkäme; denn obgleich sie kaum eben noch von Pankrazius gesprochen, hatten sie in diesem Augenblick keine Ahnung, daß er es sein könnte, und ihre Gedanken waren von der überraschten Neugierde himmelweit von ihm weggeführt. Doch urplötzlich erkannten sie ihn an der Art, wie er die obersten Stufen übersprang und über den kurzen Flur weg fast gleichzeitig die Klinke der Stubentür ergriff, nachdem er wie der Blitz vorher den lose steckenden Stubenschlüssel fester ins Schloß gestoßen, was sonst immer die Art des Verschwundenen gewesen, der in seinem Müßiggange eine seltsame Ordnungsliebe bewährt hatte. Sie schrien laut auf und standen festgebannt vor ihren Stühlen, mit offenem Munde nach der aufgehenden Türe sehend. Unter dieser stand der fremde Pankrazius mit dem dürren und harten Ernste eines fremden Kriegsmannes, nur zuckte es ihm seltsam um die Augen, indessen die Mutter erzitterte bei seinem Anblick und sich nicht zu helfen wußte und selbst Estherchen zum erstenmal gänzlich verblüfft war und sich nicht zu regen wagte. Doch alles dies dauerte nur einen Augenblick; der Herr Oberst, denn nichts Geringeres war der verlorene Sohn, nahm mit der Höflichkeit und Achtung, welche ihn die wilde Not des Lebens gelehrt, sogleich die Mütze ab, was er nie getan, wenn er früher in die Stube getreten; eine unaussprechliche Freundlichkeit, wenigstens wie es den Frauen vorkam, die ihn nie freundlich gesehen noch also denken konnten, verbreitete sich über das gefurchte und doch noch nicht alte Soldatengesicht und ließ schneeweiße Zähne sehen, als er auf sie zueilte und beide mit ausbrechendem Herzensweh in die Arme schloß.

Hatte die Mutter erst vor dem martialischen und vermeintlich immer noch bösen Sohne sonderbar gezittert, so zitterte sie jetzt erst recht in scheuer Seligkeit, da sie sich in den Armen dieses wiedergekehrten Sohnes fühlte, dessen achtungsvolles Mützenabnehmen und dessen aufleuchtende, nie gesehene Anmut, wie sie nur die Rührung und die Reue gibt, sie schon wie mit einem Zauberschlage berührt hatten. Denn noch ehe das Bürschchen sieben Jahre alt gewesen, hatte es schon angefangen, sich ihren Liebkosungen zu entziehen, und seither hatte Pankraz in bitterer Sprödigkeit und Verstockung sich gehütet, seine Mutter auch nur mit der Hand zu berühren, abgesehen davon, daß er unzählige Male schmollend zu Bett gegangen war, ohne gute Nacht zu sagen. Daher bedünkte es sie nun ein unbegreiflicher und wundersamer Augenblick, in welchem ein ganzes Leben lag, als sie jetzt nach wohl dreißig Jahren sozusagen zum erstenmal sich von dem Sohne umfangen sah. Aber auch Estherchen bedünkte dieses veränderte Wesen so ernsthaft und wichtig, daß sie, die den Schmollenden tausendmal ausgelacht hatte, jetzt nicht im mindesten den bekehrten Freundlichen anzulachen vermochte, sondern mit klaren Tränen in den Augen nach ihrem Sesselchen ging und den Bruder unverwandt anblickte.

Pankraz war der erste, der sich nach mehreren Minuten wieder zusammennahm und als ein guter Soldat einen Übergang und Ausweg dadurch bewerkstelligte, daß er sein Gepäck heraufbeförderte. Die Mutter wollte mit Estherchen helfen; aber er führte sie äußerst holdselig zu ihrem Sitze zurück und duldete nur, daß Estherchen zum Wagen herunterkam und sich mit einigen leichten Sachen belud. Den weiteren Verlauf führte indessen Estherchen herbei, welche bald ihren guten Humor wiedergewann und nicht länger unterlassen konnte, die Löwenhaut an dem langen gewaltigen Schwanze zu packen und auf dem Boden herumzuziehen, indem sie sich krank lachen wollte und ein Mal über das andere rief: »Was ist dies nur für ein Pelz? Was ist dies für ein Ungeheuer?«

»Dies ist«, sagte Pankraz, seinen Fuß auf das Fell stoßend, »vor drei Monaten noch ein lebendiger Löwe gewesen, den ich getötet habe. Dieser Bursche war mein Lehrer und Bekehrer und hat mir zwölf Stunden lang so eindringlich gepredigt, daß ich armer Kerl endlich von allem Schmollen und Bössein für immer geheilt wurde. Zum Andenken soll seine Haut nicht mehr aus meiner Hand kommen. Das war eine schöne Geschichte!« setzte er mit einem Seufzer hinzu.

In der Voraussicht, daß seine Leutchen, im Fall er sie noch lebendig anträfe, jedenfalls nicht viel Kostbares im Hause hätten, hatte er in der letzten größeren Stadt, wo er durchgereist, einen Korb guten Weines eingekauft, sowie einen Korb mit verschiedenen guten Speisen, damit in Seldwyla kein Gelaufe entstehen sollte und er in aller Stille mit der Mutter und der Schwester ein Abendbrot einnehmen konnte. So brauchte die Mutter nur den Tisch zu decken, und Pankraz trug auf, einige gebratene Hühner, eine herrliche Sülzpastete und ein Paket feiner kleiner Kuchen; ja noch mehr! Auf dem Wege hatte er bedacht, wie dunkel einst das armselige Tranlämpchen gebrannt und wie oft er sich über die kümmerliche Beleuchtung geärgert, wobei er kaum seine müßigen Siebensachen handhaben gekonnt, ungeachtet die Mutter, die doch ältere Augen hatte, ihm immer das Lämpchen vor die Nase geschoben, wiederum zum großen Ergötzen Estherchens, die bei jeder Gelegenheit ihm die Leuchte wieder wegzupraktizieren verstanden. Ach, einmal hatte er sie zornig weinend ausgelöscht, und als die Mutter sie bekümmert wieder angezündet, blies sie Estherchen lachend wieder aus, worauf er zerrissenen Herzens ins Bett gerannt. Dies und noch anderes war ihm auf dem Wege eingefallen, und indem er schmerzlich und bang kaum erleben mochte, ob er die Verlassenen wiedersehen würde, hatte er auch noch einige Wachskerzen eingekauft und zündete jetzo zwei derselben an, so daß die Frauensleute sich nicht zu lassen wußten vor Verwunderung ob all der Herrlichkeit.

Dergestalt ging es wie auf einer kleinen Hochzeit in dem Häuschen der Witwe zu, nur viel stiller, und Pankraz benutzte das helle Licht der Kerzen, die gealterten Gesichter seiner Mutter und Schwester zu sehen, und dies Sehen rührte ihn stärker als alle Gefahren, denen er ins Gesicht geschaut. Er verfiel in ein tiefes trauriges Sinnen über die menschliche Art und das menschliche Leben, und wie gerade unsere kleineren Eigenschaften, eine freundliche oder herbe Gemütsart, nicht nur unser Schicksal und Glück machen, sondern auch dasjenige der uns Umgebenden und uns zu diesen in ein strenges Schuldverhältnis zu bringen vermögen, ohne daß wir wissen, wie es zugegangen, da wir uns ja unser Gemüt nicht selbst gegeben. In diesen Betrachtungen ward er jedoch gestört durch die Nachbaren, welche jetzt ihre Neugierde nicht länger unterdrücken konnten und einer nach dem andern in die Stube drangen, um das Wundertier zu sehen, da sich schon in der ganzen Stadt das Gerücht verbreitet hatte, der verschollene Pankrazius sei erschienen, und zwar als ein französischer General in einem vierspännigen Wagen.

Dies war nun ein höchst verwickelter Fall für die in ihren Vergnügungslokalen versammelten Seldwyler, sowohl für die Jungen als wie für die Alten, und sie kratzten sich verdutzt hinter den Ohren. Denn dies war gänzlich wider die Ordnung und wider den Strich zu Seldwyl, daß da einer wie vom Himmel geschneit als ein gemachter Mann und General herkommen sollte gerade in dem Alter, wo man zu Seldwyl sonst fertig war. Was wollte der denn nun beginnen? Wollte er wirklich am Orte bleiben, ohne ein Herabgekommener zu sein die übrige Zeit seines Lebens hindurch, besonders wenn er etwa alt würde? Und wie hatte er es angefangen? Was zum Teufel hatte der unbeachtete und unscheinbare junge Mensch betrieben die lange Jugend hindurch, ohne sich aufzubrauchen? Das war die Frage, die alle Gemüter bewegte, und sie fanden durchaus keinen Schlüssel, das Rätsel zu lösen, weil ihre Menschen- oder Seelenkunde zu klein war, um zu wissen, daß gerade die herbe und bittere Gemütsart, welche ihm und seinen Angehörigen so bittere Schmerzen bereitet, sein Wesen im übrigen wohl konserviert, wie der scharfe Essig ein Stück Schöpsenfleisch, und ihm über das gefährliche Seldwyler Glanzalter hinweggeholfen hatte. Um die Frage zu lösen, stellte man überhaupt die Wahrheit des Ereignisses in Frage und bestritt dessen Möglichkeit, und um diese Auffassung zu bestätigen, wurden verschiedene alte Falliten nach dem Plätzchen abgesandt, so daß Pankraz, dessen schon versammelte Nachbaren ohnehin diesem Stande angehörten, sich von einer ganzen Versammlung neugieriger und gemütlicher Falliten umgeben sah, wie ein alter Heros in der Unterwelt von den herbeieilenden Schatten.

Er zündete nun seine türkische Pfeife an und erfüllte das Zimmer mit dem fremden Wohlgeruch des morgenländischen Tabaks; die Schatten oder Falliten witterten immer neugieriger in den blauen Duftwolken umher, und Estherchen und die Mutter bestaunten unaufhörlich die Leutseligkeit und Geschicklichkeit des Pankraz, mit welcher er die Leute unterhielt, und zuletzt die freundliche, aber sichere Gewandtheit, mit welcher er die Versammlung endlich entließ, als es ihm Zeit dazu schien.

Da aber die Freuden, welche auf dem Familienglück und auf frohen Ereignissen unter Blutsverwandten beruhen, auch nach den längsten Leiden die Beteiligten plötzlich immer jung und munter machen, statt sie zu erschöpfen, wie die Aufregungen der weitern Welt es tun, so verspürte die alte Mutter noch nicht die geringste Müdigkeit und Schlaflust, so wenig als ihre Kinder, und von dem guten Weine erwärmt, den sie mit Zufriedenheit genossen, verlangte sie endlich mit ihrer noch viel ungeduldigeren Tochter etwas Näheres von Pankrazens Schicksal zu wissen.

»Ausführlich«, erwiderte dieser, »kann ich jetzt meine trübselige Geschichte nicht mehr beginnen, und es findet sich wohl die Zeit, wo ich euch nach und nach meine Erlebnisse im einzelnen vorsagen werde. Für heute will ich euch aber nur einige Umrisse angeben, soviel als nötig ist, um auf den Schluß zu kommen, nämlich auf meine Wiederkehr und die Art, wie diese veranlaßt wurde, da sie eigentlich das rechte Seitenstück bildet zu meiner ehemaligen Flucht und aus dem gleichen Grundtone geht. Als ich damals auf so schnöde Weise entwich, war ich von einem unvertilgbaren Groll und Weh erfüllt; doch nicht gegen euch, sondern gegen mich selbst, gegen diese Gegend hier, diese unnütze Stadt, gegen meine ganze Jugend. Dies ist mir seither erst deutlich geworden. Wenn ich hauptsächlich immer des Essens wegen bös wurde und schmollte, so war der geheime Grund hiervon das nagende Gefühl, daß ich mein Essen nicht verdiente, weil ich nichts lernte und nichts tat, ja weil mich gar nichts reizte zu irgendeiner Beschäftigung und also keine Hoffnung war, daß es je anders würde; denn alles, was ich andere tun sah, kam mir erbärmlich und albern vor; selbst euer ewiges Spinnen war mir unerträglich und machte mir Kopfweh, obgleich es mich Müßigen erhielt. So rannte ich davon in einer Nacht in der bittersten Herzensqual und lief bis zum Morgen, wohl sieben Stunden weit von hier. Wie die Sonne aufging, sah ich Leute, die auf einer großen Wiese Heu machten; ohne ein Wort zu sagen oder zu fragen, legte ich mein Bündel an den Rand, ergriff einen Rechen oder eine Heugabel und arbeitete wie ein Besessener mit den Leuten und mit der größten Geschicklichkeit; denn ich hatte mir während meines Herumlungerns hier alle Handgriffe und Übungen derjenigen, welche arbeiteten, wohl gemerkt, sogar öfter dabei gedacht, wie sie dies und jenes ungeschickt in die Hand nähmen und wie man eigentlich die Hände ganz anders müßte fliegen lassen, wenn man erst einmal ein Arbeiter heißen wolle.

Die Leute sahen mir erstaunt zu, und niemand hinderte mich an meiner Arbeit; als sie das Morgenbrot aßen, wurde ich dazu eingeladen; dieses hatte ich bezweckt, und so arbeitete ich weiter, bis das Mittagessen kam, welches ich ebenfalls mit großem Appetit verzehrte. Doch nun erstaunten die Bauersleute noch viel mehr und sandten mir ein verdutztes Gelächter nach, als ich, anstatt die Heugabel wieder zu ergreifen, plötzlich den Mund wischte, mein Bündelchen wieder aufgriff und, ohne ein Wort weiter zu verlieren, meines Weges weiterzog. In einem dichten kühlen Buchenwäldchen legte ich mich hin und schlief bis zur Abenddämmerung; dann sprang ich auf, ging aus dem Wäldchen hervor und guckte am Himmel hin und her, an welchem die Sterne hervorzutreten begannen. Die Stellung der Sterne gehörte auch zu den wenigen Dingen, die ich während meines Müßigganges gemerkt, und da ich darin eine große Ordnung und Pünktlichkeit gefunden, so hatte sie mir immer wohlgefallen, und zwar um so mehr, als diese glänzenden Geschöpfe solche Pünktlichkeit nicht um Taglohn und um eine Portion Kartoffelsuppe zu üben schienen, sondern damit nur taten, was sie nicht lassen konnten, wie zu ihrem Vergnügen, und dabei wohl bestanden. Da ich nun durch das allmähliche Auswendiglernen unsres Geographiebuches, so einfach dieses war, auch auf dem Erdboden Bescheid wußte, so verstand ich meine Richtung wohl zu nehmen und beschloß in diesem Augenblick, nordwärts durch ganz Deutschland zu laufen, bis ich das Meer erreichte. Also lief ich die Nacht hindurch wieder acht gute Stunden und kam mit der Morgensonne an eine wilde und entlegene Stelle am Rhein, wo eben vor meinen Augen ein mit Kornsäcken beladenes Schiff an einer Untiefe aufstieß, indessen doch das Wasser über einen Teil der Ladung wegströmte. Da sich nur drei Männer bei dem Schiffe befanden und weit und breit in dieser Frühe und in dieser Wildnis niemand zu ersehen war, so kam ich sehr willkommen, als ich sogleich Hand anlegte und den Schiffern die schwere Ladung ans Ufer bringen und das Fahrzeug wieder flottmachen half. Was von dem Korne naß geworden, schütteten wir auf Bretter, die wir an die Sonne legten, und wandten es fleißig um, und zuletzt beluden wir das Schiff wieder. Doch nahm dies alles den größten Teil des Tages weg, und ich fand dabei Gelegenheit, mit den Schiffsleuten unterschiedliche tüchtige Mahlzeiten zu teilen; ja, als wir fertig waren, gaben sie mir sogar noch etwas Geld und setzten mich auf mein Verlangen an das andere Ufer über mittelst des kleinen Kähnchens, das sie hinter dem großen Kahne angebunden hatten.

Drüben befand ich mich in einem großen Bergwald und schlief sofort, bis es Nacht wurde, worauf ich mich abermals auf die Füße machte und bis zum Tagesanbruch lief. Mit wenig Worten zu sagen: Auf diese nämliche Art gelangte ich in wenig mehr als zwei Monaten nach Hamburg, indem ich, ohne je viel mit den Leuten zu sprechen, überall des Tages zugriff, wo sich eine Arbeit zeigte, und davonging, sobald ich gesättigt war, um die Nacht hindurch wiederum zu wandern. Meine Art überraschte die Leute immer, so daß ich niemals einen Widerspruch fand, und bis sie sich etwa widerhaarig oder neugierig zeigen wollten, war ich schon wieder weg. Da ich zugleich die Städte vermied und meinen Arbeitsverkehr immer im freien Felde, auf Bergen und in Wäldern betrieb, wo nur ursprüngliche und einfache Menschen waren, so reiste ich wirklich wie zu der Zeit der Patriarchen. Ich sah nie eine Spur von dem Regiment der Staaten, über deren Boden ich hinlief, und mein einziges Denken war, über ebendiesen Boden wegzukommen, ohne zu betteln oder für meine nötige Leibesnahrung jemandem verpflichtet sein zu müssen, im übrigen aber zu tun, was ich wollte, und insbesondere zu ruhen, wenn es mir gefiel, und zu wandern, wenn es mir beliebte. Später habe ich freilich auch gelernt, mich an eine feste außer mir liegende Ordnung und an eine regelmäßige Ausdauer zu halten, und wie ich erst urplötzlich arbeiten gelernt, lernte ich auch dies sogleich ohne weitere Anstrengung, sobald ich nur einmal eine erkleckliche Notwendigkeit einsah.

Übrigens bekam mir dies Leben in der freien Luft, bei der steten Abwechslung von schwerer Arbeit, tüchtigem Essen und sorgloser Ruhe vortrefflich, und meine Glieder wurden so geübt, daß ich als ein kräftiger und rühriger Kerl in der großen Hafenstadt Hamburg anlangte, wo ich alsbald dem Wasser zulief und mich unter die Seeleute mischte, welche sich da umtrieben und mit dem Befrachten ihrer Schiffe beschäftigt waren. Da ich überall zugriff und ohne albernes Gaffen doch aufmerksam war, ohne ein Wort dabei zu sprechen, noch je den Mund zu verziehen, so duldeten die einsilbigen derben Gesellen mich bald unter sich, und ich brachte eine Woche unter ihnen zu, worauf sie mich auf einem englischen Kauffahrer einschmuggelten, dessen Kapitän mich aufnahm unter der Bedingung, daß ich ihm in seinem Privatgeschäfte helfe, das er während seiner Fahrten betrieb. Dieses bestand nämlich im Zusammensetzen und Herstellen von allerhand Feuerwaffen und Pistolen aus alten abgenutzten Bestandteilen, die er in großer Menge zusammenkaufte, wenn er in der Alten Welt vor Anker ging. Es waren seltsame und fabelhafte Todeswerkzeuge, die er so mit schrecklicher Leidenschaft zusammenfügte und dann bei Gelegenheit an wilden Küsten gegen wertvolle Friedensprodukte und sanfte Naturgegenstände austauschte. Ich hielt mich still zu der Arbeit, übte mich ein und war bald über und über mit Öl, Schmirgel und Feilenstaub beschmiert als ein wilder Büchsenmacher, und wenn ein solches Pistolengeschütz notdürftig zusammenhielt, so wurde es mit einem starken Knall probiert; doch nie zum zweitenmal, dieses wurde dem rothäutigen oder schwarzen Käufer überlassen auf den entlegenen Eilanden. Diesmal fuhr er aber nur nach Neuyork und von da nach England zurück, wo ich, der Büchsenmacherei nun genugsam kundig, mich von ihm entfernte und sogleich in ein Regiment anwerben ließ, das nach Ostindien abgehen sollte.

In Neuyork hatte ich zwar den Fuß an das Land gesetzt und auf einige Stunden dies amerikanische Leben besehen, welches mir eigentlich nun recht hätte zusagen müssen, da hier jeder tat, was er wollte, und sich gänzlich nach Bedürfnis und Laune rührte, von einer Beschäftigung zur andern abspringend, wie es ihm eben besser schien, ohne sich irgendeiner Arbeit zu schämen oder die eine für edler zu halten als die andere. Doch weiß ich nicht, wie es kam, daß ich mich schleunig wieder auf unser Schiff sputete und so, statt in der Neuen Welt zu bleiben, in den ältesten, träumerischen Teil unsrer Welt geriet, in das uralte heiße Indien, und zwar in einem roten Rocke, als ein stiller englischer Soldat. Und ich kann nicht sagen, daß mir das neue Leben mißfiel, das schon auf dem großen Linienschiffe begann, auf welchem das Regiment sich befand. Schon der Umstand, daß wir alle, soviel wir waren, mit der größten Pünktlichkeit und Abgemessenheit ernährt wurden, indem jeder seine Ration so sicher bekam, wie die Sterne am Himmel gehen, keiner mehr noch minder als der andere, und ohne daß einer den andern beeinträchtigen konnte, behagte mir außerordentlich und um so mehr, als keiner dafür zu danken brauchte und alles nur unserm bloßen wohlgeordneten Dasein gebührte. Wenn wir Rekruten auch schon auf dem Schiffe eingeschult wurden und täglich exerzieren mußten, so gefiel mir doch diese Beschäftigung über die Maßen, da wir nicht das Bajonett herumschwenken mußten, um etwa mit Gewandtheit eine Kartoffel daran zu spießen, sondern es war lediglich eine reine Übung, welche mit dem Essen zunächst gar nicht zusammenhing, und man brauchte nichts als pünktlich und aufmerksam beim einen und dem andern zu sein und sich um weiter nichts zu kümmern. Schon am zweiten Tage unserer Fahrt sah ich einen Soldaten prügeln, der wider einen Vorgesetzten gemurrt, nachdem er schon verschiedene Unregelmäßigkeiten begangen. Sogleich nahm ich mir vor, daß dies mir nie widerfahren solle, und nun kam mir mein Schmollwesen sehr gut zustatten, indem es mir eine vortreffliche lautlose Pünktlichkeit und Aufmerksamkeit erleichterte und es mir fortwährend möglich machte, mir in keiner Weise etwas zu vergeben.

So wurde ich ein ganz ordentlicher und brauchbarer Soldat; es machte mir Freude, alles recht zu begreifen und so zu tun, wie es als mustergültig vorgeschrieben war, und da es mir gelang, so fühlte ich mich endlich ziemlich zufrieden, ohne jedoch mehr Worte zu verlieren als bisher. Nur selten wurde ich beinahe ein wenig lustig und beging etwa einen närrischen halben Spaß, was mir vollends den Anstrich eines Soldaten gab, wie er sein soll, und zugleich verhinderte, daß man mich nicht leiden konnte, und so war kaum ein Jahr vergangen in dem heißen, seltsamen Lande, als ich anfing vorzurücken und zuletzt ein ansehnlicher Unteroffizier wurde. Nach einem Verlauf von Jahren war ich ein großes Tier in meiner Art, war meistenteils in den Bureaus des Regimentskommandeurs beschäftigt und hatte mich als ein guter Verwalter herausgestellt, indem ich die notwendigen Künste, die Schreibereien und Rechnereien aus dem Gange der Dinge mir augenblicklich aneignete ohne weiteres Kopfzerbrechen. Es ging mir jetzt alles nach der Schnur, und ich schien mir selbst zufrieden zu sein, da ich ohne Mühe und Sorgen da sein konnte unter dem warmen blauen Himmel; denn was ich zu verrichten hatte, geschah wie von selbst, und ich fühlte keinen Unterschied, ob ich in Geschäften oder müßig umherging. Das Essen war mir jetzt nichts Wichtiges mehr, und ich beachtete kaum, wann und was ich aß. Zweimal während dieser Zeit hatte ich Nachricht an euch abgesandt nebst einigen ersparten Geldmitteln; allein beide Schiffe gingen sonderbarerweise mit Mann und Maus zugrunde, und ich gab die Sache auf, ärgerlich darüber, und nahm mir vor, sobald als tunlich selber heimzukehren und meine erworbene Arbeitsfähigkeit und feste Lebensart in der Heimat zu verwenden. Denn ich gedachte damit etwas Besseres nach Seldwyla zu bringen, als wenn ich eine Million dahin brächte, und malte mir schon aus, wie ich die Haselanten und Fischesser da anfahren wollte, wenn sie mir über den Weg liefen.

Doch damit hatte es noch gute Wege, und ich sollte erst noch solche Dinge erfahren und so in meinem Wesen verändert und aufgerüttelt werden, daß mir die Lust verging, andere Leute anfahren zu wollen. Der Kommandeur hatte mich gänzlich zu seinem Faktotum gemacht, und ich mußte fast die ganze Zeit bei ihm zubringen. Er war ein seltsamer Mann von etwa fünfzig Jahren, dessen Gattin in Irland lebte auf einem alten Turm, da sie womöglich noch wunderlicher sein mußte als er; solange sie zusammen gelebt, hatten sie sich fortwährend angeknurrt, wie zwei wilde Katzen, und sie litten beide an der fixen Idee, daß sie sich gegenseitig ineinander getäuscht hätten, obwohl niemand besser füreinander geschaffen war. Auch waren sie gesund und munter und lebten behaglich in dieser Einbildung, ohne welche keines mehr hätte die Zeit verbringen können, und wenn sie weit auseinander waren, so sorgte eines für das andere mit rührender Aufmerksamkeit. Die einzige Tochter, die sie hatten und die Lydia heißt, lebte dagegen meistensteils bei dem Vater und war ihm ergeben und zugetan, da der Unterschied des Geschlechtes selbst zwischen Vater und Tochter diese mehr zärtliches Mitleid für den Vater empfinden ließ als für die Mutter, obgleich diese ebenso wenig oder soviel taugen mochte als jener in dem vermeintlich unglücklichen Verhältnis.

Der Kommandeur hatte eine reizvolle luftige Wohnung bezogen, die außerhalb der Stadt in einem ganz mit Palmen, Zypressen, Sykomoren und anderen Bäumen angefüllten Tale lag. Unter diesen Bäumen, rings um das leichte weiße Haus herum, waren Gärten angelegt, in denen teils jederzeit frisches Gemüse, teils eine Menge Blumen gezogen wurden, welche zwar hier in allen Ecken wild wuchsen, die aber der Alte liebte beisammen zu haben in nächster Nähe und in möglichster Menge, so daß in dem grünen Schatten der Bäume es ordentlich leuchtete von großen purpurroten und weißen Blumen. Wenn es nun im Dienste nichts mehr zu tun gab, so mußte ich als ein militärischer zuverlässiger Vertrauensmann diese Gärten in Ordnung halten, oder um darüber nicht etwa zu verweichlichen, mit dem Oberst auf die Jagd gehen, und ich wurde darüber zu einem gewandten Jäger; denn gleich hinter dem Tale begann eine wilde unfruchtbare Landschaft, welche zuletzt gänzlich in eine Gebirgswildnis verlief, die nicht nur Schwärme und Scharen unschuldigeren Gewildes, sondern auch von Zeit zu Zeit reißende Tiere, besonders große Tiger, beherbergte. Wenn ein solcher sich spüren ließ, so gab es einen großen Auszug gegen ihn, und ich lernte bei diesen Gelegenheiten die Gefahr lange kennen, ehe ich in das Gefecht mit Menschen kam. War aber weiter gar nichts zu tun, so mußte ich mit dem alten Herrn Schach spielen und dadurch seine Tochter Lydia ersetzen, welche, da sie gar keinen Sinn und Geschick dazu besaß und ganz kindisch spielte, ihm zuwenig Vergnügen verschaffte. Ich hingegen hatte mich bald so weit eingeübt, daß ich ihm einigermaßen die Stange halten konnte, ohne ihn des öfteren Sieges zu berauben, und wenn mein Kopf nicht durch andere Dinge verwirrt worden wäre, so würde ich dem grimmigen Alten bald überlegen geworden sein Dergestalt war ich nun das merkwürdigste Institut von der Welt; ich ging unter diesen Palmen einher, gravitätisch und wortlos in meiner Scharlachuniform, ein leichtes Schilfstöckchen in der Hand und über dem Kopfe ein weißes Tuch zum Schutze gegen die heiße Sonne. Ich war Soldat, Verwaltungsmann, Gärtner, Jäger, Hausfreund und Zeitvertreiber, und zwar ein ganz sonderbarer, da ich nie ein Wort sprach; denn obgleich ich jetzt nicht mehr schmollte und leidlich zufrieden war, so hatte ich mir das Schweigen doch so angewöhnt, daß meine Zunge durch nichts zu bewegen war als etwa durch ein Kommandowort oder einen Fluch gegen unordentliche Soldaten. Doch diente gerade diese Weise dem Kommandeur, ich blieb so an die fünf Jahre bei ihm einen Tag wie den andern und konnte, wenn ich freie Zeit hatte, im übrigen tun, was mir beliebte. Diese Zeit benutzte ich dazu, das Dutzend Bücher, so der alte Herr besaß, immer wieder durchzulesen und aus denselben, da sie alle dickleibig waren, ein sonderbares Stück von der Welt kennenzulernen. Ich war so ein eifriger und stiller Leser, der sich eine Weisheit ausbildete, von der er nicht recht wußte, ob sie in der Welt galt oder nicht galt, wie ich bald erfahren sollte; denn obschon ich bereits vieles gesehen und erfahren, so war dies doch nur gewissermaßen strichweise, und das meiste, was es gab, lag zur Seite des Striches, den ich passiert.

Mein Kommandeur wurde endlich zum Gouverneur des ganzen Landstriches ernannt, wo wir bisher gestanden; er wünschte mich in seiner Nähe zu behalten und veranlaßte meine Versetzung aus dem Regiment, welches wieder nach England zurückging, in dasjenige, welches dafür ankam, und so fand sich wieder Gelegenheit, daß ich als Militärperson sowohl wie in allen übrigen Eigenschaften um ihn sein konnte, was mir ganz recht war; denn so blieb ich ein auf mich selbst gestellter Mensch, der keinen andern Herrn als seine Fahne über sich hatte.

Um die gleiche Zeit kam auch die Tochter aus dem alten irländischen Turme an, um von nun an bei ihrem Vater, dem Gouverneur, zu leben. Es war ein wohlgestaltetes Frauenzimmer von großer Schönheit; doch war sie nicht nur eine Schönheit, sondern auch eine Person, die in ihren eigenen feinen Schuhen stand und ging und sogleich den Eindruck machte, daß es für den, der sich etwa in sie verliebte, nicht leicht hinter jedem Hag einen Ersatz oder einen

Trost für sie gäbe, eben weil es eine ganze und selbständige Person schien, die so nicht zum zweiten Male vorkomme. Und zwar schien diese edle Selbständigkeit gepaart mit der einfachsten Kindlichkeit und Güte des Charakters und mit jener Lauterkeit und Rückhaltlosigkeit in dieser Güte, welche, wenn sie so mit Entschiedenheit und Bestimmtheit verbunden ist, eine wahre Überlegenheit verleiht und dem, was im Grunde nur ein unbefangenes ursprüngliches Gemütswesen ist, den Schein einer weihevollen und genialen Überlegenheit gibt. Indessen war sie sehr gebildet in allen Dingen, da sie nach Art solcher Geschöpfe die Kindheit und bisherige Jugend damit sogar zugebracht, alles zu lernen, was irgend wohl ansteht, und sie kannte fast alle neueren Sprachen, ohne daß man jedoch viel davon bemerkte, so daß unwissende Männer ihr gegenüber nicht leicht in jene schreckliche Verlegenheit gerieten, weniger zu verstehen als ein müßiges Ziergewächs von Jungfräulein. Überhaupt schien ein gesunder und wohldurchbildeter Sinn in ihr sich mehr dadurch zu zeigen, daß sie die vorkommenden kleineren oder größeren Dinge, Vorfälle oder Gegenstände durchaus zutreffend beurteilte und behandelte, und dabei waren ihre Gedanken und Worte so einfach, lieblich und bestimmt wie der Ton ihrer Stimme und die Bewegungen ihres Körpers. Und über alles dies war sie, wie gesagt, so kindlich, so wenig durchtrieben, daß sie nicht imstande war, eine überlegte Partie Schach spielen zu lernen und dennoch mit der fröhlichsten Geduld am Brette saß, um sich von ihrem Vater unaufhörlich überrumpeln zu lassen. So ward es einem sogleich heimatlich und wohl zumute in ihrer Nähe; man dachte unverweilt, diese wäre der wahre Jakob unter den Weibern und keine bessere gäbe es in der Welt. Ihre schönen blonden Locken und die dunkelblauen Augen, die fast immer ernst und frei in die Welt sahen, taten freilich auch das ihrige dazu, ja um so mehr, als ihre Schönheit, sosehr sie auffiel, von echt weiblicher Bescheidenheit und Sittsamkeit durchdrungen war und dabei gänzlich den Eindruck von etwas einzigem und Persönlichem machte; es war eben kurz und abermals gesagt: eine Person. Das heißt, ich sage, es schien so, oder eigentlich, weiß Gott, ob es am Ende doch so war und es nur an mir lag, daß es ein solcher trügerischer Schein schien, kurz –«

Pankrazius vergaß hier weiterzureden und verfiel in ein schwermütiges Nachdenken, wozu er ein ziemlich unkriegerisches und beinahe einfältiges Gesicht machte. Die beiden Wachslichter waren über die Hälfte heruntergebrannt, die Mutter und die Schwester hatten die Köpfe gesenkt und nickten, schon nichts mehr sehend noch hörend, schlaftrunken mit ihren Köpfen, denn schon seit Pankrazius die Schilderung seiner vermutlichen Geliebten begonnen, hatten sie angefangen schläfrig zu werden, ließen ihn jetzt gänzlich im Stich und schliefen wirklich ein. Zum Glück für unsere Neugierde bemerkte der Oberst dies nicht, hatte überhaupt vergessen, vor wem er erzählte, und fuhr, ohne die niedergeschlagenen Augen zu erheben, fort, vor den schlafenden Frauen zu erzählen, wie einer, der etwas lange Verschwiegenes endlich mitzuteilen sich nicht mehr enthalten kann.

»Ich hatte«, sagte er, »bis zu dieser Zeit noch kein Weib näher angesehen und verstand oder wußte von ihnen ungefähr soviel, wie ein Nashorn vom Zitherspiel. Nicht, daß ich solche etwa nicht von jeher gern gesehen hätte, wenn ich unbemerkt und ohne Aufwand von Mühe nach ihnen schielen konnte; doch war es mir äußerst zuwider, mit irgendeiner mich in den geringsten Wortwechsel einzulassen, da es mir von jeher schien, als ob es sämtlichen Weibern gar nicht um eine vernunftgemäße, klare und richtige Sache zu tun wäre, daß es ihnen unmöglich sei, nur sechs Worte lang in guter Ordnung bei der Sache zu bleiben, sondern daß sie einzig darauf ausgingen, wenn sie in diesem Augenblicke etwas Zweckmäßiges und Gutes gesagt haben, gleich darauf eine große Albernheit oder Verdrehtheit einzuwerfen, was sie dann als ihre weibliche Anmut und Beweglichkeit ausgäben, im Grunde aber eine Unredlichkeit sei, und um so abscheulicher, als sie halb und halb von bewußter Absicht begleitet sei, um hinter diesem Durcheinander allen schlechten Instinkten und Querköpfigkeiten desto bequemer zu frönen. Deshalb schmollte und grollte ich von vornherein mit allem Weibervolk und würdigte keines eines offenkundigen Blickes. In Indien, als ich mehr zufrieden war und keinen Groll fürder hegte, gab es zwar viel Frauensleute, sowohl indischen Geblütes als auch eine Menge englischer, da viele Kaufleute, Offiziere und Soldaten ihre Familie bei sich hatten. Doch diese Indierinnen, die schön waren wie die Blumen und gut wie Zucker aussahen und sprachen, waren eben nichts weiter als dies und rührten mich nicht im mindesten, da Schönheit und Güte ohne Salz und Wehrbarkeit mir langweilig vorkamen, und es war mir peinlich zu denken, wie eine solche Frau, wenn sie mein wäre, sich auf keine Weise gegen meine etwaigen schlimmen Launen zu wehren vermöchte. Die europäischen Weiber dagegen, die ich sah, welche größtenteils aus Großbritannien herstammten, schienen schon eher wehrhaft zu sein, jedoch waren sie weniger gut, und selbst wenn sie es waren, so betrieben sie die Güte und Ehrbarkeit wie ein abscheulich nüchternes und hausbackenes Handwerk, und selbst die edle Weiblichkeit, auf die sich diese selbstbewußten respektablen Weibchen soviel zugute taten, handhabten sie eher als Würzkrämer denn als Weiber. Hier wird ein Quentchen ausgewogen und dort ein Quentchen, sorglich in die löschpapierne Tüte der Philisterhaftigkeit gewickelt. Überdies war mir immer, als ob durch das Innerste aller dieser abendländischen Schönen und Unschönen ein tiefer Zug von Gemeinheit zöge, die Krankheit unserer Zeit, welche sie zwar nur von unserem Geschlechte, von uns Herren Europäern, überkommen konnten, aber die gerade bei den anderen wieder zu einem neuen verdoppelten Übel wird. Denn es sind üble Zeiten, wo die Geschlechter ihre Krankheiten austauschen und eines dem andern seine angeborenen Schwachheiten mitteilt. Dies waren so meine unwissenden hypochondrischen Gedanken über die Weiber, welche meinem Verhalten gegen sie zugrunde lagen und mit welchen ich meiner Wege ging, ohne mich um eine zu bekümmern.

Als nun die schöne Lydia bei uns anlangte und ich mich täglich in ihrer Nähe befand, erhielt meine ganze Weisheit einen Stoß und fiel zusammen. Es war mir gleich von Grund aus wohl zumute, wenn sie zugegen war, und ich wußte nicht, was ich hieraus machen sollte. Höchlich verwundert war ich, weder Groll noch Verachtung gegen diese zu empfinden, weder Geringschätzung noch jene Lust, doch verstohlen nach ihr hinzuschielen; vielmehr freute ich mich ganz unbefangen über ihr Dasein und sah sie ohne Unbescheidenheit, aber frei und offen an, wenn ich in ihrer Nähe zu tun hatte. Dies fiel mir um so leichter, als ich in meiner Stellung als armer Soldat kein Wort an sie zu richten brauchte, ohne gefragt zu werden, und also kein anderes Benehmen zu beobachten hatte als dasjenige eines sich aufrecht haltenden, ernsthaften Unteroffiziers. Auch war mir das Schweigen, besonders gegenüber den Weibern, so zur andern Natur geworden durch das langjährige Kopfhängen, daß ich beim besten Willen jetzt nicht hätte eine Ausnahme machen können, auch wenn es sich geschickt hätte. Dennoch fühlte ich ein großes und ungewöhnliches Wohlwollen für diese Person, war in meinem Herzen sehr gut auf sie zu sprechen, und ihr zu Gefallen veränderte ich meine schlechten Ansichten von den Frauen und dachte mir, es müßte doch nicht so übel mit ihnen stehen, wenigstens sollten sie um dieser willen von nun an mehr Gnade finden bei mir. Ich war sehr froh, wenn Lydia zugegen war oder wenn ich Veranlassung fand, mich dahin zu verfügen, wo sie eben war; doch tat ich deswegen nicht einen Schritt mehr, als im natürlichen Gange der Dinge lag; nicht einmal blickte oder ging ich, wenn ich mich im gleichen Raume mit ihr befand, ohne einen bestimmten vernünftigen Grund nach ihr hin und fühlte überhaupt eine solche Ruhe in mir, wie das kühle Meerwasser, wenn kein Wind sich regt und die Sonne obenhin darauf scheint.

Dies verhielt sich so ungefähr ein halbes Jahr, ein Jahr oder auch etwas darüber, ich weiß es nicht mehr genau; denn die ganze Zeitrechnung von damals ist mir verloren gegangen, der ganze Zeitraum schwebt mir nur noch wie ein schwüler von Träumen durchzogener Sommertag vor. Während dieses Anfangs nun, dessen längere oder kürzere Dauer ich nicht mehr weiß, ging so alles gut und ruhig vonstatten. Die Dame, obgleich sie mich öfters sehen mußte, hatte nicht besonders viel mit mir zu verkehren oder zu sprechen, wenn sie es aber tat, so war sie außerordentlich freundlich und tat es nie, ohne mit einem kindlichen harmlosen Lachen ihres schönen Gesichtes, was ich dann dankbarst damit erwiderte, daß ich ein um so ehrbareres Gesicht machte und den Mund nicht verzog, indem ich sagte: Sehr wohl, mein Fräulein!, oder auch unbefangen widersprach, wenn sie sich irrte, was indes selten geschah. War sie aber nicht zugegen oder ich allein, so dachte ich wohl vielfältig an sie, aber nicht im mindesten wie ein Verliebter, sondern wie ein guter Freund oder Verwandter, welcher aufrichtig um sie bekümmert war, ihr alles Wohlergehen wünschte und allerlei gute Dinge für sie ausdachte. Kaum ging eine leise Veränderung dadurch mit mir vor, wenn ich mich recht entsinne, daß ich gegenüber dem Gouverneur ein wenig mehr auf mich hielt, ein wenig mehr den Soldaten hervorkehrte, der nichts als seine Pflicht kennt, und in meinen übrigen Dienstleistungen mehr den Schein der Unabhängigkeit wahrte, wie ich denn auch in keinerlei Lohnverhältnis zu ihm stand und, nachdem die eigentliche Arbeit auf seinem Bureau getan, wofür ich besoldet war, alles übrige als ein guter Vertrauter mitmachte und nur, da es die Gelegenheit mit sich brachte, etwa mit ihm aß und trank. Und so war ich, wie schon gesagt, vollkommen ruhig und zufrieden, was sich freilich auf meine besondere Weise ausnehmen mochte.

Da geschah es eines Tages, als ich unter den schattigen Bäumen mir zu tun machte, daß die Lydia innerhalb einer kurzen Stunde dreimal herkam, ohne daß sie etwas da zu tun oder auszurichten hatte. Das erste Mal setzte sie sich auf einen umgestürzten Korb und aß ein kleines Körbchen voll roter Kirschen auf, indem sie fortwährend mit mir plauderte und mich zum Reden veranlaßte. Das andere Mal kam sie und rückte den Korb ganz nahe an das Rosenbäumchen, das ich eben säuberte, setzte sich abermals darauf und nähte ein weißes seidenes Band auf ein zierliches Nachthäubchen, oder was es war; denn genau konnte ich es nicht unterscheiden, da ich diesmal kaum hinsah und ihr nur wenig Bescheid gab, indem ich etwas verlegen wurde. Sie ging bald wieder fort und kam zum dritten Male mit einem feinen, kunstvoll in Elfenbein gearbeiteten Geduldspiel aus China, packte den alten Korb und schleppte ihn wieder weg, indem sie sich in einiger Entfernung daraufsetzte, mir den Rücken zuwendend, und ganz still das Spiel zu lösen versuchte. Ich blickte jetzt unverwandt nach ihr hin, bis sie, das Spielzeug in die Tasche steckend, unversehens sich erhob und einen seltsamen wohllautenden Triller singend davonging, ohne sich wieder nach mir umzusehen. Dies alles wollte mir nicht klar sein noch einleuchten, und meine Seele rümpfte leise die Nase zu diesem Tun; aber von Stund an war ich verliebt in Lydia.

In der wunderbarsten gelinden Aufregung ließ ich mein Bäumchen stehen, holte die Doppelbüchse und streifte in den Abend hinaus, weit in die Wildnis. Viele Tiere sah ich wohl, aber alle vergaß ich zu schießen; denn wie ich auf eines anschlagen wollte, dachte ich wieder an das Benehmen dieser Dame und verlor so das Tier aus den Augen.

Was will sie von dir, dachte ich, und was soll das heißen? Indem ich aber hierüber hin und her sann, entstand und lohete schon eine große Dankbarkeit in mir für alles mögliche und unmögliche, was irgend in dem Vorfalle liegen mochte, wogegen mein Ordnungssinn und das Bewußtsein meiner geringen und wenig anmutigen Person den widerwärtigsten Streit erhob. Als ich hieraus nicht klug wurde, verfielen meine Gedanken plötzlich auf den Ausweg, daß diese scheinbar so schöne und tüchtige Frau am Ende ganz einfach ein leichtfertiges und verbuhltes Wesen sei, das sich zu schaffen mache, mit wem es sei, und selbst mit einem armen Unteroffizier eine schlechte Geschichte anzuheben nicht verschmähe. Diese verwünschte Ansicht tat mir so weh und traf mich so unvermutet, daß ich wutentbrannt einen ungeheuren rauhen Eber niederschoß, der eben durch die hohen Bergkräuter heranbrach, und meine Kugel saß fast gleichzeitig und ebenso unvermutet und unwillkommen in seinem Gehirn wie jener niederträchtige Gedanke in dem meinigen, und schon war mir zumute, als ob das wilde Tier noch zu beneiden wäre um sein Errungenschaft im Vergleich zu der meinigen. Ich setzte mich auf die tote Bestie; vor meinen Gedanken ging die schöne Gestalt vorüber, und ich sah sie deutlich, wie sie die drei Male gekommen war, mit jeder ihrer Bewegungen, und jedes Wort tönte noch nach. Aber merkwürdigerweise ging dies gute Gedächtnis noch über diesen Tag hinaus und zurück überhaupt bis auf den ersten Tag, wo ich sie gesehen, den ganzen Zeitraum hindurch, wo ich doch gänzlich ruhig gewesen. Wie man bei ganz durchsichtiger Luft, wenn es Regen geben will, an entfernten Bergen viele Einzelheiten deutlich sieht, die man sonst nicht wahrnimmt, und in stiller Nacht die fernsten Glocken schlagen hört, so entdeckte ich jetzt mit Verwunderung, daß aus jenem ganzen Zeitraume jede Art und Wendung ihrer Erscheinung, jedes einzelne Auftreten sich ohne mein Wissen mir eingeprägt hatte, und fast jedes ihrer Worte, selbst das gleichgültigste und vorübergehendste, hörte ich mit klar vernehmlichem Ausdruck in der Stille dieser Wildnis wieder tönen. Diese sämtliche Herrlichkeit hatte also gleichsam schlafend oder heimlicherweise sich in mir aufgehalten, und der heutige Vorgang hatte nur den Riegel davor weggeschoben oder eine Fackel in ein Bund Stroh geworfen. Ich vergaß über diesen Dingen wieder meinen schlechten Zorn und beschäftigte mich rückhaltlos mit der Ausbeutung meines guten Gedächtnisses und schenkte demselben nicht den kleinsten Zug, den es mir von dem Bilde Lydias irgend liefern konnte. Auf diese Weise schlenderte ich denn auch wieder der Behausung zu und überließ mich allein diesen angenehmen Vorstellungen; jedoch vermochte ich nun nicht mehr so unbefangen und ruhig in ihrer Nähe zu sein, und da ich nichts anderes anzufangen wußte, noch gesonnen war, so vermied ich möglichst jeden Verkehr mit ihr, um desto eifriger an sie zu denken. So vergingen drei oder vier Wochen, ohne daß etwas Weiteres vorfiel, als daß ich bemerkte, daß sie bei aller Zurückhaltung, die sie nun beobachtete, dennoch keine Gelegenheit versäumte, irgend etwas zu meinen Gunsten zu tun oder zu sagen, und sie fing an, mir völlig nach dem Munde oder zu Gefallen zu sprechen, da sie Ausdrücke brauchte, welche ich etwa gebraucht, und die Dinge so beurteilte, wie ich es zu tun gewohnt war. Dies schien nun erst nichts Besonderes, weil es mich eben von jeher angenehm dünkte, in ihr ganz dieselben Ansichten vom Zweckmäßigen oder vom Verkehrten zu entdecken, deren ich mich selber befleißigte; auch lachte sie über dieselben Dinge, über welche ich lachen mußte, oder ärgerte sich über die nämlichen Unschicklichkeiten, so etwa vorfielen. Aber zuletzt ward es so auffällig, daß sie mir, da ich kaum ein Wort mit ihr zu sprechen hatte, zu Gefallen zu leben suchte, und zwar nicht wie eine schelmische Kokette, sondern wie ein einfaches argloses Kind, daß ich in die größte Verwirrung geriet und vollends nicht mehr wußte, wie ich mich stellen sollte. So fand ich denn, um mich zu salvieren, unverfänglich mein Heil in meiner alten wohlhergestellten Schmollkunst und verhärtete mich vollkommen in derselben, zumal ich mich nichts weniger als glücklich fühlte in diesem sonderbaren Verhältnis. Nun schien sie wahrhaft bekümmert und niedergeschlagen, kleinlaut und schüchtern zu werden, was zu ihrem sonstigen resoluten und tüchtigen Wesen eine verführerische Wirkung hervorbrachte, da man an den gewöhnlichen Weibern, und je kleinlicher sie sind, desto weniger gewohnt ist, sie durch solche schüchterne Bescheidenheit glänzen und bestechen zu sehen. Vielmehr glauben sie, nichts stehe ihnen besser zu Gesicht als eine schreckliche Sicherheit und Unverschämtheit. Da nun sogar noch der alte Gouverneur anfing, in einer mir unverständlichen und wenig delikaten Laune zu sticheln und zu scherzen, und zehnmal des Tages sagte: ›Wahrhaftig, Lydia, du bist verliebt in den Pankrazius!‹, so ward mir das Ding zu bunt; denn ich hielt das für einen sehr schlechten Spaß, in betreff auf seine Tochter für geschmacklos und vom ordinärsten Tone, in bezug auf mich aber für gewissenlos und roh, und ich war oft im Begriff, es ihm offen zu sagen und mich den Teufel um ihn weiter zu kümmern. Letzteres tat ich auch insofern, als ich mich nun gänzlich zusammennahm und in mich selber verschloß. Lydia wurde eintönig, ja sie schien nun sogar bleich und leidend zu werden, was mich tief bekümmerte, ohne daß ich daraus etwas Kluges zu machen wußte. Als sie aber trotz meines Verhaltens wieder anfing, mir nachzugehen, geriet ich in Verzweiflung, und in der Verzweiflung begann ich, abgebrochene und ungeschickte Unterhaltungen mit ihr zu pflegen. Es war gar nichts, was wir sprachen, ganz unartikuliertes jämmerliches Zeug, als ob wir beide blödsinnig wären; allein beide schienen gar nicht hieran zu denken, sondern lachten uns an wie Kinder; denn auch ich vergaß darüber alles andere und war endlich froh, nur diese kurzen Reden mit ihr zu führen. Allein das Glück dauerte nie länger als zwei Minuten, da wir den Faden aus Mangel an Ruhe und Besonnenheit sogleich wieder verloren und dann zwei Kindern glichen, die ein Perlenband aufgezettelt haben und mit Betrübnis die schönen Perlen entgleiten sehen. Alsdann dauerte es wieder wochenlang, bis eine dieser großen Unternehmungen wieder gelang, und nie tat ich den ersten Schritt dazu, da ich gleich darauf wieder nur bedacht war, mir nichts zu vergeben und keine Dummheiten zu begehen bei diesen etwas ungewöhnlichen Leuten. Hundertmal war ich entschlossen, auf und davon zu gehen, allein die Zeit verging mir so eilig, daß ich die Tat immer wieder hinausschieben mußte. Denn meine Gedanken waren jetzt ausschließlich mit dieser Sache beschäftigt, und es ging mir dabei äußerst seltsam.

Mit den Büchern des Gouverneurs war ich endlich so ziemlich fertig geworden und wußte nichts mehr aus denselben zu lernen. Lydia, welche mich so oft lesen sah, benutzte diese Gelegenheit und gab mir von den ihrigen. Darunter war ein dicker Band wie eine Handbibel, und er sah auch ganz geistlich aus; denn er war in schwarzes Leder gebunden und vergoldet. Es waren aber lauter Schauspiele und Komödien darin, mit der kleinsten englischen Schrift gedruckt. Dies Buch nannte man den Shakespeare, welches der Verfasser desselben und dessen Kopf auch vorne drin zu sehen war. Dieser verführerische falsche Prophet führte mich schön in die Patsche. Er schildert nämlich die Welt nach allen Seiten hin durchaus einzig und wahr, wie sie ist, aber nur wie sie es in den ganzen Menschen ist, welche im Guten und im Schlechten das Metier ihres Daseins und ihrer Neigungen vollständig und charakteristisch betreiben und dabei durchsichtig wie Kristall, jeder vom reinsten Wasser in seiner Art, so daß, wenn schlechte Skribenten die Welt der Mittelmäßigkeit und farblosen Halbheit beherrschen und malen und dadurch Schwachköpfe in die Irre führen und mit tausend unbedeutenden Täuschungen anfüllen, dieser hingegen eben die Welt des Ganzen und Gelungenen in seiner Art, das heißt, wie es sein soll, beherrscht und dadurch gute Köpfe in die Irre führt, wenn sie in der Welt dies wesentliche Leben zu sehen und wiederzufinden glauben. Ach, es ist schon in der Welt, aber nur niemals da, wo wir eben sind, oder dann, wann wir leben. Es gibt noch verwegene schlimme Weiber genug, aber ohne den schönen Nachtwandel der Lady Macbeth und das bange Reiben der kleinen Hand. Die Giftmischerinnen, die wir treffen, sind nur frech und reulos und schreiben gar noch ihre Geschichte oder legen einen Kramladen an, wenn sie ihre Strafe überstanden. Es gibt noch Leute genug, die wähnen Hamlet zu sein, und sie rühmen sich dessen, ohne eine Ahnung zu haben von den großen Herzensgründen eines wahren Hamlet. Hier ist ein Blutmensch, ohne Macbeths dämonische und doch wieder so menschliche Mannhaftigkeit, und dort ein Richard der Dritte, ohne dessen Witz und Beredsamkeit. Hier ist eine Porzia, die nicht schön, dort eine, die nicht geistreich, dort wieder eine, die geistreich, aber nicht klug ist und wohl versteht, Leute unglücklich zu machen, nicht aber sich selbst zu beglücken. Unsere Shylocks möchten uns wohl das Fleisch ausschneiden, aber sie werden nun und nimmer eine Barauslage zu diesem Behuf wagen, und unsere Kaufleute von Venedig geraten nicht wegen eines lustigen Habenichts von Freund in Gefahr, sondern wegen einfältigen Aktienschwindels und halten dann nicht im mindesten so schöne melancholische Reden, sondern machen ein ganz dummes Gesicht dazu. Doch eigentlich sind, wie gesagt, alle solche Leute wohl in der Welt, aber nicht so hübsch beisammen wie in jenen Gedichten; nie trifft ein ganzer Schurke auf einen ganzen wehrbaren Mann, nie ein vollständiger Narr auf einen unbedingt klugen Fröhlichen, so daß es zu keinem rechten Trauerspiel und zu keiner guten Komödie kommen kann.

Ich aber las nun die ganze Nacht in diesem Buche und verfing mich ganz in demselben, da es mir gar so gründlich und sachgemäß geschrieben schien und mir außerdem eine solche Arbeit ebenso neu als verdienstlich vorkam. Weil nun alles übrige so trefflich, wahr und ganz erschien und ich es für die eigentliche und richtige Welt hielt, so verließ ich mich insbesondere auch bei den Weibern, die es vorbrachte, ganz auf ihn, verlockt und geleitet von dem schönen Sterne Lydia, und ich glaubte, hier ginge mir ein Licht auf und sei die Lösung meiner zweifelvollen Verwirrung und Qual zu finden.

Gut! dachte ich, wenn ich diese schönen Bilder der Desdemona, der Helena, der Imogen und anderer sah, die alle aus der hohen Selbstherrlichkeit ihres Frauentums heraus so seltsamen Käuzen nachgingen und anhingen, rückhaltlos wie unschuldige Kinder, edel, stark und treu wie Helden, unwandelbar und treu wie die Sterne des Himmels: Gut! Hier haben wir unsern Fall! Denn nichts anderes als ein solches festes, schöngebautes und gradausfahrendes Frauenfahrzeug ist diese Lydia, die ihren Anker nur *einmal* und dann in eine unergründliche Tiefe auswirft und wohl weiß, was sie will. Diese Meinung ging gleich einer strahlenden heißen Sonne in mir auf, und in deren Licht sah ich nun jede Bewegung und jede kleinste Handlung, jedes Wort des schönen Geschöpfes, und es dauerte nicht lange, so überbot sie in meinen Augen alles, was der gute Dichter mit seiner mächtigen Einbildungskraft erfunden, da dies lebendige Gedicht im Lichte der Sonne umherging in Fleisch und Blut, mit wirklichen Herzschlägen und einem tatsächlichen Nacken voll goldener Locken.

Das unheimliche Rätsel war nun gelöst, und ich hatte nichts weiter zu tun, als mich in diese mit dem Shakespeare in die Wette zusammengedichtete Seligkeit zu finden und mit Mühe meine geringfügige und unliebliche Person für eine solche Laune des Schicksals oder des königlich großmütigen Frauengemütes einigermaßen leidlich zurechtzustutzen mittelst hundertfacher Pläne und Aussichten, welche sich an das große schöne Luftschloß anbaueten. Die unendliche Dankbarkeit und Verehrung, welche ich solchergestalt gegen die Geliebte empfand, hatte allerdings zum guten Teil ihren Grund in meiner sich geschmeichelt fühlenden Eigenliebe; aber gewiß auch zum noch größeren Teile darin, daß diese Erklärungsweise die einzige war, welche mir möglich schien, ohne dies teuerste Wesen verachten und bemitleiden zu müssen; denn eine hohe Achtung, die ich für sie empfand, war mir zum Lebensbedürfnis geworden, und mein Herz zitterte vor ihr, das noch vor keinem Menschen und vor keinem wilden Tiere gezittert hatte.

So ging ich wohl ein halbes Jahr lang herum wie ein Nachtwandler, von Träumen so vollhängend, wie ein Baum voll Äpfel, alles, ohne mit Lydia um einen Schritt weiterzukommen. Ich fürchtete mich vor dem kleinsten möglichen Ereignis, etwa wie ein guter Christ vor dem Tode, den er zagend scheut, obgleich er durch selbigen in die ewige Seligkeit einzugehen gewiß ist. Desto bunter ging es in meinem Gehirn zu, und die Ereignisse und aufregendsten Geschichten, alles aufs schönste und unzweifelhafteste sich begebend, drängten und blühten da durcheinander. Ich versäumte meine Geschäfte und war zu nichts zu brauchen. Das Ärgste war mir, wenn ich stundenlang mit dem Alten Schach spielen mußte, wo ich dann gezwungen war, meine Aufmerksamkeit an das Spiel zu fesseln, und die einzige Muße für meine schweren Liebesgedanken gewährte mir die kurze Zeit, wenn ein Spiel zu Ende war und die Figuren wieder aufgestellt wurden. Ich ließ mich daher so bald als immer möglich, ohne daß es zu sehr auffiel, matt machen und hielt mich so lange mit dem Aufstellen des Königs und der Königin, der Läufer, Springer und Bauern auf und rückte so lange an den Türmen hin und her, daß der Gouverneur glaubte, ich sei kindisch geworden und tändle mit den Figürchen zu meinem Vergnügen.

Endlich aber drohete meine ganze Existenz, sich in müßige Traumseligkeit aufzulösen, und ich lief Gefahr, ein Tollhäusler zu werden. Zudem war ich trotz aller dieser goldenen Luftschlösser unsäglich kleinmütig und traurig, da, ehe das letzte Wort gesprochen ist, die solchen wuchernden Träumen gegenüber immer zurückstehende Wirklichkeit niederdrückt und die leibhafte Gegenwart etwas Abkühlendes und Abwehrendes behält. Es ist das gewissermaßen die schützende Dornenrüstung, womit sich die schöne Rose des körperlichen Lebens umgibt. Je freundlicher und zutulicher Lydia wurde, desto ungewisser und zweifelhafter wurde ich, weil ich an mir selbst entnahm, wie schwer es einem möglich wird, eine wirkliche Liebe zu zeigen, ohne sie ganz bei ihrem Namen zu nennen. Nur wenn sie streng, traurig und leidend schien, schöpfte ich wieder einen halben Grund zu einer vernünftigen Hoffnung, aber dies quälte mich alsdann noch viel tiefer, und ich hielt mich nicht wert, daß sie nur eine schlimme Minute um meinetwillen erleiden sollte, der ich gern den Kopf unter ihre Füße gelegt hätte. Dann ärgerte ich mich wieder, daß sie, um guter Dinge zu sein, verlangte, ich sollte etwa aussehen wie ein verliebter närrischer Schneider, da ich doch kein solcher war und ich auf meine Weise schon gedachte, beweglich zu werden zu ihrem Wohlgefallen. Kurz, ich ging einer gänzlichen Verwirrung entgegen, war nicht mehr imstande, ein einziges Geschäft ordnungsgemäß zu verrichten, und lief Gefahr, als Soldat rückwärts zu kommen oder gar verabschiedet zu werden, wenn ich nicht als ein abhängiger dienstbarer Lückenbüßer, der zu weiter nichts zu brauchen, mich an das Haus des Gouverneurs hängen wollte.

Als daher die Engländer in bedenkliche Feindseligkeiten mit indischen Völkern gerieten und ein Feldzug eröffnet wurde, der nachher ziemlich blutig für sie ausfiel, entschloß ich mich kurz und trat wieder in meine Kompanie als guter Kombattant, vom Gouverneur meinen Abschied nehmend. Derselbe wollte zwar nichts davon wissen, sondern polterte, bat und schmeichelte mir, daß ich bleiben möchte, wie alle solche Leute, die glauben, alles stehe mit seinem Leib und Leben, mit seinem Wohl und Wehe nur zu ihrer Verfügung, um ihnen die Zeit zu vertreiben und zur Bequemlichkeit zu dienen. Lydia hingegen ließ sich während der drei oder vier Tage, während welcher von meinem Abzug die Rede war, kaum sehen. Geschah es aber, so sah sie mich nicht an oder warf einen kurzen Blick voll Zornes auf mich, wie es schien; aber nur das Auge schien zornig, ihr Gang und ihre übrigen Bewegungen waren dabei so still, edel und an sich haltend, daß dieser schöne Zorn mir das Herz zerriß. Auch hörte ich, daß sie des Morgens sehr spät zum Vorschein käme und daß man sich darüber den Kopf zerbräche; denn es deutete darauf, daß sie des Nachts nicht schlafe, und als ich sie am letzten Tage zufällig hinter ihrem Fenster sah, glaubte ich zu bemerken, daß sie ganz verweinte Augen hatte; auch zog sie sich schnell zurück, als ich vorüberging. Nichtsdestominder schritt ich meinen steifen Feldwebelsgang ruhig fort und verrichtete alles, weder rechts noch links sehend. So ging ich auch gegen Abend mit einem Burschen noch einmal durch die Pflanzungen, um ihm die Obhut derselben einigermaßen zu zeigen und ihn, so gut es ging, zu einem provisorischen Gärtner zuzustutzen, bis sich ein tauglicheres Subjekt zeigen würde. Wir standen eben in einem schlanken Rosenwäldchen, das ich gezogen hatte; die Bäumchen ragten just in die Höhe des Gesichtes und waren so dicht, daß, wenn man darin herumging, die Rosen einem an der Nase streiften, was sehr artig und bequem war und wozu der Gouverneur sehr gelacht hatte, da er sich nun nicht mehr zu bücken brauchte, um an den Rosen zu riechen. Als ich dem Burschen meine Anweisungen erteilte, kam Lydia und schickte ihn mit irgendeinem Auftrage weg, und indem sie gleich mitzugehen willens schien, zögerte sie doch eine kurze Zeit, einige Rosen brechend, bis der Diener weg war. Ich zerrte ebenfalls noch ein Weilchen an einem Zweige herum, und wie ich mich umdrehte, um zu gehen, sah ich, daß ihr Tränen aus den Augen fielen. Ich hatte Mühe, mich zu bezwingen, doch tat ich, als ob ich nichts gesehen, und eilte hinweg. Doch kaum war ich zehn Schritte gegangen, als ich hörte und fühlte, wie sie bald laufend, bald stehenbleibend, hinter mir herkam, und so eine ganze Strecke weit. Ich hielt dies nicht mehr aus, wandte mich plötzlich um und sagte zu ihr, die kaum noch drei Schritte von mir entfernt war, ›Warum gehen Sie mir nach, Fräulein?‹

Sie stand still, wie von einer Schlange erschreckt, und wurde, den Blick zur Erde gesenkt, glühendrot im Gesicht; dann wurde sie bleich und weiß und zitterte am ganzen Leibe, während sie die großen blauen Augen zu mir aufschlug und nicht ein Wort hervorbrachte. Endlich sagte sie mit einer Stimme, in welcher empörter Stolz mit gern ertragener Demütigung rang: ›Ich denke, ich kann in meinem Besitztume herumgehen, wo ich will!‹

›Gewiß!‹ erwiderte ich kleinlaut und setzte meinen Weg fort. Sie war jetzt an meiner Seite und ging neben mir her. Ich ging aber in meiner heftigen Aufregung mit so langen und raschen Schritten, daß sie trotz ihrer kräftigen Bewegungen mir mit Mühe folgen konnte, und doch tat sie es. Ich sah sie mehrmals groß an und von der Seite und sah, daß ihr die Augen wieder voll Wasser standen, indessen dieselben wie kummervoll und demütig auf den Boden gerichtet waren. Mir brannte es ebenfalls siedendheiß im Gesicht, und meine Augen wurden auch naß. Die Sache stand jetzt dergestalt auf der Spitze, daß ich entweder eine Dummheit oder eine Gewissenlosigkeit zu begehen im Begriffe stand, wovon ich weder das eine noch das andere zu tun gesonnen war. Doch dachte ich, indem ich so neben ihr herschritt, in meinen armen Gedanken: Wenn dies Weib dich liebt und du jemals mit Ehren an ihre Hand gelangest, so sollst du ihr auch dienen bis in den Tod, und wenn sie der Teufel selbst wäre!

Indem erreichten wir eine Stätte, wo ein Dutzend Orangenbäume standen und die Luft mit Wohlgeruch erfüllten, während ein süßer frischer Lufthauch durch die reinlichen, edelgeformten Stämme wehte. Ich glaube diesen betörenden Hauch und Duft noch jetzt zu fühlen, wenn ich daran denke; wahrscheinlich übte er eine ähnliche Wirkung auf das Geschöpf, das neben mir ging, daß es seine wundersame Leidenschaft, welche die Liebe zu sich selbst war, so aufs äußerste empfand und darstellte, als ob es eine wirkliche Liebe zu einem Manne wäre; denn sie ließ sich auf eine Bank unter den Orangen nieder und senkte das schöne Haupt auf die Hände; die goldenen Haare fielen darüber, und reiche Tränen quollen durch ihre Finger.

Ich stand vor ihr still und sagte mit versagender Stimme: ›Was wollen Sie denn, was ist Ihnen, Fräulein Lydia?‹

›Was wollen Sie denn!‹ sagte sie. ›Ist es je erhört, eine schöne und feine Dame so zu quälen und zu mißhandeln! Aus welchem barbarischen Lande kommen Sie denn? Was tragen Sie für ein Stück Holz in der Brust?‹

›Wie quäle, wie mißhandle ich denn?‹ erwiderte ich unschlüssig und betreten; denn obgleich sie einen guten Sinn haben konnte, schien mir diese Sprache dennoch nicht die rechte zu sein.

›Sie sind ein grober und übermütiger Mensch!‹ sagte sie, ohne aufzublicken.

Nun konnte ich nicht mehr an mich halten und erwiderte: ›Sie würden dies nicht sagen, mein Fräulein, wenn Sie wüßten, wie wenig grob und übermütig ich in meinem Herzen gegen Sie gesinnt bin! Und es ist gerade meine große Höflichkeit und Demut, welche . . .‹

Sie blickte, als ich wieder verstummte, auf, und das Gesicht mit einem schmerzlichen, bittenden Lächeln aufgehellt, sagte sie hastig ›Nun?‹ Wobei sie mir einen Blick zuwarf, der mich jetzt um den letzten Rest von Überlegung brachte. Ich, der ich es nie für möglich gehalten hätte, selbst dem geliebtesten Weibe zu Füßen zu fallen, da ich solches für eine Torheit und Ziererei ansah, ich wußte jetzt nicht, wie ich dazu kam, plötzlich vor ihr zu liegen und meinen Kopf ganz hingegeben und zerknirscht in den Saum ihres Gewandes zu verbergen, den ich mit heißen Tränen benetzte. Sie stieß mich jedoch augenblicklich zurück und ließ mich aufstehen; doch als ich dies tat, hatte sich ihr Lächeln noch vermehrt und verschönert, und ich rief nun: ›Ja – so will ich es Ihnen nur sagen‹ und so weiter und erzählte ihr meine ganze Geschichte mit einer Beredsamkeit, die ich mir kaum je zugetraut. Sie horchte begierig auf, während ich ihr gar nichts verschwieg vom Anfang bis zu dieser Stunde und besonders ihr auch aus überströmendem Herzen das Bild entwarf, das von ihr in meiner Seele lebte und wie ich es seit einem halben Jahr oder mehr so emsig und treu ausgearbeitet und vollendet. Sie lachte vor sich niedersehend und voll Zufriedenheit lauschend, die Hand unter das Kinn stützend, und sah immer mehr einem seligen Kinde gleich, dem man ein gewünschtes Spielzeug gegeben, als sie hörte und vernahm, wie nicht einer ihrer Vorzüge und Reize und nicht eines ihrer Worte bei mir verlorengegangen war. Dann reichte sie mir die Hand hin und sagte, freundlich errötend, doch mit zufriedener Sicherheit: ›Ich danke Ihnen sehr, mein Freund, für Ihre herzliche Zuneigung! Glauben Sie, es schmerzt mich, daß Sie um meinetwillen so lange besorgt und eingenommen waren; aber Sie sind ein ganz anderer Mann, und ich muß Sie achten, da Sie einer so schönen und tiefen Neigung fähig sind!‹

Diese ruhige Rede fiel zwar wie ein Stück Eis in mein heißes Blut; doch gedachte ich sogleich, es ihr wohl und von Herzen zu gönnen, wenn sie jetzt die gefaßte und sich zierende Dame machen wolle, und mich in alles zu ergeben, was sie auch vornehmen und welchen Ton sie auch anschlagen würde.

Doch erwiderte ich bekümmert: ›Wer spricht denn von mir, schöne, schöne Lydia! Was hat alles, was ich leide oder nicht leide, erlitten habe oder noch erleiden werde, zu sagen gegenüber auch nur einer unmutigen oder gequälten Minute, die Sie erleiden? Wie kann ich unwerter und ungefüger Geselle eine solche je ersetzen oder vergüten?‹

›Nun‹, sagte sie, immer vor sich niederblickend und immer noch lächelnd, doch schon in einer etwas veränderten Weise, ›nun, ich muß allerdings gestehen, daß mich Ihr schroffes und ungeschicktes Benehmen sehr geärgert und sogar gequält hat; denn ich war an so etwas nicht gewöhnt, vielmehr daß ich überall, wo ich hinkam, Artigkeit und Ergebenheit um mich verbreitete. Ihre scheinbare grobe Fühllosigkeit hat mich ganz schändlich geärgert, sage ich Ihnen, und um so mehr, als mein Vater und ich viel von Ihnen hielten. Um so lieber ist es mir nun, zu sehen, daß Sie doch auch ein bißchen Gemüt haben, und besonders, daß ich an meinem eigenen Werte nicht länger zu zweifeln brauche; denn was mich am meisten kränkte, war dieser Zweifel an mir selbst, an meinem persönlichen Wesen, der in mir sich zu regen begann. Übrigens, bester Freund, empfinde ich keine Neigung zu Ihnen, so wenig als zu jemand anderm, und hoffe, daß Sie sich mit aller Hingebung und Artigkeit, die Sie soeben beurkundet, in das Unabänderliche fügen werden, ohne mir gram zu sein!‹

Wenn sie geglaubt, daß ich nach dieser unbefangenen Eröffnung gänzlich rat- und wehrlos vor ihr darniederliegen werde, so hatte sie sich getäuscht. Vor dem vermeintlich guten und liebevollen Weibe hatte mein Herz gezittert, vor dem wilden Tier dieser falschen gefährlichen Selbstsucht zitterte ich so wenig mehr, als ich es vor Tigern und Schlangen zu tun gewohnt war. Im Gegenteil, anstatt verwirrt und verzweifelt zu sein und die Täuschung nicht aufgeben zu wollen, wie es sonst wohl geschieht in dergleichen Auftritten, war ich plötzlich so kalt und besonnen, wie nur ein Mann es sein kann, der auf das schmählichste beleidigt und beschimpft worden ist, oder wie ein Jäger es sein kann, der statt eines edlen scheuen Rehes urplötzlich eine wilde Sau vor sich sieht. Ein seltsam gemischtes, unheimliches Gefühl von Kälte freilich, wenn ich bei alledem die Schönheit ansehen mußte, die da vor mir glänzte. Doch dieses ist das unheimliche Geheimnis der Schönheit.

Indessen, wäre ich nicht von der Sonne ganz braun gebrannt gewesen, so würde ich jetzt dennoch so weiß ausgesehen haben wie die Orangenblüten über mir, als ich ihr nach einigem Schweigen erwiderte: ›Und also um Ihren edlen Glauben an Ihre Persönlichkeit herzustellen, war es Ihnen möglich, alle Zeichen der reinen und tiefen Liebe und Selbstentäußerung zu verwenden? Zu diesem Zwecke gingen Sie mir nach, wie ein unschuldiges Kind, das seine Mutter sucht, redeten Sie mir fortwährend nach dem Munde, wurden Sie bleich und leidend, vergossen Sie Tränen und zeigten eine so goldene und rückhaltlose Freude, wenn ich mit Ihnen nur ein Wort sprach?‹

›Wenn es so ausgesehen hat, was ich tat‹, sagte sie noch immer selbstzufrieden, ›so wird es wohl so sein. Sie sind wohl ein wenig böse, eitler Mann, daß Sie nun doch nicht der Gegenstand einer gar so demutvollen und grenzenlosen weiblichen Hingebung sind? Daß ich Ärmste nicht das sehnlich blökende Lämmlein bin, für das Sie mich in Ihrer Vergnügtheit gehalten?‹

›Ich war nicht vergnügt, Fräulein!‹ erwiderte ich. ›Indessen wenn die Götter, wenn Christus selbst einer unendlichen Liebe zu den Menschen vielfach sich hingaben und wenn die Menschheit von jeher ihr höchstes Glück darin fand, dieser rückhaltlosen Liebe der Götter wert zu sein und ihr nachzugeben – warum sollte ich mich schämen, mich ähnlich geliebt gewähnt zu haben? Nein, Fräulein Lydia! Ich rechne es mir sogar zur Ehre an, daß ich mich von Ihnen fangen ließ, daß ich eher an die einfache Liebe und Güte eines unbefangenen Gemütes glaubte, bei so klaren und entschiedenen Zeichen, als daß ich verdorbenerweise nichts als eine einfältige Komödie dahinter gefürchtet. Denn einfältig ist die Geschichte! Welche Garantie haben Sie denn nun für Ihren Glauben an sich selbst, da Sie solche Mittel angewendet, um nur den ärmsten aller armen Kriegsleute zu gewinnen, Sie, die schöne und vornehme englische Dame?‹

›Welche Garantie?‹ antwortete Lydia, die nun allmählich blaß und verlegen wurde. ›Ei! Ihre verliebte Neigung, zu deren Erklärung ich Sie endlich gezwungen habe! Sie werden mir doch nicht leugnen wollen, daß Sie hingerissen waren und mir soeben erzählten, wie ich Ihnen von jeher gefallen? Warum ließen Sie das in Ihrer Grobheit nicht ein klein weniges merken, so wie es dem schlichtesten und anspruchslosesten Menschen wohl ansteht, und wenn er ein Schafhirt wäre, so würde uns diese ganze Komödie, wie Sie es nennen, erspart worden sein, und ich hätte mich begnügt!‹

›Hätten Sie mich in meiner Ruhe gelassen, meine Schöne‹, erwiderte ich, ›so hätten Sie mehr gewonnen. Denn Sie scheinen zu vergessen, daß dies Wohlgefallen sich jetzt notwendig in sein Gegenteil verkehren muß, zu meinen eigenen Schmerzen!‹

›Hilft Ihnen nichts‹, sagte sie, ›ich weiß einmal, daß ich Ihnen wohl gefallen habe und in Ihrem Blute wohne! Ich habe Ihr Geständnis angehört und bin meiner Eroberung sicher. Alles übrige ist gleichgültig; so geht es zu, bester Herr Pankrazius, und so werden diejenigen bestraft, die sich vergehen im Reiche der Königin Schönheit!‹

›Das heißt‹, sagte ich, ›es scheint dies Reich eher einer Zigeunerbande zu gleichen. Wie können Sie eine Feder auf den Hut stecken, die Sie gestohlen haben, wie eine gemeine Ladendiebin? Gegen den Willen des Eigentümers?‹

Sie antwortete: ›Auf diesem Felde, bester Herr Eigentümer, gereicht der Diebstahl der Diebin zum Ruhm, und Ihr Zorn beweist nur aufs neue, wie gut ich Sie getroffen habe!‹

So zankten wir noch eine gute halbe Stunde herum in dem süßen Orangenhaine, aber mit bittern, harten Worten, und ich suchte vergeblich, ihr begreiflich zu machen, wie diese abgestohlene und erschlichene Liebesgeschichte durchaus nicht den Wert für sie haben könnte, den sie ihr beilegte. Ich führte diesen Beweis nicht nur aus philisterhafter Verletztheit und Dummheit, sondern auch um irgendeinen Funken vom Gefühl ihres Unrechtes und der Unsittlichkeit ihrer Handlungsweise in ihr zu erwecken. Aber umsonst! Sie wollte nicht einsehen, daß eine rechte Gemütsverfassung erst dann in der vollen und rückhaltlosen Liebe aufflammt, wenn sie Grund zur Hoffnung zu haben glaubt, und daß also diesen Grund zu geben, ohne etwas zu fühlen, immer ein grober und unsittlicher Betrug bleibt, und um so gewissenloser, als der Betrogene einfacher, ehrlicher und argloser Art ist. Immer kam sie auf das Faktum meiner Liebeserklärung zurück, und zwar warf sie, die sonst ein so gesundes Urteil zu haben schien, die unsinnigsten, kleinlichsten und unanständigsten Reden und Argumente durcheinander und tat einen wahren Kindskopf kund. Während der ganzen Jahre unsers Zusammenseins hatte ich nicht so viel mit ihr gesprochen wie in dieser letzten zänkischen Stunde, und nun sah ich, o gerechter Gott, daß es ein Weib war von einem großangelegten Wesen, mit den Manieren, Bewegungen und Kennzeichen eines wirklich edlen und seltenen Weibes, und bei alledem mit dem Gehirn – einer ganz gewöhnlichen Soubrette, wie ich sie nachmalen zu Dutzenden gesehen habe auf den Vaudevilletheatern zu Paris! Während dieses Zankes aber verschlang ich sie dennoch fortwährend mit den Augen, und ihre unbegreifliche grundlose, so persönlich scheinende Schönheit quälte mein Herz in die Wette mit dem Wortwechsel, den wir führten. Als sie aber zuletzt ganz sinnlose und unverschämte Dinge sagte, rief ich, in bittere Tränen ausbrechend: ›O Fräulein! Sie sind ja der größte Esel, den ich je gesehen habe!‹

Sie schüttelte heftig die Wucht ihrer Locken und sah bleich und erstaunt zu mir auf, wobei ein wilder schiefer Zug um ihren sonst so schönen Mund schwebte. Es sollte wohl ein höhnisches Lächeln sein, ward aber zu einem Zeichen seltsamer Verlegenheit.

›Ja‹, sagte ich, mit den Fäusten meine Tränen zerreibend, ›nur wir Männer können sonst Esel sein, dies ist unser Vorrecht, und wenn ich Sie auch so nenne, so ist es noch eine Art Auszeichnung und Ehre für Sie. Wären Sie nur ein bißchen gewöhnlicher und geringer, so würde ich Sie einfach eine schlechte Gans schelten!‹

Mit diesen Worten wandte ich mich endlich von ihr ab und ging, ohne ferner nach ihr hinzublicken, aber mit dem Gefühle, daß ich das, was mir jemals in meinem Leben von reinem Glück beschieden sein mochte, jetzt für immer hinter mir lasse und daß es jetzt vorbei wäre mit meiner gläubigen Frömmigkeit in solchen Dingen.

Das hast du nun von deinem unglückseligen Schmollwesen! sagte ich zu mir selbst. Hättest du von Anbeginn zuweilen nur halb so lange mit ihr freundlich gesprochen, so hätte es dir nicht verborgen bleiben können, wes Geistes Kind sie ist, und du hättest dich nicht so gröblich getäuscht! Fahr hin und zerfließe denn, du schönes Luftgebilde!

Als ich mich nun mit zerrissenen Gedanken vom Gouverneur verabschiedete, sah mich derselbe vergnüglich und verschmitzt an und blinzelte spöttisch mit den Augen. Ich bemerkte, daß er meine Affäre wohl kannte, überhaupt dieselbe von jeher beobachtet hatte und eine Art von schadenfrohem Spaß darüber empfand. Da er sonst ein ganz biederer und honetter Mann war, so konnte das nichts anderes sein als die einfältige Freude aller Philister an grausamen und schlechten Bratenspäßen. Im vorigen Jahrhundert belustigten sich große Herren daran, ihre Narren, Zwerge und sonstigen Untergebenen betrunken zu machen und dann mit Wasser zu begießen oder körperlich zu mißhandeln. Heutzutage wird dies bei den Gebildeten nicht mehr beliebt; dagegen unterhält man sich mit Vorliebe damit, allerlei feine Verwirrungen anzuzetteln, und je weniger solche Philisterseelen selber einer starken und gründlichen Leidenschaft fähig sind, desto mehr fühlen sie das Bedürfnis, dergleichen mit mehr oder weniger plumpen Mitteln in denen zu erwecken, die sich dazu eignen, in solche herzlos aufgestellte Mäusefallen zu geraten. Wenn nun der Gouverneur seinerseits es nicht verschmähte, seine eigene Tochter als gebratenen Speck zu verwenden, so war hiegegen nichts weiter zu sagen, und ich nahm, obschon noch ein guter Gepäckwagen abfuhr, eigensinnig meinen schweren Tornister und die Muskete auf den Rücken und führte einen zurückgebliebenen Trupp in die Nacht hinaus dem Regimente nach, das schon in der Frühe abmarschiert war.

Ich sah mich nach einem mühseligen und heißen Marsch nun in eine neue Welt versetzt, als die Kampagne eröffnet war und die Truppen der Ostindischen Kompanie sich mit den wilden Bergstämmen an der äußersten Grenze des indobritischen Reiches herumschlugen. Einzelne Kompanien unseres Regimentes waren fortwährend vorgeschoben; eines Tages aber wurde die meinige so mörderisch umzingelt, daß wir uns mitten in einem Knäuel von banditenähnlichen Reitern, Elefanten und sonderbar bemalten und vergoldeten Wagen befanden, auf denen stille schöne hindostanische Scheinfürsten saßen, von den wilden Häuptlingen als Puppen mitgeführt. Unsere sämtlichen Offiziere fielen an diesem Tage, und die Kompanie schmolz auf ein Drittel zusammen. Da ich mich ordentlich hielt und einige Dienste leistete, so erlangte ich das Patent des Ersten Leutnants der Kompanie, und nach Beendigung des Feldzuges war ich deren Kapitän.

Als solcher hielt ich mit etwa hundertfünfzig Mann zwei Jahre lang einen kleinen Grenzbezirk besetzt, welcher zur Abrundung unseres Gebietes erobert worden, und war während dieser Zeit der oberste Machthaber in dieser heidnischen Wildnis. Ich war nun so einsam, als ich je in meinem Leben gewesen, mißtrauisch gegen alle Welt und ziemlich streng in meinem Dienstverkehr, ohne gerade böse oder ungerecht zu sein. Meine Haupttätigkeit bestand darin, christliche Polizei einzuführen und unsern Religionsleuten nachdrücklichen Schutz zu gewähren, damit sie ungefährdet arbeiten konnten. Hauptsächlich aber hatte ich das Verbrennen indischer Weiber zu verhüten, wenn ihre Männer gestorben, und da die Leute eine förmliche Sucht hatten, unser englisches Verbot zu übertreten und einander bei lebendigem Leibe zu braten zu Ehren der Gattentreue, so mußten wir stets auf den Beinen sein, um dergleichen zu hintertreiben. Sie waren dann ebenso mürrisch und mißvergnügt, wie wenn hierzulande die Polizei ein unerlaubtes Vergnügen stört. Einmal hatten sie in einem entfernten Dorf die Sache ganz schlau und heimlich so weit gebracht, daß der Scheiterhaufen schon lichterloh brannte, als ich atemlos herzugeritten kam und das Völkchen auseinanderjagte. Auf dem Feuer lag die Leiche eines uralten gänzlich vertrockneten Gockelhahns, welcher schon ein wenig brenzelte. Neben ihm aber lag ein bildschönes Weibchen von kaum sechzehn Jahren, welches mit lächelndem Munde und silberner Stimme seine Gebete sang. Glücklicherweise hatte das Geschöpfchen noch nicht Feuer gefangen, und ich fand gerade noch Zeit, vom Pferde zu springen und sie bei den zierlichen Füßchen zu packen und vom Holzstoß zu ziehen. Sie gebärdete sich aber wie besessen und wollte durchaus verbrannt sein mit ihrem alten Stänker, so daß ich die größte Mühe hatte, sie zu bändigen und zu beschwichtigen. Freilich gewannen diese armen Witwen nicht viel durch solche Rettung; denn sie fielen hernach unter den Ihrigen der äußersten Schande und Verlassenheit anheim, ohne daß das Gouvernement etwas dafür tat, ihnen das gerettete Leben auch leicht zu machen. Diese Kleine gelang es mir indessen zu versorgen, indem ich ihr eine Aussteuer verschaffte und an einen getauften Hindu verheiratete, der bei uns diente, dem sie auch getreulich anhing.

Allein diese wunderlichen Vorfälle beschäftigten meine Gedanken und erweckten allmählich in mir den Wunsch nach dem Genusse solcher unbedingten Treue, und da ich für diese Laune kein Weib zu meiner Verfügung hatte, verfiel ich einer ganz weichlichen Sehnsucht, selber so treu zu sein, und damit zugleich einer heißen Sehnsucht nach Lydia. Da ich nun Rang und gute Aussichten besaß, schien es mir nicht unmöglich, bei einem klugen Benehmen die schöne Person, falls sie noch zu haben wäre, dennoch erlangen zu können, und in dieser tollen Idee bestärkte mich noch der Umstand, daß sie sich doch so viel aufrichtige und sorgenvolle Mühe gegeben, mir den Kopf zu verdrehen. Irgendeinen Wert mußt du doch, dachte ich, in ihren Augen gehabt haben, sonst hätte sie gewiß nicht so viel daran gesetzt. Also gedacht, getan; nämlich ich geriet jetzt auf die fixe Idee, die Lydia, wenn sie mich möchte, zu heiraten, wie sie eben wäre, und ihr um ihrer schönen

Persönlichkeit willen, für die es nichts Ähnliches gab, treu und ergeben zu sein ohne Schranken noch Ziel, auch ihre Verkehrtheit und schlimmen Eigenschaften als Tugenden zu betrachten und dieselben zu ertragen, als ob sie das süßeste Zuckerbrot wären. Ja, ich phantasierte mich wieder so hinein, daß mir ihre Fehler, selbst ihre teilweise Dummheit zum wünschbarsten aller irdischen Güter wurden, und in tausend erfundenen Variationen wandte ich dieselben hin und her und malte mir ein Leben aus, wo ein kluger und geschickter Mann die Verkehrtheiten und Mängel einer liebenswürdigen Frau täglich und stündlich in ebensoviel artige und erfreuliche Abenteuer zu verwandeln und ihren Dummheiten mittelst einer von Liebe und Treue getragenen Einbildungskraft einen goldenen Wert zu verleihen wisse, so daß sie lachend auf dieselben sich noch etwas zugut tun könne. Gott weiß, wo ich diese geschäftige Einbildungskraft hernahm, wahrscheinlich immer noch aus dem unglücklichen Shakespeare, den mir die Hexe gegeben und womit sie mich doppelt vergiftet hatte. Es nimmt mich nur wunder, ob sie auch selbst je mit Andacht darin gelesen hat!

Kurz, als ich hinlänglich wieder berauscht war von meinen Träumen und von meinem entlegenen Posten zugleich abgelöst wurde, nahm ich Urlaub und begab mich Hals über Kopf zu dem Gouverneur. Er lebte noch in den alten Verhältnissen und empfing mich ganz gut, und auch die Tochter war noch bei ihm und empfing mich freundlicher, als ich erwartet. Kaum hatte ich sie wieder gesehen und einige Worte sprechen gehört, so war ich wieder ganz in sie vernarrt und in meiner fixen Idee vollends bestärkt, und es schien mir unmöglich, ohne die Verwirklichung derselben je froh zu werden.

Allein sie betrieb nun das Geschäft in krankhafter Überreizung ganz offen und großartig und frönte ihrer unglücklichen Selbstsucht ohne allen Rückhalt. Sie war jetzt umgeben von einer Schar ziemlich roher und eitler Offiziere, die ihr auf ganz ordinäre Weise den Hof machten und sagten, was sie gern hören mochte, kam es auch heraus, wie es wollte. Es war eine vollständige Hetzjagd von Trivialitäten und hohlem Wesen, und die derbsten Zudringlichkeiten wurden am liebsten angenommen, wenn sie nur aus gänzlicher Ergebenheit herzurühren schienen und die Unglückliche in ihrem Glauben an sich selbst aufrechterhielten. Außerdem hatte sie zur Zeit einem armen Tambour mit einem einzigen Blick den Kopf verdreht, der nun ganz aufgeblasen umherging und sich ihr überall in den Weg stellte; und einen Schuster, der für sie arbeitete, hatte sie dermaßen betört, daß er jedesmal, wenn er ihr Schuhe brachte, auf dem Hausflur ein Bürstchen mit einem Spiegelchen hervorzog und sich sorgfältig den Kopf putzte, wie eine Katze, da er zuverlässig erwartete, es würde diesmal etwas vorgehen. Wenn man ihn kommen sah, so begab sich die ganze Gesellschaft auf eine verdeckte Galerie, um dem armen Teufel in seinem feierlichen Werke zuzusehen. Das Sonderbarste war, daß niemand an diesem Wesen ein Ärgernis nahm, man also nichts Besseres von Lydia zu erwarten schien und ihre Aufführung ihrer würdig hielt und also ich der einzige war, der so große Meinungen von ihr im Herzen trug, so daß alle diese Hansnarren, die ich verachtete, die sie aber nahmen, wie sie war, klüger zu sein schienen als ich in meiner tiefsinnigen Leidenschaft. Aber nein! rief ich. Sie ist doch so, wie ich sie denke, und eben weil das alles Strohköpfe sind, sind sie so frech gegen sie und wissen nicht, was an ihr ist oder sein könnte! Und ich zitterte darnach, ihr noch einmal den Spiegel vorzuhalten, aus dem ihr besseres Bild zurückstrahlte und alles Wertlose um sie her wegblendete. Allein der äußere Anstand und die Haltung, welche ich auch bei aller Anstrengung nicht aufgeben konnte, machten es mir unmöglich, mich unter diese Affenschwänze zu mischen und nur den kleinsten Schritt gegen Lydia zu tun. Ich ward abermals konfus, ungeduldig, nahm plötzlich meinen Abschied aus der indischen Armee und machte mich davon, um heimzukehren und die Unselige zu vergessen.

So gelangte ich nach Paris und hielt mich daselbst einige Wochen auf. Da ich eine große Menge schöner und kluger Weiber sah, dachte ich, es wäre das beste Mittel, meine unglückliche Geschichte loszuwerden, in recht viel hübsche Frauengesichter zu blicken, und ging daher von Theater zu Theater und an alle Orte, wo dergleichen beisammen waren; ließ mich auch in verschiedene gute Häuser und Gesellschaften einführen. Ich sah in der Tat viele tüchtige Gestalten von edlem Schwung und Zuschnitt, und in deren Augen nicht unebene Gedanken lagen; aber alles, was ich sah, führte mich nur auf Lydia zurück und diente zu deren Gunsten. Sie war nicht zu vergessen, und ich war und blieb aufs neue elend verliebt in sie. Ich hatte das allerunheimlichste, sonderbarste Gefühl, wenn ich an sie dachte. Es war mir zumute, als ob notwendigerweise ein weibliches Wesen in der Welt sein müßte, welches genau das Äußere und die Manieren dieser Lydia, kurz deren bessere Hälfte besäße, dazu aber auch die entsprechende andere Hälfte, und daß ich nur dann würde zur Ruhe kommen, wenn ich diese ganze Lydia fände; oder es war mir, als ob ich verpflichtet wäre, die rechte Seele zu diesem schönen halben Gespenste zu suchen; mit einem Worte, ich wurde abermals krank vor Sehnsucht nach ihr, und da es doch nicht anging, zurückzukehren, suchte ich neue Sonnenglut, Gefahr und Tätigkeit und nahm Dienste in der französisch-afrikanischen Armee. Ich begab mich sogleich nach Algier und befand mich bald am äußersten Saume der afrikanischen Provinz, wo ich im Sonnenbrand und auf dem glühenden Sande mich herumtummelte und mit den Kabylen herumschlug.«

Da in diesem Augenblick das schlafende Estherchen, das immer einen Unfug machen mußte, träumte, es falle eine Treppe hinunter, und demgemäß auf seinem Stuhle ein plötzliches Geräusch erregte, blickte der erzählende Pankrazius endlich auf und bemerkte, daß seine Zuhörerinnen schliefen. Zugleich entdeckte er erst jetzt, daß er denselben eigentlich nichts als eine Liebesgeschichte erzählt, schämte sich dessen und wünschte, daß sie gar nichts davon gehört haben möchten. Er weckte die Frauen auf und hieß sie ins Bett gehen, und er selbst suchte ebenfalls das Lager auf, wo er mit einem langen, aber gemütlichen Seufzer einschlief. Er lag wohl so lange im Bette wie einst, als er das faule und unnütze Pankrälein gewesen, so daß ihn die Mutter wie ehedem wecken mußte. Als sie nun zusammen beim Frühstück saßen und Kaffee tranken, sagte er, mit seinem Bericht fortfahrend:

»Wenn ihr nicht geschlafen hättet, so würdet ihr gehört haben, wie ich in Ostindien im Begriffe war, aus einem Murrkopf ein äußerst zutunlicher und wohlwollender Mensch zu werden um eines schönen Frauenzimmers willen, wie aber eben meine Schmollerei mir einen argen Streich gespielt hat, da sie mich verhinderte, besagtes Frauenzimmer näher zu kennen, und mich blindlings in selbe verlieben ließ; wie ich dann betrogen wurde und als ein neugestählter Schmoller aus Indien nach Afrika ging zu den Franzosen, um dort den Burnusträgern die lächerlichen turmartigen Strohhüte herunterzuschlagen und ihnen die Köpfe zu zerbläuen, was ich mit so grimmigem Eifer tat, daß ich auch bei den Franzosen avancierte und Oberst ward, was ich geblieben bin bis jetzt.

Ich war wieder so einsilbig und trübselig als je und kannte nur zwei Arten, mich zu vergnügen: die Erfüllung meiner Pflicht als Soldat und die Löwenjagd. Letztere betrieb ich ganz allein, indem ich mit nichts als mit einer guten Büchse bewaffnet zu Fuß ausging und das Tier aufsuchte, worauf es dann darauf ankam, dasselbe sicher zu treffen oder zugrunde zu gehen. Die stete Wiederholung dieser einen großen Gefahr und das mögliche Eintreffen eines endlichen Fehlschusses sagte meinem Wesen zu, und nie war ich behaglicher, als wenn ich so seelenallein auf den heißen Höhen herumstreifte und einem starken wilden Burschen auf der Spur war, der mich gar wohl bemerkte und ein ähnliches schmollendes Spiel trieb mit mir wie ich mit ihm. So war vor jetzt ungefähr vier Monaten ein ungewöhnlich großer Löwe in der Gegend erschienen, dieser, dessen Fell hier liegt, und lichtete den Beduinen ihre Herden, ohne daß man ihm beikommen konnte; denn er schien ein durchtriebener Geselle zu sein und machte täglich große Märsche kreuz und quer, so daß ich bei meiner Weise, zu Fuß zu jagen, lange Zeit brauchte, bis ich ihn nur von ferne zu Gesicht bekam. Als ich ihn zwei- oder dreimal gesehen, ohne zum Schuß zu kommen, kannte er mich schon und merkte, daß ich gegen ihn etwas im Schilde führe. Er fing gewaltig an zu brüllen und verzog sich, um mir sodann an einer andern Stelle wieder zu begegnen, und wir gingen so umeinander herum während mehreren Tagen wie zwei Kater, die sich zausen wollen, ich lautlos wie das Grab, und er mit einem zeitweiligen wilden Geknurre.

Eines Tages war ich vor Sonnenaufgang aufgebrochen und nach einer noch nie eingeschlagenen Richtung hingegangen, weil der Löwe tags vorher sich auf der entgegengesetzten Seite herumgetrieben und einen vergeblichen Raubversuch gemacht; da die dortigen Leute mit ihren Tieren abgezogen waren, so vermutete ich, der hungrige Herr werde vergangene Nacht wohl diesen Weg eingeschlagen haben, wie es sich denn auch erwies. Als die Sonne aufging, schlenderte ich gemächlich über ein hügeliges goldgelbes Gefilde, dessen Unebenheiten lange himmelblaue Schatten über den goldenen Boden hinstreckten. Der Himmel war so dunkelblau wie Lydias Augen, woran ich unversehens dadurch erinnert wurde; in weiter Ferne zogen sich blaue Berge hin, an welchen das arabische Städtchen lag, das ich bewohnte, und am andern Rande der Aussicht einige Wälder und grüne Fluren, auf denen man den Rauch und selbst die Zelte der Beduinen wie schwarze Punkte sehen konnte. Es war totenstill überall und kein lebendes Wesen zu erspähen. Da stieß ich an den Rand einer Schlucht, welche sich durch die ganze steinige Gegend hinzog und nicht zu sehen war, bis man dicht an ihr stand. Es floß ein kühler frischer Bach auf ihrem Grunde, und wo ich eben stand, war die Vertiefung ganz mit blühendem Oleandergebüsch angefüllt. Nichts war schöner zu sehen als das frische Grün dieser Sträucher und ihre tausendfältigen rosenroten Blüten und zuunterst das fließende klare Wässerlein. Der Anblick ließ eine verjährte Sehnsucht in mir aufsteigen, und ich vergaß, warum ich hier herumstrich. Ich wünschte, in den Oleander hinabzugehen und aus dem Bach zu trinken, und in diesen zerstreuten Gedanken legte ich mein Gewehr auf den Boden und kletterte eiligst in die Schlucht hinunter, wo ich mich zur Erde warf, aus dem Bache trank, mein Gesicht benetzte und dabei an die schöne Lydia dachte. Ich grübelte, wo sie wohl sein möchte, wo sie jetzt herumwandle und wie es ihr überhaupt gehen möchte? Da hörte ich ganz nah den Löwen ein kurzes Gebrüll ausstoßen, daß der Boden zitterte. Wie besessen sprang ich auf und schwang mich den Abhang hinauf, blieb aber wie angenagelt oben stehen, als ich sah, daß das große Tier, kaum zehn Schritte von mir, eben bei meinem Gewehr angekommen war. Und wie ich dastand, so blieb ich auch stehen, die Augen auf die Bestie geheftet. Denn als er mich erblickte, kauerte er zum Sprunge nieder, gerade über meiner Doppelbüchse, daß sie quer unter seinem Bauche lag, und wenn ich mich nur gerührt hätte, so würde er gesprungen sein und mich unfehlbar zerrissen haben. Aber ich stand und stand so einige lange Stunden, ohne ein Auge von ihm zu verwenden und ohne daß er eines von mir verwandte. Er legte sich gemächlich nieder und betrachtete mich. Die Sonne stieg höher; aber während die furchtbarste Hitze mich zu quälen anfing, verging die Zeit so langsam wie die Ewigkeit der Hölle. Weiß Gott, was mir alles durch den Kopf ging – ich verwünschte die Lydia, deren bloßes Andenken mich abermals in dieses Unheil gebracht, da ich darüber meine Waffe vergessen hatte. Hundertmal war ich versucht, allem ein Ende zu machen und auf das wilde Tier loszuspringen mit bloßen Händen; allein die Liebe zum Leben behielt die Oberhand, und ich stand und stand wie das versteinerte Weib des Loth oder wie der Zeiger einer Sonnenuhr; denn mein Schatten ging mit den Stunden um mich herum, wurde ganz kurz und begann schon wieder sich zu verlängern. Das war die bitterste Schmollerei, die ich je verrichtet, und ich nahm mir vor und gelobte, wenn ich dieser Gefahr entränne, so wolle ich umgänglich und freundlich werden, nach Hause gehen und mir und andern das Leben so angenehm als möglich machen. Der Schweiß lief an mir herunter, ich zitterte vor krampfhafter Anstrengung, um mich auf selbem Fleck unbeweglich aufrecht zu halten, leise an allen Gliedern, und wenn ich nur die vertrockneten Lippen bewegte, so richtete sich der Löwe halb auf, wackelte mit seinem Hintergestell, funkelte mit den Augen und brüllte, so daß ich den Mund schnell wieder schloß und die Zähne aufeinanderbiß. Indem ich aber so eine lange Minute um die andere abwickeln und erleben mußte, verschwand der Zorn und die Bitterkeit in mir, selbst gegen den Löwen, und je schwächer ich wurde, desto geschickter ward ich in einer mich angenehm dünkenden, lieblichen

Geduld, daß ich alle Pein aushielt und tapfer ertrug. Es würde aber, als endlich der Tag schon vorgerückt war, doch nicht mehr lange gegangen sein, als eine unverhoffte Rettung sich auftat. Das Tier und ich waren so ineinander vernarrt, daß keiner von uns zwei Soldaten bemerkte, welche im Rücken des Löwen hermarschiert kamen, bis sie höchstens dreißig Schritte nahe waren. Es war eine Patrouille, die ausgesandt war, mich zu suchen, da sich Geschäfte eingestellt hatten. Sie trugen ihre Ordonnanzgewehre auf der Schulter, und ich sah gleichzeitig dieselben vor mir aufblitzen gleich einer himmlischen Gnadensonne, als auch mein Widersacher ihre Schritte hörte in der Stille der Landschaft; denn sie hatten schon von weitem etwas bemerkt und waren so leise als möglich gegangen. Plötzlich schrien sie jetzt: ›Schau die Bestie! Hilf dem Oberst!‹ Der Löwe wandte sich um, sprang empor, sperrte wütend den Rachen auf, erbost wie ein Satan, und war einen Augenblick lang unschlüssig, auf wen er sich zuerst stürzen solle. Als aber die zwei Soldaten als brave lustige Franzosen, ohne sich zu besinnen, auf ihn zusprangen, tat er einen Satz gegen sie. Im gleichen Augenblick lag auch der eine unter seinen Tatzen, und es wäre ihm schlecht ergangen, wenn nicht der andere im gleichen Augenblicke dem Tier, zugleich den Schuß abfeuernd, das Bajonett ein halbes dutzendmal in die Flanke gestoßen hätte. Aber auch diesem würde es schließlich schlimm ergangen sein, wenn ich nicht endlich auf meine Büchse zugesprungen, auf den Kampfplatz getaumelt wäre und dem Löwen, ohne weitere Vorsicht, beide Kugeln in das Ohr geschossen hätte. Er streckte sich aus und sprang wieder auf, es war noch der Schuß aus der andern Muskete nötig, ihn abermals hinzustrecken, und endlich zerschlugen wir alle drei unsere Kolben an dem Tiere, so zäh und wild war sein Leben. Es hatte merkwürdigerweise keiner Schaden genommen, selbst der nicht, der unter dem Löwen gelegen, ausgenommen seinen zerrissenen Rock und einige tüchtige Schrammen auf der Schulter. So war die Sache für diesmal glücklich abgelaufen, und wir hatten obendrein den lange gesuchten Löwen erlegt. Ein wenig Wein und Brot stellte meinen guten Mut vollends wieder her, und ich lachte wie ein Narr mit den guten Soldaten, welche über die Freundlichkeit und Gesprächigkeit ihres bösen Obersten sehr verwundert und erbaut waren.

Noch in selber Woche aber führte ich mein Gelübde aus, kam um meine Entlassung ein, und so bin ich nun hier.«

So lautete die Geschichte von Pankrazens Leben und Bekehrung, und seine Leutchen waren höchlich verwundert über seine Meinungen und Taten. Er verließ mit ihnen das Städtchen Seldwyla und zog in den Hauptort des Kantons, wo er Gelegenheit fand, mit seinen Erfahrungen und Kenntnissen ein dem Lande nützlicher Mann zu sein und zu bleiben, und er ward sowohl dieser Tüchtigkeit als seiner unverwüstlichen ruhigen Freundlichkeit wegen geachtet und beliebt; denn nie mehr zeigte sich ein Rückfall in das frühere Wesen.

Nur ärgerten sich Estherchen und die Mutter, daß ihnen die Geschichte mit der Lydia entgangen war, und wünschten unaufhörlich deren Wiederholung. Allein Pankraz sagte, hätten sie damals nicht geschlafen, so hätten sie dieselbe erfahren; er habe sie einmal erzählt und werde es nie wieder tun, es sei das erste und letzte Mal, daß er überhaupt gegen jemanden von diesem Liebeshandel gesprochen, und damit Punktum. Die Moral von der Geschichte sei einfach, daß er in der Fremde durch ein Weib und ein wildes Tier von der Unart des Schmollens entwöhnt worden sei.

Nun wollten sie wenigstens den Namen jener Dame wissen, welcher ihnen wegen seiner Fremdartigkeit wieder entfallen war, und fragten unaufhörlich: »Wie hieß sie denn nun?« Aber Pankraz erwiderte ebenso unaufhörlich: »Hättet ihr aufgemerkt! Ich nenne diesen Namen nicht mehr!« Und er hielt Wort; niemand hörte ihn jemals wieder das Wort aussprechen, und er schien es endlich selbst vergessen zu haben.

Romeo und Julia auf dem Dorfe

Diese Geschichte zu erzählen, würde eine müßige Nachahmung sein, wenn sie nicht auf einem wirklichen Vorfall beruhte, zum Beweise, wie tief im Menschenleben jede jener Fabeln wurzelt, auf welche die großen alten Werke gebaut sind. Die Zahl solcher Fabeln ist mäßig; aber stets treten sie in neuem Gewande wieder in die Erscheinung und zwingen alsdann die Hand, sie festzuhalten.

An dem schönen Flusse, der eine halbe Stunde entfernt an Seldwyl vorüberzieht, erhebt sich eine weitgedehnte Erdwelle und verliert sich, selber wohlbebaut, in der fruchtbaren Ebene. Fern an ihrem Fuße liegt ein Dorf, welches manche große Bauernhöfe enthält, und über die sanfte Anhöhe lagen vor Jahren drei prächtige lange Äcker weithingestreckt, gleich drei riesigen Bändern nebeneinander. An einem sonnigen Septembermorgen pflügten zwei Bauern auf zweien dieser Äcker, und zwar auf jedem der beiden äußersten; der mittlere schien seit Jahren brach und wüst zu liegen, denn er war mit Steinen und hohem Unkraut bedeckt, und eine Welt von geflügelten Tierchen summte ungestört über ihm. Die Bauern aber, welche zu beiden Seiten hinter ihrem Pfluge gingen, waren lange, knochige Männer von ungefähr vierzig Jahren und verkündeten auf den ersten Blick den sichern, gutbesorgten Bauersmann. Sie trugen kurze Kniehosen von starkem Zwillich, an dem jede Falte ihre unveränderliche Lage hatte und wie in Stein gemeißelt aussah. Wenn sie, auf ein Hindernis stoßend, den Pflug fester faßten, so zitterten die groben Hemdärmel von der leichten Erschütterung, indessen die wohlrasierten Gesichter ruhig und aufmerksam, aber ein wenig blinzelnd in den Sonnenschein vor sich hinschauten, die Furche bemaßen oder auch wohl zuweilen sich umsahen, wenn ein fernes Geräusch die Stille des Landes unterbrach. Langsam und mit einer gewissen natürlichen Zierlichkeit setzten sie einen Fuß um den andern vorwärts, und keiner sprach ein Wort, außer wenn er etwa dem Knechte, der die stattlichen Pferde antrieb, eine Anweisung gab. So glichen sie einander vollkommen in einiger Entfernung; denn sie stellten die ursprüngliche Art dieser Gegend dar, und man hätte sie auf den ersten Blick nur daran unterscheiden können, daß der eine den Zipfel seiner weißen Kappe nach vorn trug, der andere aber hinten im Nacken hängen hatte. Aber das wechselte zwischen ihnen ab, indem sie in der entgegengesetzten Richtung pflügten; denn wenn sie oben auf der Höhe zusammentrafen und aneinander vorüberkamen, so schlug dem, welcher gegen den frischen Ostwind ging, die Zipfelkappe nach hinten über, während sie bei dem andern, der den Wind im Rücken hatte, sich nach vorne sträubte. Es gab auch jedesmal einen mittleren Augenblick, wo die schimmernden Mützen aufrecht in der Luft schwankten und wie zwei weiße Flammen gen Himmel züngelten. So pflügten beide ruhevoll, und es war schön anzusehen in der stillen goldenen Septembergegend, wenn sie so auf der Höhe aneinander vorbeizogen, still und langsam, und sich mählich voneinander entfernten, immer weiter auseinander, bis beide wie zwei untergehende Gestirne hinter die Wölbung des Hügels hinabgingen und verschwanden, um eine gute Weile darauf wieder zu erscheinen. Wenn sie einen Stein in ihren Furchen fanden, so warfen sie denselben auf den wüsten Acker in der Mitte mit lässig kräftigem Schwunge, was aber nur selten geschah, da derselbe schon fast mit allen Steinen belastet war, welche überhaupt auf den Nachbaräkkern zu finden gewesen. So war der lange Morgen zum Teil vergangen, als von dem Dorfe her ein kleines artiges Fuhrwerklein sich näherte, welches kaum zu sehen war, als es begann, die gelinde Höhe heranzukommen. Das war ein grünbemaltes Kinderwägelchen, in welchem die Kinder der beiden Pflüger, ein Knabe und ein kleines Ding von Mädchen, gemeinschaftlich den Vormittagsimbiß heranfuhren. Für jeden Teil lag ein schönes Brot, in eine Serviette gewickelt, eine Kanne Wein mit Gläsern und noch irgendein Zutätchen in dem Wagen, welches die zärtliche Bäuerin für den fleißigen Meister mitgesandt, und außerdem waren da noch verpackt allerlei seltsam gestaltete angebissene Äpfel und Birnen, welche die Kinder am Wege aufgelesen, und eine völlig nackte Puppe mit nur einem Bein und einem verschmierten Gesicht, welche wie ein Fräulein zwischen den Broten saß und sich behaglich fahren ließ. Dies Fuhrwerk hielt nach manchem Anstoß und Aufenthalt endlich auf der Höhe im Schatten eines jungen Lindengebüsches, welches da am Rande des Feldes stand, und nun konnte man die beiden Fuhrleute näher betrachten. Es war ein Junge von sieben Jahren und ein Dirnchen von fünfen, beide gesund und munter, und weiter war nichts Auffälliges an ihnen, als daß beide sehr hübsche Augen hatten und das Mädchen dazu noch eine bräunliche Gesichtsfarbe und ganz krause dunkle Haare, welche ihm ein feuriges und treuherziges Ansehen gaben. Die Pflüger waren jetzt auch wieder oben angekommen, steckten den Pferden etwas Klee vor und ließen die Pflüge in der halbvollendeten Furche stehen, während sie als gute Nachbarn sich zu dem gemeinschaftlichen Imbiß begaben und sich da zuerst begrüßten; denn bislang hatten sie sich noch nicht gesprochen an diesem Tage.

Wie nun die Männer mit Behagen ihr Frühstück einnahmen und mit zufriedenem Wohlwollen den Kindern mitteilten, die nicht von der Stelle wichen, solange gegessen und getrunken wurde, ließen sie ihre Blicke in der Nähe und Ferne herumschweifen und sahen das Städtchen räucherig glänzend in seinen Bergen liegen; denn das reichliche Mittagsmahl, welches die Seldwyler alle Tage bereiteten, pflegte ein weithin scheinendes Silbergewölk über ihre Dächer emporzutragen, welches lachend an ihren Bergen hinschwebte.

»Die Lumpenhunde zu Seldwyl kochen wieder gut!« sagte Manz, der eine der Bauern, und Marti, der andere, erwiderte: »Gestern war einer bei mir wegen des Ackers hier.« – »Aus dem Bezirksrat? Bei mir ist er auch gewesen!« sagte Manz. »So? Und meinte wahrscheinlich auch, du solltest das Land benutzen und den Herren die Pacht zahlen?« – »Ja, bis es sich entschieden habe, wem der Acker gehöre und was mit ihm anzufangen sei. Ich habe mich aber bedankt, das verwilderte Wesen für einen andern herzustellen, und sagte, sie sollten den Acker nur verkaufen und den Ertrag aufheben, bis sich ein Eigentümer gefunden, was wohl nie geschehen wird; denn was einmal auf der Kanzlei zu Seldwyl liegt, hat da gute Weile, und überdem ist die Sache schwer zu entscheiden. Die Lumpen möchten indessen gar zu gern etwas zu naschen bekommen durch den Pachtzins, was sie freilich mit der Verkaufssumme auch tun könnten; allein wir würden uns hüten, dieselbe zu hoch hinaufzutreiben, und wir wüßten dann doch, was wir hätten und wem das Land gehört!«

»Ganz so meine ich auch und habe dem Steckleinspringer eine ähnliche Antwort gegeben!«

Sie schwiegen eine Weile, dann fing Manz wiederum an: »Schad' ist es aber doch, daß der gute Boden so daliegen muß, es ist nicht zum Ansehen, das geht nun schon in die zwanzig Jahre so, und keine Seele fragt darnach; denn hier im Dorf ist niemand, der irgendeinen Anspruch auf den Acker hat, und niemand weiß auch, wo die Kinder des verdorbenen Trompeters hingekommen sind.«

»Hm!« sagte Marti. »Das wäre so eine Sache! Wenn ich den schwarzen Geiger ansehe, der sich bald bei den Heimatlosen aufhält, bald in den Dörfern zum Tanz aufspielt, so möchte ich darauf schwören, daß er ein Enkel des Trompeters ist, der freilich nicht weiß, daß er noch einen Acker hat. Was täte er aber damit? Einen Monat lang sich besaufen und dann nach wie vor! Zudem, wer dürfte da einen Wink geben, da man es doch nicht sicher wissen kann!«

»Da könnte man eine schöne Geschichte anrichten!« antwortete Manz. »Wir haben so genug zu tun, diesem Geiger das Heimatsrecht in unserer Gemeinde abzustreiten, da man uns den Fötzel fortwährend aufhalsen will. Haben sich seine Eltern einmal unter die Heimatlosen begeben, so mag er auch da bleiben und dem Kesselvolk das Geigelein streichen. Wie in aller Welt können wir wissen, daß er des Trompeters Sohnessohn ist? Was mich betrifft, wenn ich den Alten auch in dem dunklen Gesicht vollkommen zu erkennen glaube, so sage ich: Irren ist menschlich, und das geringste Fetzchen Papier, ein Stücklein von einem Taufschein würde meinem Gewissen besser tun als zehn sündhafte Menschengesichter!«

»Eia, sicherlich!« sagte Marti. »Er sagt zwar, er sei nicht schuld, daß man ihn nicht getauft habe! Aber sollen wir unsern Taufstein tragbar machen und in den Wäldern herumtragen? Nein, er steht fest in der Kirche, und dafür ist die Totenbahre tragbar, die draußen an der Mauer hängt. Wir sind schon übervölkert im Dorf und brauchen bald zwei Schulmeister!«

Hiemit war die Mahlzeit und das Zwiegespräch der Bauern geendet, und sie erhoben sich, den Rest ihrer heutigen Vormittagsarbeit zu vollbringen. Die beiden Kinder hingegen, welche schon den Plan entworfen hatten, mit den Vätern nach Hause zu ziehen, zogen ihr Fuhrwerk unter den Schutz der jungen Linden und begaben sich dann auf einen Streifzug in dem wilden Acker, da derselbe mit seinen Unkräutern, Stauden und Steinhaufen eine ungewohnte und merkwürdige Wildnis darstellte. Nachdem sie in der Mitte dieser grünen Wildnis einige Zeit hingewandert, Hand in Hand, und sich daran belustigt, die verschlungenen Hände über die hohen Distelstauden zu schwingen, ließen sie sich endlich im Schatten einer solchen nieder, und das Mädchen begann, seine Puppe mit den langen Blättern des Wegekrautes zu bekleiden, so daß sie einen schönen grünen und ausgezackten Rock bekam; eine einsame rote Mohnblume, die da noch blühte, wurde ihr als Haube über den Kopf gezogen und mit einem Grase festgebunden, und nun sah die kleine Person aus wie eine Zauberfrau, besonders nachdem sie noch ein Halsband und einen Gürtel von kleinen roten Beerchen erhalten. Dann wurde sie hoch in die Stengel der Distel gesetzt und eine Weile mit vereinten Blicken angeschaut, bis der Knabe sie genugsam besehen und mit einem Steine herunterwarf. Dadurch geriet aber ihr Putz in Unordnung, und das Mädchen entkleidete sie schleunigst, um sie aufs neue zu schmücken; doch als die Puppe eben wieder nackt und bloß war und nur noch der roten Haube sich erfreute, entriß der wilde Junge seiner Gefährtin das Spielzeug und warf es hoch in die Luft. Das Mädchen sprang klagend darnach, allein der Knabe fing die Puppe zuerst wieder auf, warf sie aufs neue empor, und indem das Mädchen sie vergeblich zu haschen bemühte, neckte er es auf diese Weise eine gute Zeit. Unter seinen Händen aber nahm die fliegende Puppe Schaden, und zwar am Knie ihres einzigen Beines, allwo ein kleines Loch einige Kleiekörner durchsickern ließ. Kaum bemerkte der Peiniger dies Loch, so verhielt er sich mäuschenstill und war mit offenem Munde eifrig beflissen, das Loch mit seinen Nägeln zu vergrößern und dem Ursprung der Kleie nachzuspüren. Seine Stille erschien dem armen Mädchen höchst verdächtig, und es drängte sich herzu und mußte mit Schrecken sein böses Beginnen gewahren. »Sieh mal!« rief er und schlenkerte ihr das Bein vor der Nase herum, daß ihr die Kleie ins Gesicht flog, und wie sie danach langen wollte und schrie und flehte, sprang er wieder fort und ruhte nicht eher, bis das ganze Bein dürr und leer herabhing als eine traurige Hülse. Dann warf er das mißhandelte Spielzeug hin und stellte sich höchst frech und gleichgültig, als die Kleine sich weinend auf die Puppe warf und dieselbe in ihre Schürze hüllte. Sie nahm sie aber wieder hervor und betrachtete wehselig die Ärmste, und als sie das Bein sah, fing sie abermals an laut zu weinen, denn dasselbe hing an dem Rumpfe nicht anders denn das Schwänzchen an einem Molche. Als sie gar so unbändig weinte, ward es dem Missetäter endlich etwas übel zumut, und er stand in Angst und Reue vor der Klagenden, und als sie dies merkte, hörte sie plötzlich auf und schlug ihn einigemal mit der Puppe, und er tat, als ob es ihm weh täte, und schrie au! so natürlich, daß sie zufrieden war und nun mit ihm gemeinschaftlich die Zerstörung und Zerlegung fortsetzte. Sie bohrten Loch auf Loch in den Marterleib und ließen aller Enden die Kleie entströmen, welche sie sorgfältig auf einem flachen Steine zu einem Häufchen sammelten, umrührten und aufmerksam betrachteten. Das einzige Feste, was noch an der Puppe bestand, war der Kopf und mußte jetzt vorzüglich die Aufmerksamkeit der Kinder erregen; sie trennten ihn sorgfältig los von dem ausgequetschten Leichnam und guckten erstaunt in sein hohles Innere. Als sie die bedenkliche Höhlung sahen und auch die Kleie sahen, war es der nächste und natürlichste Gedankensprung, den Kopf mit der Kleie auszufüllen, und so waren die Fingerchen der Kinder nun beschäftigt, um die Wette Kleie in den Kopf zu tun, so daß zum ersten Male in seinem Leben etwas in ihm steckte. Der Knabe mochte es aber immer noch für ein totes Wissen halten, weil er plötzlich eine große blaue Fliege fing und, die Summende zwischen beiden hohlen Händen haltend, dem Mädchen gebot, den Kopf von der Kleie zu entleeren. Hierauf wurde die Fliege hineingesperrt und das Loch mit Gras verstopft. Die Kinder hielten den Kopf an die Ohren und setzten ihn dann feierlich auf einen Stein; da er noch mit der roten Mohnblume bedeckt war, so glich der Tönende jetzt einem weissagenden Haupte, und die Kinder lauschten in tiefer Stille seinen Kunden und Märchen, indessen sie sich umschlungen hielten. Aber jeder Prophet erweckt Schrecken und Undank; das wenige Leben in dem dürftig geformten Bilde erregte die menschliche Grausamkeit in den Kindern, und es wurde beschlossen, das Haupt zu begraben. So machten sie ein Grab und legten den Kopf, ohne die gefangene Fliege um ihre Meinung zu befragen, hinein und errichteten über dem Grabe ein ansehnliches Denkmal von Feldsteinen. Dann empfanden sie einiges Grauen, da sie etwas Geformtes und Belebtes begraben hatten, und entfernten sich ein gutes Stück von der unheimlichen Stätte. Auf einem ganz mit grünen Kräutern bedeckten Plätzchen legte sich das Dirnchen auf den Rücken, da es müde war, und begann in eintöniger Weise einige Worte zu singen, immer die nämlichen, und der Junge kauerte daneben und half, indem er nicht wußte, ob er auch vollends umfallen solle, so lässig und müßig war er. Die Sonne schien dem singenden Mädchen in den geöffneten Mund, beleuchtete dessen blendendweiße Zähnchen und durchschimmerte die runden Purpurlippen. Der Knabe sah die Zähne, und dem Mädchen den Kopf haltend und dessen Zähnchen neugierig untersuchend, rief er: »Rate, wieviel Zähne hat man?« Das Mädchen besann sich einen Augenblick, als ob es reiflich nachzählte, und sagte dann auf Geratewohl: »Hundert!« – »Nein, zweiunddreißig!« rief er. »Wart, ich will einmal zählen!« Da zählte er die Zähne des Kindes, und weil er nicht zweiunddreißig herausbrachte, so fing er immer wieder von neuem an. Das Mädchen hielt lange still, als aber der eifrige Zähler nicht zu Ende kam, raffte es sich auf und rief: »Nun will ich deine zählen!« Nun legte sich der Bursche hin ins Kraut, das Mädchen über ihn, umschlang seinen Kopf, er sperrte das Maul auf, und es zählte: eins, zwei, sieben, fünf, zwei eins; denn die kleine Schöne konnte noch nicht zählen. Der Junge verbesserte sie und gab ihr Anweisung, wie sie zählen solle, und so fing auch sie unzähligemal von neuem an, und das Spiel schien ihnen am besten zu gefallen von allem, was sie heut unternommen. Endlich aber sank das Mädchen ganz auf den kleinen Rechenmeister nieder, und die Kinder schliefen ein in der hellen Mittagssonne.

Inzwischen hatten die Väter ihre Äcker fertiggepflügt und in frischduftende braune Fläche umgewandelt. Als nun, mit der letzten Furche zu Ende gekommen, der Knecht des einen halten wollte, rief sein Meister: »Was hältst du? Kehr noch einmal um!« – »Wir sind ja fertig!« sagte der Knecht. »Halt's Maul und tu, wie ich dir sage!« der Meister. Und sie kehrten um und rissen eine tüchtige Furche in den mittleren herrenlosen Acker hinein, daß Kraut und Steine flogen. Der Bauer hielt sich aber nicht mit der Beseitigung derselben auf, er mochte denken, hiezu sei noch Zeit genug vorhanden, und er begnügte sich, für heute die Sache nur aus dem gröbsten zu tun. So ging es rasch die Höhe empor in sanftem Bogen, und als man oben angelangt und das liebliche Windeswehen eben wieder den Kappenzipfel des Mannes zurückwarf, pflügte auf der anderen Seite der Nachbar vorüber, mit dem Zipfel nach vorn, und schnitt ebenfalls eine ansehnliche Furche vom mittleren Acker, daß die Schollen nur so zur Seite flogen. Jeder sah wohl, was der andere tat, aber keiner schien es zu sehen, und sie entschwanden sich wieder, indem jedes Sternbild still am andern vorüberging und hinter diese runde Welt hinabtauchte. So gehen die Weberschiffchen des Geschickes aneinander vorbei, und »was er webt, das weiß kein Weber!«...

Es kam eine Ernte um die andere, und jede sah die Kinder größer und schöner und den herrenlosen Acker schmäler zwischen seinen breit gewordenen Nachbaren. Mit jedem Pflügen verlor er hüben und drüben eine Furche, ohne daß ein Wort darüber gesprochen worden wäre und ohne daß ein Menschenauge den Frevel zu sehen schien. Die Steine wurden immer mehr zusammengedrängt und bildeten schon einen ordentlichen Grat auf der ganzen Länge des Akkers, und das wilde Gesträuch darauf war schon so hoch, daß die Kinder, obgleich sie gewachsen waren, sich nicht mehr sehen konnten, wenn eines dies- und das andere jenseits ging. Denn sie gingen nun nicht mehr gemeinschaftlich auf das Feld, da der zehnjährige Salomon oder Sali, wie er genannt wurde, sich schon wacker auf Seite der größeren Burschen und der Männer hielt; und das braune Vrenchen, obgleich es ein feuriges Dirnchen war, mußte bereits unter der Obhut seines Geschlechts gehen, sonst wäre es von den andern als ein Bubenmädchen ausgelacht worden. Dennoch nahmen sie während jeder Ernte, wenn alles auf den Äckern war, einmal Gelegenheit, den wilden Steinkamm, der sie trennte, zu besteigen und sich gegenseitig von demselben herunterzustoßen. Wenn sie auch sonst keinen Verkehr mehr miteinander hatten, so schien diese jährliche Zeremonie um so sorglicher gewahrt zu werden, als sonst nirgends die Felder ihrer Väter zusammenstießen.

Indessen sollte der Acker doch endlich verkauft und der Erlös einstweilen amtlich aufgehoben werden. Die Versteigerung fand an Ort und Stelle statt, wo sich aber nur einige Gaffer einfanden außer den Bauern Manz und Marti, da niemand Lust hatte, das seltsame Stückchen zu erstehen und zwischen den zwei Nachbaren zu bebauen. Denn obgleich diese zu den besten Bauern des Dorfes gehörten und nichts weiter getan hatten, als was zwei Drittel der übrigen unter diesen Umständen auch getan haben würden, so sah man sie doch jetzt stillschweigend darum an, und niemand wollte zwischen ihnen eingeklemmt sein mit dem geschmälerten Waisenfelde. Die meisten Menschen sind fähig oder bereit, ein in den Lüften umgehendes Unrecht zu verüben, wenn sie mit der Nase daraufstoßen; sowie es aber von einem begangen ist, sind die übrigen froh, daß sie es doch nicht gewesen sind, daß die Versuchung nicht sie betroffen hat, und sie machen nun den Auserwählten zu dem Schlechtigkeitsmesser ihrer Eigenschaften und behandeln ihn mit zarter Scheu als einen Ableiter des Übels, der von den Göttern gezeichnet ist, während ihnen zugleich noch der Mund wässert nach den Vorteilen, die er dabei genossen. Manz und Marti waren also die einzigen, welche ernstlich auf den Acker boten; nach einem ziemlich hartnäckigen Überbieten erstand ihn Manz, und er wurde ihm zugeschlagen. Die Beamten und die Gaffer verloren sich vom Felde; die beiden Bauern, welche sich auf ihren Äckern noch zu schaffen gemacht, trafen beim Weggehen wieder zusammen, und Marti sagte: »Du wirst nun dein Land, das alte und das neue, wohl zusammenschlagen und in zwei gleiche Stücke teilen? Ich hätte es wenigstens so gemacht, wenn ich das Ding bekommen hätte.« – »Ich werde es allerdings auch tun«, antwortete Manz, »denn als ein Acker würde mir das Stück zu groß sein. Doch was ich sagen wollte: Ich habe bemerkt, daß du neulich noch am untern Ende dieses Ackers, der jetzt mir gehört, schräg hineingefahren bist und ein gutes Dreieck abgeschnitten hast. Du hast es vielleicht getan in der Meinung, du werdest das ganze Stück an dich bringen und es sei dann sowieso dein. Da es nun aber mir gehört, so wirst du wohl einsehen, daß ich eine solche ungehörige Einkrümmung nicht brauchen noch dulden kann, und wirst nichts dagegen haben, wenn ich den Strich wieder grad mache! Streit wird das nicht abgeben sollen!«

Marti erwiderte ebenso kaltblütig, als ihn Manz angeredet hatte: »Ich sehe auch nicht, wo der Streit herkommen soll! Ich denke, du hast den Acker gekauft, wie er da ist, wir haben ihn alle gemeinschaftlich besehen, und er hat sich seit einer Stunde nicht um ein Haar verändert!«

»Larifari!« sagte Manz. »Was früher geschehen, wollen wir nicht aufrühren! Was aber zuviel ist, ist zuviel, und alles muß zuletzt eine ordentliche grade Art haben; diese drei Äcker sind von jeher so grade nebeneinander gelegen, wie nach dem Richtscheit gezeichnet; es ist ein ganz absonderlicher Spaß von dir, wenn du nun einen solchen lächerlichen und unvernünftigen Schnörkel dazwischenbringen willst, und wir beide würden einen Übernamen bekommen, wenn wir den krummen Zipfel da bestehen ließen. Er muß durchaus weg!«

Marti lachte und sagte: »Du hast ja auf einmal eine merkwürdige Furcht vor dem Gespötte der Leute! Das läßt sich aber ja wohl machen; mich geniert das Krumme gar nicht; ärgert es dich, gut, so machen wir es grad, aber nicht auf meiner Seite, das geb' ich dir schriftlich, wenn du willst!«

»Rede doch nicht so spaßhaft«, sagte Marti, und beide Männer gingen auseinander, ohne sich weiter anzublicken; vielmehr starrten sie nach verschiedener Richtung ins Blaue hinaus, als ob sie da wunder was für Merkwürdigkeiten im Auge hätten, die sie betrachten müßten mit Aufbietung aller ihrer Geisteskräfte.

Schon am nächsten Tage schickte Manz einen Dienstbuben, ein Taglöhnermädchen und sein eigenes Söhnchen Sali auf den Acker hinaus, um das wilde Unkraut und Gestrüpp auszureuten und auf Haufen zu bringen, damit nachher die Steine um so bequemer weggefahren werden könnten. Dies war eine Änderung in seinem Wesen, daß er den kaum elfjährigen Jungen, der noch zu keiner Arbeit angehalten worden, nun mit hinaussandte, gegen die Einsprache der Mutter. Es schien, da er es mit ernsthaften und gesalbten Worten tat, als ob er mit dieser Arbeitsstrenge gegen sein eigenes Blut das Unrecht betäuben wollte, in dem er lebte und welches nun begann, seine Folgen ruhig zu entfalten. Das ausgesandte Völklein jätete inzwischen lustig an dem Unkraut und hackte mit Vergnügen an den wunderlichen Stauden und Pflanzen aller Art, die da seit Jahren wucherten. Denn da es eine außerordentliche, gleichsam wilde Arbeit war, bei der keine Regel und keine Sorgfalt erheischt wurde, so galt sie als eine Lust. Das wilde Zeug, an der Sonne gedörrt, wurde aufgehäuft und mit großem Jubel verbrannt, daß der Qualm weithin sich verbreitete und die jungen Leutchen darin herumsprangen wie besessen. Dies war das letzte Freudenfest auf dem Unglücksfelde, und das junge Vrenchen, Martis Tochter, kam auch hinausgeschlichen und half tapfer mit. Das Ungewöhnliche dieser Begebenheit und die lustige Aufregung gaben einen guten Anlaß, sich seinem kleinen Jugendgespielen wieder einmal zu nähern, und die Kinder waren recht glücklich und munter bei ihrem Feuer. Es kamen noch andere Kinder hinzu, und es sammelte sich eine ganze vergnügte Gesellschaft; doch immer, sobald sie getrennt wurden, suchte Sali alsobald wieder neben Vrenchen zu gelangen, und dieses wußte desgleichen immer vergnügt lächelnd zu ihm zu schlüpfen, und es war beiden Kreaturen, wie wenn dieser herrliche Tag nie enden müßte und könnte. Doch der alte Manz kam gegen Abend herbei, um zu sehen, was sie ausgerichtet, und obgleich sie fertig waren, so schalt er doch ob dieser Lustbarkeit und scheuchte die Gesellschaft auseinander. Zugleich zeigte sich Marti auf seinem Grund und Boden, und seine Tochter gewahrend, pfiff er derselben schrill und gebieterisch durch den Finger, daß sie erschrocken hineilte, und er gab ihr, ohne zu wissen warum, einige Ohrfeigen, also daß beide Kinder in großer Traurigkeit und weinend nach Hause gingen, und sie wußten jetzt eigentlich sowenig, warum sie so traurig waren, als warum sie vorhin so vergnügt gewesen; denn die Rauheit der Väter, an sich ziemlich neu, war von den arglosen Geschöpfen noch nicht begriffen und konnte sie nicht tiefer bewegen.

Die nächsten Tage war es schon eine härtere Arbeit, zu welcher Mannsleute gehörten, als Manz die Steine aufnehmen und wegfahren ließ. Es wollte kein Ende nehmen, und alle Steine der Welt schienen da beisammen zu sein. Er ließ sie aber nicht ganz vom Felde wegbringen, sondern jede Fuhre auf jenem streitigen Dreiecke abwerfen, welches von Marti schon säuberlich umgepflügt war. Er hatte vorher einen graden Strich gezogen als Grenzscheide und belastete nun dies Fleckchen Erde mit allen Steinen, welche beide Männer seit unvordenklichen Zeiten herübergeworfen, so daß eine gewaltige Pyramide entstand, die wegzubringen sein Gegner bleibenlassen würde, dachte er. Marti hatte dies am wenigsten erwartet; er glaubte, der andere werde nach alter Weise mit dem Pfluge zu Werke gehen wollen, und hatte daher abgewartet, bis er ihn als Pflüger ausziehen sähe. Erst als die Sache schon beinahe fertig, hörte er von dem schönen Denkmal, welches Manz da errichtet, rannte voll Wut hinaus, sah die Bescherung, rannte zurück und holte den Gemeindeamtmann, um vorläufig gegen den Steinhaufen zu protestieren und den Fleck gerichtlich in Beschlag nehmen zu lassen, und von diesem Tage an lagen die zwei Bauern im Prozeß miteinander und ruhten nicht, ehe sie beide zugrunde gerichtet waren.

Die Gedanken der sonst so wohlweisen Männer waren nun so kurz geschnitten wie Häcksel; der beschränkteste Rechtssinn von der Welt erfüllte jeden von ihnen, indem keiner begreifen konnte noch wollte, wie der andere so offenbar unrechtmäßig und willkürlich den fraglichen unbedeutenden Ackerzipfel an sich reißen könne. Bei Manz kam noch ein wunderbarer Sinn für Symmetrie und parallele Linien hinzu, und er fühlte sich wahrhaft gekränkt durch den aberwitzigen Eigensinn, mit welchem Marti auf dem Dasein des unsinnigsten und mutwilligsten Schnörkels beharrte. Beide aber trafen zusammen in der Überzeugung, daß der andere, den anderen so frech und plump übervorteilend, ihn notwendig für einen verächtlichen Dummkopf halten müsse, da man dergleichen etwa einem armen haltlosen Teufel, nicht aber einem aufrechten, klugen und wehrhaften Manne gegenüber sich erlauben könne, und jeder sah sich in seiner wunderlichen Ehre gekränkt und gab sich rückhaltlos der Leidenschaft des Streites und dem daraus erfolgenden Verfalle hin, und ihr Leben glich fortan der träumerischen Qual zweier Verdammten, welche auf einem schmalen Brette einen dunkeln Strom hinabtreibend sich befehden, in die Luft hauen und sich selber anpacken und vernichten, in der Meinung, sie hätten ihr Unglück gefaßt. Da sie eine faule Sache hatten, so gerieten beide in die allerschlimmsten Hände von Tausendkünstlern, welche ihre verdorbene Phantasie auftrieben zu ungeheuren Blasen, die mit den nichtsnutzigsten Dingen angefüllt wurden. Vorzüglich waren es die Spekulanten aus der Stadt Seldwyla, welchen dieser Handel ein gefundenes Essen war, und bald hatte jeder der Streitenden einen Anhang von Unterhändlern, Zuträgern und Ratgebern hinter sich, die alles bare Geld auf hundert Wegen abzuziehen wußten. Denn das Fleckchen Erde mit dem Steinhaufen darüber, auf welchem bereits wieder ein Wald von Nesseln und Disteln blühte, war nur noch der erste Keim oder der Grundstein einer verworrenen Geschichte und Lebensweise, in welcher die zwei Fünfzigjährigen noch neue Gewohnheiten und Sitten, Grundsätze und Hoffnungen annahmen, als sie bisher geübt. Je mehr Geld sie verloren, desto sehnsüchtiger wünschten sie welches zu haben, und je weniger sie besaßen, desto hartnäckiger dachten sie reich zu werden und es dem andern zuvorzutun. Sie ließen sich zu jedem Schwindel verleiten und setzten auch jahraus, jahrein in alle fremden Lotterien, deren Lose massenhaft in Seldwyla zirkulierten. Aber nie bekamen sie einen Taler

Gewinn zu Gesicht, sondern hörten nur immer vom Gewinnen anderer Leute, und wie sie selbst beinahe gewonnen hätten, indessen diese Leidenschaft ein regelmäßiger Geldabfluß für sie war. Bisweilen machten sich die Seldwyler den Spaß, beide Bauern, ohne ihr Wissen, am gleichen Lose teilnehmen zu lassen, so daß beide die Hoffnung auf Unterdrückung und Vernichtung des andern auf ein und dasselbe Los setzten. Sie brachten die Hälfte ihrer Zeit in der Stadt zu, wo jeder in einer Spelunke sein Hauptquartier hatte, sich den Kopf heißmachen und zu den lächerlichsten Ausgaben und einem elenden und ungeschickten Schlemmen verleiten ließ, bei welchem ihm heimlich doch selber das Herz blutete, also daß beide, welche eigentlich nur in diesem Hader lebten, um für keine Dummköpfe zu gelten, nun solche von der besten Sorte darstellten und von jedermann dafür angesehen wurden. Die andere Hälfte der Zeit lagen sie verdrossen zu Hause oder gingen ihrer Arbeit nach, wobei sie dann durch ein tolles böses Überhasten und Antreiben das Versäumte einzuholen suchten und damit jeden ordentlichen und zuverlässigen Arbeiter verscheuchten. So ging es gewaltig rückwärts mit ihnen, und ehe zehn Jahre vorüber, steckten sie beide von Grund aus in Schulden und standen wie die Störche auf einem Beine auf der Schwelle ihrer Besitztümer, von der jeder Lufthauch sie herunterwehte. Aber wie es ihnen auch erging, der Haß zwischen ihnen wurde täglich größer, da jeder den andern als den Urheber seines Unsterns betrachtete, als seinen Erbfeind und ganz unvernünftigen Widersacher, den der Teufel absichtlich in die Welt gesetzt habe, um ihn zu verderben. Sie spieen aus, wenn sie sich nur von weitem sahen; kein Glied ihres Hauses durfte mit Frau, Kind oder Gesinde des andern ein Wort sprechen, bei Vermeidung der gröbsten Mißhandlung. Ihre Weiber verhielten sich verschieden bei dieser Verarmung und Verschlechterung des ganzen Wesens. Die Frau des Marti, welche von guter Art war, hielt den Verfall nicht aus, härmte sich ab und starb, ehe ihre Tochter vierzehn Jahre alt war. Die Frau des Manz hingegen bequemte sich der veränderten Lebensweise an, und um sich als eine schlechte Genossin zu entfalten, hatte sie nichts zu tun, als einigen weiblichen Fehlern, die ihr von jeher angehaftet, den Zügel schießen zu lassen und dieselben zu Lastern auszubilden. Ihre Naschhaftigkeit wurde zu wilder Begehrlichkeit, ihre Zungenfertigkeit zu einem grundfalschen und verlogenen Schmeichel- und Verleumdungswesen, mit welchem sie jeden Augenblick das Gegenteil von dem sagte, was sie dachte, alles hintereinanderhetzte und ihrem eigenen Manne ein X für ein U vormachte; ihre ursprüngliche Offenheit, mit der sie sich der unschuldigen Plauderei erfreute, ward nun zur abgehärteten Schamlosigkeit, mit der sie jenes falsche Wesen betrieb, und so, statt unter ihrem Manne zu leiden, drehte sie ihm eine Nase; wenn er es arg trieb, so machte sie es bunt, ließ sich nichts abgehen und gedieh zu der dicksten Blüte einer Vorsteherin des zerfallenden Hauses.

So war es nun schlimm bestellt um die armen Kinder, welche weder eine gute Hoffnung für ihre Zukunft fassen konnten noch sich auch nur einer lieblich frohen Jugend erfreuten, da überall nichts als Zank und Sorge war. Vrenchen hatte anscheinend einen schlimmeren Stand als Sali, da seine Mutter tot und es einsam in einem wüsten Hause der Tyrannei eines verwilderten Vaters anheimgegeben war. Als es sechzehn Jahre zählte, war es schon ein schlankgewachsenes, ziervolles Mädchen; seine dunkelbraunen Haare ringelten sich unablässig fast bis über die blitzenden braunen Augen, dunkelrotes Blut durchschimmerte die Wangen des bräunlichen Gesichtes und glänzte als tiefer Purpur auf den frischen Lippen, wie man es selten sah und was dem dunklen Kinde ein eigentümliches Ansehen und Kennzeichen gab. Feurige Lebenslust und Fröhlichkeit zitterte in jeder Fiber dieses Wesens; es lachte und war aufgelegt zu Scherz und Spiel, wenn das Wetter nur im mindesten lieblich war, d. h. wenn es nicht zu sehr gequält wurde und nicht zuviel Sorgen ausstand. Diese plagten es aber häufig genug; denn nicht nur hatte es den Kummer und das wachsende Elend des Hauses mitzutragen, sondern es mußte noch sich selber in acht nehmen und mochte sich gern halbwegs ordentlich und reinlich kleiden, ohne daß der Vater ihm die geringsten Mittel dazu geben wollte. So hatte Vrenchen die größte Not, ihre anmutige Person einigermaßen auszustaffieren, sich ein allerbescheidenstes Sonntagskleid zu erobern und einige bunte, fast wertlose Halstüchelchen zusammenzuhalten. Darum war das schöne, wohlgemute, junge Blut in jeder Weise gedemütigt und gehemmt und konnte am wenigsten der Hoffart anheimfallen. Überdies hatte es bei schon erwachendem Verstande das Leiden und den Tod seiner Mutter gesehen, und dies Andenken war ein weiterer Zügel, der seinem lustigen und feurigen Wesen angelegt war, so daß es nun höchst lieblich, unbedenklich und rührend sich ansah, wenn trotz alledem das gute Kind bei jedem Sonnenblick sich ermunterte und zum Lächeln bereit war.

Sali erging es nicht so hart auf den ersten Anschein; denn er war nun ein hübscher und kräftiger junger Bursche, der sich zu wehren wußte und dessen äußere Haltung wenigstens eine schlechte Behandlung von selbst unzulässig machte. Er sah wohl die üble Wirtschaft seiner Eltern und glaubte sich erinnern zu können, daß es einst nicht so gewesen; ja er bewahrte noch das frühere Bild seines Vaters wohl in seinem Gedächtnisse als eines festen, klugen und ruhigen Bauers, desselben Mannes, den er jetzt als einen grauen Narren, Händelführer und Müßiggänger vor sich sah, der mit Toben und Prahlen auf hundert törichten und verfänglichen Wegen wandelte und mit jeder Stunde rückwärts ruderte wie ein Krebs. Wenn ihm nun dies mißfiel und ihn oft mit Scham und Kummer erfüllte, während es seiner Unerfahrenheit nicht klar war, wie die Dinge so gekommen, so wurden seine Sorgen wieder betäubt durch die Schmeichelei, mit der ihn die Mutter behandelte. Denn um in ihrem Unwesen ungestörter zu sein und einen guten Parteigänger zu haben, auch um ihrer Großtuerei zu genügen, ließ sie ihm zukommen, was er wünschte, kleidete ihn sauber und prahlerisch und unterstützte ihn in allem, was er zu seinem Vergnügen vornahm. Er ließ sich dies gefallen ohne viel Dankbarkeit, da ihm die Mutter viel zuviel dazu schwatzte und log; und indem er so wenig Freude daran empfand, tat er lässig und gedankenlos, was ihm gefiel, ohne daß dies jedoch etwas Übles war, weil er für jetzt noch unbeschädigt war von dem Beispiele der Alten und das jugendliche Bedürfnis fühlte, im ganzen einfach, ruhig und leidlich tüchtig zu sein. Er war ziemlich genauso, wie sein Vater in diesem Alter gewesen war, und dieses flößte demselben eine unwillkürliche Achtung vor dem Sohne ein, in welchem er mit verwirrtem Gewissen und gepeinigter Erinnerung seine eigene Jugend achtete. Trotz dieser Freiheit, welche Sali genoß, ward er seines Lebens doch nicht froh und fühlte wohl, wie er nichts Rechtes vor sich hatte und ebensowenig etwas Rechtes lernte, da von einem zusammenhängenden und vernunftgemäßen Arbeiten in Manzens Hause längst nicht mehr die Rede war. Sein bester Trost war daher, stolz auf seine Unabhängigkeit und einstweilige Unbescholtenheit zu sein, und in diesem Stolze ließ er die Tage trotzig verstreichen und wandte die Augen von der Zukunft ab.

Der einzige Zwang, dem er unterworfen, war die Feindschaft seines Vaters gegen alles, was Marti hieß und an diesen erinnerte. Doch wußte er nichts anderes, als daß Marti seinem Vater Schaden zugefügt und daß man in dessen Hause ebenso feindlich gesinnt sei, und es fiel ihm daher nicht schwer, weder den Marti noch seine Tochter anzusehen und seinerseits auch einen angehenden, doch ziemlich zahmen Feind vorzustellen. Vrenchen hingegen, welches mehr erdulden mußte als Sali und in seinem Hause viel verlassener war, fühlte sich weniger zu einer förmlichen Feindschaft aufgelegt und glaubte sich nur verachtet von dem wohlgekleideten und scheinbar glücklicheren Sali; deshalb verbarg sie sich vor ihm, und wenn er irgendwo nur in der Nähe war, so entfernte sie sich eilig, ohne daß er sich die Mühe gab, ihr nachzublicken. So kam es, daß er das Mädchen schon seit ein paar Jahren nicht mehr in der Nähe gesehen und gar nicht wußte, wie es aussah, seit es herangewachsen. Und doch wunderte es ihn zuweilen ganz gewaltig, und wenn überhaupt von den Martis gesprochen wurde, so dachte er unwillkürlich nur an die Tochter, deren jetziges Aussehen ihm nicht deutlich und deren Andenken ihm gar nicht verhaßt war.

Doch war sein Vater Manz nun der erste von den beiden Feinden, der sich nicht mehr halten konnte und von Haus und Hof springen mußte. Dieser Vortritt rührte daher, daß er eine Frau besaß, die ihm geholfen, und einen Sohn, der doch auch einiges mitbrauchte, während Marti der einzige Verzehrer war in seinem wakkeligen Königreich, und seine Tochter durfte wohl arbeiten wie ein Haustierchen, aber nichts gebrauchen. Manz aber wußte nichts anderes anzufangen, als auf den Rat seiner Seldwyler Gönner in die Stadt zu ziehen und da sich als Wirt aufzutun. Es ist immer betrüblich anzusehen, wenn ein ehemaliger Landmann, der auf dem Felde alt geworden ist, mit den Trümmern seiner Habe in eine Stadt zieht und da eine Schenke oder Kneipe auftut, um als letzten Rettungsanker den freundlichen und gewandten Wirt zu machen, während es ihm nichts weniger als freundlich zumut ist. Als die Manzen vom Hofe zogen, sah man erst, wie arm sie bereits waren; denn sie luden lauter alten und zerfallenden Hausrat auf, dem man es ansah, daß seit vielen Jahren nichts erneuert und angeschafft worden war. Die Frau legte aber nichtsdestominder ihren besten Staat an, als sie sich oben auf die Gerümpelfuhre setzte, und machte ein Gesicht voller Hoffnungen, als künftige Stadtfrau schon mit Verachtung auf die Dorfgenossen herabsehend, welche voll Mitleid hinter den Hecken hervor dem bedenklichen Zuge zuschauten. Denn sie nahm sich vor, mit ihrer Liebenswürdigkeit und Klugheit die ganze Stadt zu bezaubern, und was ihr versimpelter Mann nicht machen könne, das wollte sie schon ausrichten, wenn sie nur erst einmal als Frau Wirtin in einem stattlichen Gasthofe säße. Dieser Gasthof bestand aber in einer trübseligen Winkelschenke in einem abgelegenen schmalen Gäßchen, auf der eben ein anderer zugrunde gegangen war und welche die Seldwyler dem Manz verpachteten, da er noch einige hundert Taler einzuziehen hatte. Sie verkauften ihm auch ein paar Fäßchen angemachten Weines und das Wirtschaftsmobiliar, das aus einem Dutzend weißen geringen Flaschen, ebensoviel Gläsern und einigen tannenen Tischen und Bänken bestand, welche einst blutrot angestrichen gewesen und jetzt vielfältig abgescheuert waren. Vor dem Fenster knarrte ein eiserner Reifen in einem Haken, und in dem Reifen schenkte eine blecherne Hand Rotwein aus einem Schöppchen in ein Glas. Überdies hing ein verdorrter Busch von Stechpalme über der Haustür, was Manz alles mit in die Pacht bekam. Um deswillen war er nicht so wohlgemut wie seine Frau, sondern trieb mit schlimmer Ahnung und voll Ingrimm die magern Pferde an, welche er vom neuen Bauern geliehen. Das letzte schäbige Knechtchen, das er gehabt, hatte ihn schon seit einigen Wochen verlassen. Als er solcherweise abfuhr, sah er wohl, wie Marti voll Hohn und Schadenfreude sich unfern der Straße zu schaffen machte, fluchte ihm und hielt denselben für den alleinigen Urheber seines Unglückes. Sali aber, sobald das Fuhrwerk im Gange war, beschleunigte seine Schritte, eilte voraus und ging allein auf Seitenwegen nach der Stadt.

»Da wären wir!« sagte Manz, als die Fuhre vor dem Spelunkelein anhielt. Die Frau erschrak darüber, denn das war in der Tat ein trauriger Gasthof. Die Leute traten eilfertig unter die Fenster und vor die Häuser, um sich den neuen Bauernwirt anzusehen, und machten mit ihrer Seldwyler Überlegenheit mitleidig spöttische Gesichter. Zornig und mit nassen Augen kletterte die Manzin vom Wagen herunter und lief, ihre Zunge vorläufig wetzend, in das Haus, um sich heute vornehm nicht wieder blicken zu lassen; denn sie schämte sich des schlechten Gerätes und der verdorbenen Betten, welche nun abgeladen wurden. Sali schämte sich auch, aber er mußte helfen und machte mit seinem Vater einen seltsamen Verlag in dem Gäßchen, auf welchem alsbald die Kinder der Falliten herumsprangen und sich über das verlumpete Bauernpack lustig machten. Im Hause aber sah es noch trübseliger aus, und es glich einer vollkommenen Räuberhöhle. Die Wände waren schlecht geweißtes feuchtes Mauerwerk, außer der dunklen unfreundlichen Gaststube mit ihren ehemals blutroten Tischen waren nur noch ein paar schlechte Kämmerchen da, und überall hatte der ausgezogene Vorgänger den trostlosesten Schmutz und Kehricht zurückgelassen.

So war der Anfang und so ging es auch fort. Während der ersten Woche kamen, besonders am Abend, wohl hin und wieder ein Tisch voll Leute aus Neugierde, den Bauernwirt zu sehen, und ob es da vielleicht einigen Spaß absetzte. Am Wirt hatten sie nicht viel zu betrachten, denn Manz war ungelenk, starr, unfreundlich und melancholisch und wußte sich gar nicht zu benehmen, wollte es auch nicht wissen. Er füllte langsam und ungeschickt die Schöppchen, stellte sie mürrisch vor die Gäste und versuchte etwas zu sagen, brachte aber nichts heraus. Desto eifriger warf sich nun seine Frau ins Geschirr und hielt die Leute wirklich einige Tage zusammen, aber in einem ganz anderen Sinne, als sie meinte. Die ziemlich dicke Frau hatte sich eine eigene Haustracht zusammengesetzt, in der sie unwiderstehlich zu sein glaubte. Zu einem leinenen ungefärbten Landrock trug sie einen alten grünseidenen Spenzer, eine baumwollene Schürze und einen schlimmen weißen Halskragen. Von ihrem nicht mehr dichten Haar hatte sie an den Schläfen possierliche Schnecken gewickelt und in das Zöpfchen hinten einen hohen Kamm gesteckt. So schwänzelte und tänzelte sie mit angestrengter Anmut herum, spitzte lächerlich das Maul, daß es süß aussehen sollte, hüpfte elastisch an die Tische hin, und das Glas oder den Teller mit gesalzenem Käse hinsetzend, sagte sie lächelnd: »So so? So soli! Herrlich, herrlich, ihr Herren!« und solches dummes Zeug mehr; denn obwohl sie sonst eine geschliffene Zunge hatte, so wußte sie jetzt doch nichts Gescheites vorzubringen, da sie fremd war und die Leute nicht kannte. Die Seldwyler von der schlechtesten Sorte, die da hockten, hielten die Hand vor den Mund, wollten vor Lachen ersticken, stießen sich unter dem Tisch mit den Füßen und sagten: »Potztausig! Das ist ja eine Herrliche!« – »Eine Himmlische!« sagte ein anderer. »Beim ewigen Hagel! Es ist der Mühe wert, hierherzukommen, so eine haben wir lang nicht gesehen!« Ihr Mann bemerkte das wohl mit finsterem Blicke; er gab ihr einen Stoß in die Rippen und flüsterte: »Du alte Kuh! Was machst du denn?« – »Störe mich nicht«, sagte sie unwillig, »du alter Tolpatsch! Siehst du nicht, wie ich mir Mühe gebe und mit den Leuten umzugehen weiß? Das sind aber nur Lumpen von deinem Anhang! Laß mich nur machen, ich will bald fürnehmere Kundschaft hier haben!« Dies alles war beleuchtet von einem oder zwei dünnen Talglichten; Sali, der Sohn, aber ging hinaus in die dunkle Küche, setzte sich auf den Herd und weinte über Vater und Mutter.

Die Gäste hatten aber das Schauspiel bald satt, welches ihnen die gute Frau Manz gewährte, und blieben wieder, wo es ihnen wohler war und sie über die wunderliche Wirtschaft lachen konnten; nur dann und wann erschien ein einzelner, der ein Glas trank und die Wände angähnte, oder es kam ausnahmsweise eine ganze Bande, die armen Leute mit einem vorübergehenden Trubel und Lärm zu täuschen. Es ward ihnen angst und bange in dem engen Mauerwinkel, wo sie kaum die Sonne sahen, und Manz, welcher sonst gewohnt war, tagelang in der Stadt zu liegen, fand es jetzt unerträglich zwischen diesen Mauern. Wenn er an die freie Weite der Felder dachte, so stierte er finster brütend an die Decke oder auf den Boden, lief unter die enge Haustüre und wieder zurück, da die Nachbaren den bösen Wirt, wie sie ihn schon nannten, angafften. Nun dauerte es aber nicht mehr lange, und sie verarmten gänzlich und hatten gar nichts mehr in der Hand; sie mußten, um etwas zu essen, warten, bis einer kam und für wenig Geld etwas von dem noch vorhandenen Wein verzehrte, und wenn er eine Wurst oder dergleichen begehrte, so hatten sie oft die größte Angst und Sorge, dieselbe beizutreiben. Bald hatten sie auch den Wein nur noch in einer großen Flasche verborgen, die sie heimlich in einer andern Kneipe füllen ließen, und so sollten sie nun die Wirte machen ohne Wein und Brot und freundlich sein, ohne ordentlich gegessen zu haben. Sie waren beinahe froh, wenn nur niemand kam, und hockten so in ihrem Kneipchen, ohne leben noch sterben zu können. Als die Frau diese traurigen Erfahrungen machte, zog sie den grünen Spenzer wieder aus und nahm abermals eine Veränderung vor, indem sie nun, wie früher die Fehler, so nun einige weibliche Tugenden aufkommen ließ und mehr ausbildete, da Not an den Mann ging. Sie übte Geduld und suchte den Alten aufrecht zu halten und den Jungen zum Guten anzuweisen; sie opferte sich vielfältig in allerlei Dingen, kurz, sie übte in ihrer Weise eine Art von wohltätigem Einfluß, der zwar nicht weit reichte und nicht viel besserte, aber immerhin besser war als gar nichts oder als das Gegenteil und die Zeit wenigstens verbringen half, welche sonst viel früher hätte brechen müssen für diese Leute. Sie wußte manchen Rat zu geben nunmehr in erbärmlichen Dingen, nach ihrem Verstande, und wenn der Rat nichts zu taugen schien und fehlschlug, so ertrug sie willig den Grimm der Männer, kurzum, sie tat jetzt alles, da sie alt war, was besser gedient hätte, wenn sie es früher geübt.

Um wenigstens etwas Beißbares zu erwerben und die Zeit zu verbringen, verlegten sich Vater und Sohn auf die Fischerei, d. h. mit der Angelrute, soweit es für jeden erlaubt war, sie in den Fluß zu hängen. Dies war auch eine Hauptbeschäftigung der Seldwyler, nachdem sie falliert hatten. Bei günstigem Wetter, wenn die Fische gern anbissen, sah man sie dutzendweise hinauswandern mit Rute und Eimer, und wenn man an den Ufern des Flusses wandelte, hockte alle Spanne lang einer, der angelte, der eine in einem langen braunen Bürgerrock, die bloßen Füße im Wasser, der andere in einem spitzen blauen Frack auf einer alten Weide stehend, den alten Filz schief auf dem Ohre; weiterhin angelte gar einer im zerrissenen großblumigen Schlafrock, da er keinen andern mehr besaß, die lange Pfeife in der einen, die Rute in der andern Hand, und wenn man um eine Krümmung des Flusses bog, stand ein alter kahlköpfiger Dickbauch faselnackt auf einem Stein und angelte; dieser hatte, trotz des Aufenthaltes im Wasser, so schwarze Füße, daß man glaubte, er habe die Stiefel anbehalten. Jeder hatte ein Töpfchen oder ein Schächtelchen neben sich, in welchem Regenwürmer wimmelten, nach denen sie zu andern Stunden zu graben pflegten. Wenn der Himmel mit Wolken bezogen und es ein schwüles dämmeriges Wetter war, welches Regen verkündete, so standen diese Gestalten am zahlreichsten an dem ziehenden Strome, regungslos gleich einer Galerie von Heiligen- oder Prophetenbildern. Achtlos zogen die Landleute mit Vieh und Wagen an ihnen vorüber, und die Schiffer auf dem Flusse sahen sie nicht an, während sie leise murrten über die störenden Schiffe.

Wenn man Manz vor zwölf Jahren, als er mit einem schönen Gespann pflügte auf dem Hügel über dem Ufer, geweissagt hätte, er würde sich einst zu diesen wunderlichen Heiligen gesellen und gleich ihnen Fische fangen, so wäre er nicht übel aufgefahren. Auch eilte er jetzt hastig an ihnen vorüber, hinter ihrem Rücken, und eilte stromaufwärts gleich einem eigensinnigen Schatten der Unterwelt, der sich zu seiner Verdammnis ein bequemes einsames Plätzchen sucht an den dunkeln Wässern. Mit der Angelrute zu stehen, hatten er und sein Sohn indessen keine Geduld, und sie erinnerten sich der Art, wie die Bauern auf manche andere Weise etwa Fische fangen, wenn sie übermütig sind, besonders mit den Händen in den Bächen; daher nahmen sie die Ruten nur zum Schein mit und gingen an den Borden der Bäche hinauf, wo sie wußten, daß es teuere und gute Forellen gab.

Dem auf dem Lande zurückgebliebenen Marti ging es inzwischen auch immer schlimmer, und es war ihm höchst langweilig dabei, so daß er, anstatt auf seinem vernachlässigten Felde zu arbeiten, ebenfalls auf das Fischen verfiel und tagelang im Wasser herumplätscherte. Vrenchen durfte nicht von seiner Seite und mußte ihm Eimer und Geräte nachtragen durch nasse Wiesengründe, durch Bäche und Wassertümpel aller Art, bei Regen und Sonnenschein, indessen sie das Notwendigste zu Hause liegenlassen mußte. Denn es war sonst keine Seele mehr da und wurde auch keine gebraucht, da Marti das meiste Land schon verloren hatte und nur noch wenige Äcker besaß, die er mit seiner Tochter liederlich genug oder gar nicht bebaute.

So kam es, daß, als er eines Abends einen ziemlich tiefen und reißenden Bach entlangging, in welchem die Forellen fleißig sprangen, da der Himmel voll Gewitterwolken hing, er unverhofft auf seinen Feind Manz traf, der an dem andern Ufer daherkam. Sobald er ihn sah, stieg ein schrecklicher Groll und Hohn in ihm auf; sie waren sich seit Jahren nicht so nahe gewesen, ausgenommen vor den Gerichtsschranken, wo sie nicht schelten durften, und Marti rief jetzt voll Grimm: »Was tust du hier, du Hund? Kannst du nicht in deinem Lotterneste bleiben, du Seldwyler Lumpenhund?«

»Wirst nächstens wohl auch ankommen, du Schelm!« rief Manz. »Fische fängst du ja auch schon und wirst deshalb nicht viel mehr zu versäumen haben!«

»Schweig, du Galgenhund!« schrie Marti, da hier die Wellen des Baches stärker rauschten. »Du hast mich ins Unglück gebracht!« Und da jetzt auch die Weiden am Bache gewaltig zu rauschen anfingen im aufgehenden Wetterwind, so mußte Manz noch lauter schreien: »Wenn dem nur so wäre, so wollte ich mich freuen, du elender Tropf!« – »O du Hund!« schrie Marti herüber und Manz hinüber: »O du Kalb, wie dumm tust du!« Und jener sprang wie ein Tiger den Bach entlang und suchte herüberzukommen. Der Grund, warum er der Wütendere war, lag in seiner Meinung, daß Manz als Wirt wenigstens genug zu essen und zu trinken hätte und gewissermaßen ein kurzweiliges Leben führe, während es ungerechterweise ihm so langweilig wäre auf seinem zertrümmerten Hofe. Manz schritt indessen auch grimmig genug an der andern Seite hin; hinter ihm sein Sohn, welcher, statt auf den bösen Streit zu hören, neugierig und verwundert nach Vrenchen hinübersah, welche hinter ihrem Vater ging, vor Scham in die Erde sehend, daß ihr die braunen krausen Haare ins Gesicht fielen. Sie trug einen hölzernen Fischeimer in der einen Hand, in der andern hatte sie Schuh und Strümpfe getragen und ihr Kleid der Nässe wegen aufgeschürzt. Seit aber Sali auf der andern Seite ging, hatte sie es schamhaft sinken lassen und war nun dreifach belästigt und gequält, da sie alle das Zeug tragen, den Rock zusammenhalten und des Streites wegen sich grämen mußte. Hätte sie aufgesehen und nach Sali geblickt, so würde sie entdeckt haben, daß er weder vornehm noch sehr stolz mehr aussah und selbst bekümmert genug war. Während Vrenchen so ganz beschämt und verwirrt auf die Erde sah und Sali nur diese in allem Elende schlanke und anmutige Gestalt im Auge hatte, die so verlegen und demütig dahinschritt, beachtete sie dabei nicht, wie ihre Väter still geworden, aber mit verstärkter Wut einem hölzernen Stege zueilten, der in kleiner Entfernung über den Bach führte und eben sichtbar wurde. Es fing an zu blitzen und erleuchtete seltsam die dunkle melancholische Wassergegend; es donnerte auch in den grauschwarzen Wolken mit dumpfem Grolle, und schwere Regentropfen fielen, als die verwilderten Männer gleichzeitig auf die schmale, unter ihren Tritten schwankende Brücke stürzten, sich gegenseitig packten und die Fäuste in die vor Zorn und ausbrechendem Kummer bleichen zitternden Gesichter schlugen. Es ist nichts Anmutiges und nichts weniger als artig, wenn sonst gesetzte Menschen noch in den Fall kommen, aus Übermut, Unbedacht oder Notwehr unter allerhand Volk, das sie nicht näher berührt, Schläge auszuteilen oder welche zu bekommen; allein dies ist eine harmlose Spielerei gegen das tiefe Elend, das zwei alte Menschen überwältigt, die sich wohl kennen und seit lange kennen, wenn diese aus innerster Feindschaft und aus dem Gange einer ganzen Lebensgeschichte heraus sich mit nackten Händen anfassen und mit Fäusten schlagen. So taten jetzt diese beiden ergrauten Männer; vor fünfzig Jahren vielleicht hatten sie sich als Buben zum letztenmal gerauft, dann aber fünfzig lange Jahre mit keiner Hand mehr berührt, ausgenommen in ihrer guten Zeit, wo sie sich etwa zum Gruße die Hände geschüttelt, und auch dies nur selten bei ihrem trockenen und sicheren Wesen. Nachdem sie ein- oder zweimal geschlagen, hielten sie inne und rangen still zitternd miteinander, nur zuweilen aufstöhnend und elendiglich knirschend, und einer suchte den andern über das knackende Geländer ins Wasser zu werfen. Jetzt waren aber auch ihre Kinder nachgekommen und sahen den erbärmlichen Auftritt. Sali sprang eines Satzes heran, um seinem Vater beizustehen und ihm zu helfen, dem gehaßten Feinde den Garaus zu machen, der ohnehin der Schwächere schien und eben zu unterliegen drohte. Aber auch Vrenchen sprang, alles wegwerfend, mit einem langen Aufschrei herzu und umklammerte ihren Vater, um ihn zu schützen, während sie ihn dadurch nur hinderte und beschwerte. Tränen strömten aus ihren Augen, und sie sah flehend den Sali an, der im Begriff war, ihren Vater ebenfalls zu fassen und vollends zu überwältigen. Unwillkürlich legte er aber seine Hand an seinen eigenen Vater und suchte denselben mit festem Arm von dem Gegner loszubringen und zu beruhigen, so daß der Kampf eine kleine Weile ruhte oder vielmehr die ganze Gruppe unruhig hin und her drängte, ohne auseinanderzukommen. Darüber waren die jungen Leute, sich mehr zwischen die Alten schiebend, in dichte Berührung gekommen, und in diesem Augenblicke erhellte ein Wolkenriß, der den grellen Abendschein durchließ, das nahe Gesicht des Mädchens, und Sali sah in dies ihm so wohlbekannte und doch so viel anders und schöner gewordene Gesicht. Vrenchen sah in diesem Augenblick auch sein Erstaunen, und es lächelte ganz kurz und geschwind mitten in seinem Schrecken und seinen Tränen ihn an. Doch ermannte sich Sali, geweckt durch die Anstrengungen seines Vaters, ihn abzuschütteln, und brachte ihn mit eindringlichen bittenden Worten und fester Haltung endlich ganz von seinem Feinde weg. Beide alte Gesellen atmeten hoch auf und begannen jetzt wieder zu schelten und zu schreien, sich voneinander abwendend; ihre Kinder aber atmeten kaum und waren still wie der Tod, gaben sich aber im Wegwenden und Trennen, ungesehen von den Alten, schnell die Hände, welche vom Wasser und von den Fischen feucht und kühl waren.

Als die grollenden Parteien ihrer Wege gingen, hatten die Wolken sich wieder geschlossen, es dunkelte mehr und mehr, und der Regen goß nun in Bächen durch die Luft. Manz schlenderte voraus auf den dunklen nassen Wegen, er duckte sich, beide Hände in den Taschen, unter den Regengüssen, zitterte noch in seinen Gesichtszügen und mit den Zähnen, und ungesehene Tränen rieselten ihm in den Stoppelbart, die er fließen ließ, um sie durch das Wegwischen nicht zu verraten. Sein Sohn hatte aber nichts gesehen, weil er in glückseligen Bildern verloren daherging. Er merkte weder Regen noch Sturm, weder Dunkelheit noch Elend; sondern leicht, hell und warm war es ihm innen und außen, und er fühlte sich so reich und wohlgeborgen wie ein Königssohn. Er sah fortwährend das sekundenlange Lächeln des nahen schönen Gesichtes und erwiderte dasselbe erst jetzt, eine gute halbe Stunde nachher, indem er voll Liebe in Nacht und Wetter hinein und das liebe Gesicht anlachte, das ihm allerwegen aus dem Dunkel entgegentrat, so daß er glaubte, Vrenchen müsse auf seinen Wegen dies Lachen notwendig sehen und seiner innewerden.

Sein Vater war des andern Tags wie zerschlagen und wollte nicht aus dem Hause. Der ganze Handel und das vieljährige Elend nahm heute eine neue, deutlichere Gestalt an und breitete sich dunkel aus in der drückenden Luft der Spelunke, also daß Mann und Frau matt und scheu um das Gespenst herumschlichen, aus der Stube in die dunklen Kämmerchen, von da in die Küche und aus dieser wieder sich in die Stube schleppten, in welcher kein Gast sich sehen ließ. Zuletzt hockte jedes in einem Winkel und begann den Tag über ein müdes, halbtotes Zanken und Vorhalten mit den andern, wobei sie zeitweise einschliefen, von unruhigen Tagträumen geplagt, welche aus dem Gewissen kamen und sie wieder weckten. Nur Sali sah und hörte nichts davon, denn er dachte nur an Vrenchen. Es war ihm immer noch zumut, nicht nur als ob er unsäglich reich wäre, sondern auch was Rechtes gelernt hätte und unendlich viel Schönes und Gutes wüßte, da er nun so deutlich und bestimmt um das wußte, was er gestern gesehen. Diese Wissenschaft war ihm wie vom Himmel gefallen, und er war in einer unaufhörlichen glücklichen Verwunderung darüber; und doch war es ihm, als ob er es eigentlich von jeher gewußt und gekannt hätte, was ihn jetzt mit so wundersamer Süßigkeit erfüllte. Denn nichts gleicht dem Reichtum und der Unergründlichkeit eines Glückes, das an den Menschen herantritt in einer so klaren und deutlichen Gestalt, vom Pfäfflein getauft und wohl versehen mit einem eigenen Namen, der nicht tönt wie andere Namen.

Sali fühlte sich an diesem Tage weder müßig noch unglücklich, weder arm noch hoffnungslos; vielmehr war er vollauf beschäftigt, sich Vrenchens Gesicht und Gestalt vorzustellen, unaufhörlich, eine Stunde wie die andere; über dieser aufgeregten Tätigkeit aber verschwand ihm der Gegenstand derselben fast vollständig, das heißt, er bildete sich endlich ein, nun doch nicht zu wissen, wie Vrenchen recht genau aussehe, er habe wohl ein allgemeines Bild von ihr im Gedächtnis, aber wenn er sie beschreiben sollte, so könnte er das nicht. Er sah fortwährend dies Bild, als ob es vor ihm stände, und fühlte seinen angenehmen Eindruck, und doch sah er es nur wie etwas, das man eben nur einmal gesehen, in dessen Gewalt man liegt und das man doch noch nicht kennt. Er erinnerte sich genau der Gesichtszüge, welche das kleine Dirnchen einst gehabt, mit großem Wohlgefallen, aber nicht eigentlich derjenigen, welche er gestern gesehen. Hätte er Vrenchen nie wieder zu sehen bekommen, so hätten sich seine Erinnerungskräfte schon behelfen müssen und das liebe Gesicht säuberlich wieder zusammengetragen, daß nicht ein Zug daran fehlte. Jetzt aber versagten sie schlau und hartnäkkig ihren Dienst, weil die Augen nach ihrem Recht und ihrer Lust verlangten, und als am Nachmittage die Sonne warm und hell die oberen Stockwerke der schwarzen Häuser beschien, strich Sali aus dem Tore und seiner alten Heimat zu, welche ihm jetzt erst ein himmlisches Jerusalem zu sein schien, mit zwölf glänzenden Pforten, und die sein Herz klopfen machte, als er sich ihr näherte.

Er stieß auf dem Wege auf Vrenchens Vater, welcher nach der Stadt zu gehen schien. Der sah sehr wild und liederlich aus, sein grau gewordener Bart war seit Wochen nicht geschoren, und er sah aus wie ein recht böser verlorener Bauersmann, der sein Feld verscherzt hat und nun geht, um andern Übles zuzufügen. Dennoch sah ihn Sali, als sie sich vorübergingen, nicht mehr mit Haß, sondern voll Furcht und Scheu an, als ob sein Leben in dessen Hand stände und er es lieber von ihm erflehen als ertrotzen möchte. Marti aber maß ihn mit einem bösen Blicke von oben bis unten und ging seines Weges. Das war indessen dem Sali recht, welchem es nun, da er den Alten das Dorf verlassen sah, deutlicher wurde, was er eigentlich da wolle, und er schlich sich auf altbekannten Pfaden so lange um das Dorf herum und durch dessen verdeckte Gäßchen, bis er sich Martis Haus und Hof gegenüber befand. Seit mehreren Jahren hatte er diese Stätte nicht mehr so nah gesehen; denn auch als sie noch hier wohnten, hüteten sich die verfeindeten Leute gegenseitig, sich ins Gehege zu kommen. Deshalb war er nun erstaunt über das, was er doch an seinem eigenen Vaterhause erlebt, und starrte voll Verwunderung in die Wüstenei, die er vor sich sah. Dem Marti war ein Stück Ackerland um das andere abgepfändet worden, er besaß nichts mehr als das Haus und den Platz davor nebst etwas Garten und dem Acker auf der Höhe am Flusse, von welchem er hartnäckig am längsten nicht lassen wollte.

Es war aber keine Rede mehr von einer ordentlichen Bebauung, und auf dem Acker, der einst so schön im gleichmäßigen Korne gewogt, wenn die Ernte kam, waren jetzt allerhand abfällige Samenreste gesäet und aufgegangen, aus alten Schachteln und zerrissenen Tüten zusammengekehrt, Rüben, Kraut und dergleichen und etwas Kartoffeln, so daß der Acker aussah wie ein recht übel gepflegter Gemüseplatz, und eine wunderliche Musterkarte war, dazu angelegt, um von der Hand in den Mund zu leben, hier eine Handvoll Rüben auszureißen, wenn man Hunger hatte und nichts Besseres wußte, dort eine Tracht Kartoffeln oder Kraut, und das übrige fortwuchern oder verfaulen zu lassen, wie es mochte. Auch lief jedermann darin herum, wie es ihm gefiel, und das schöne breite Stück Feld sah beinahe so aus wie einst der herrenlose Acker, von dem alles Unheil herkam. Deshalb war um das Haus nicht eine Spur von Ackerwirtschaft zu sehen. Der Stall war leer, die Türe hing nur in einer Angel, und unzählige Kreuzspinnen, den Sommer hindurch halb groß geworden, ließen ihre Fäden in der Sonne glänzen vor dem dunklen Eingang. An dem offenstehenden Scheunentor, wo einst die Früchte des festen Landes eingefahren, hing schlechtes Fischergeräte, zum Zeugnis der verkehrten Wasserpfuscherei; auf dem Hofe war nicht ein Huhn und nicht eine Taube, weder Katze noch Hund zu sehen; nur der Brunnen war noch als etwas Lebendiges da, aber er floß nicht mehr durch die Röhre, sondern sprang durch einen Riß nahe am Boden über diesen hin und setzte überall kleine Tümpel an, so daß er das beste Sinnbild der

Faulheit abgab. Denn während mit wenig Mühe des Vaters das Loch zu verstopfen und die Röhre herzustellen gewesen wären, mußte sich Vrenchen nun abquälen, selbst das lautere Wasser dieser Verkommenheit abzugewinnen und seine Wäscherei in den seichten Sammlungen am Boden vorzunehmen, statt in dem vertrockneten und zerspellten Troge. Das Haus selbst war ebenso kläglich anzusehen; die Fenster waren vielfältig zerbrochen und mit Papier verklebt, aber doch waren sie das Freundlichste an dem Verfall; denn sie waren, selbst die zerbrochenen Scheiben, klar und sauber gewaschen, ja förmlich poliert und glänzten so hell wie Vrenchens Augen, welche ihm in seiner Armut ja auch allen übrigen Staat ersetzen mußten. Und wie die krausen Haare und die rotgelben Kattunhalstücher zu Vrenchens Augen, stand zu diesen blinkenden Fenstern das wilde grüne Gewächs, was da durcheinanderrankte um das Haus, flatternde Bohnenwäldchen und eine ganze duftende Wildnis von rotgelbem Goldlack. Die Bohnen hielten sich, so gut sie konnten, hier an einem Harkenstiel oder an einem verkehrt in die Erde gesteckten Stumpfbesen, dort an einer von Rost zerfressenen Helbarte oder Sponton, wie man es nannte, als Vrenchens Großvater das Ding als Wachtmeister getragen, welches es jetzt aus Not in die Bohnen gepflanzt hatte; dort kletterten sie wieder lustig eine verwitterte Leiter empor, die am Haus lehnte seit undenklichen Zeiten, und hingen von da an in die klaren Fensterchen hinunter wie Vrenchens Kräuselhaare in seine Augen. Dieser mehr malerische als wirtliche Hof lag etwas beiseit und hatte keine näheren Nachbarhäuser, auch ließ sich in diesem Augenblicke nirgends eine lebendige Seele wahrnehmen; Sali lehnte daher in aller Sicherheit an einem alten Scheunchen, etwa dreißig Schritte entfernt, und schaute unverwandt nach dem stillen wüsten Hause hinüber. Eine geraume Zeit lehnte und schaute er so, als Vrenchen unter die Haustür kam und lange vor sich hin blickte, wie mit allen ihren Gedanken an einem Gegenstande hängend. Sali rührte sich nicht und wandte kein Auge von ihr. Als sie endlich zufällig in dieser Richtung hinsah, fiel er ihr in die Augen. Sie sahen sich eine Weile an, herüber und hinüber, als ob sie eine Lufterscheinung betrachteten, bis sich Sali endlich aufrichtete und langsam über die Straße und über den Hof ging, auf Vrenchen los. Als er dem Mädchen nahe war, streckte es seine Hände gegen ihn aus und sagte: »Sali!« Er ergriff die Hände und sah ihr immerfort ins Gesicht. Tränen stürzten aus ihren Augen, während sie unter seinen Blicken vollends dunkelrot wurde, und sie sagte: »Was willst du hier?« – »Nur dich sehen!« erwiderte er. »Wollen wir nicht wieder gute Freunde sein?« – »Und unsere Eltern?« fragte Vrenchen, sein weinendes Gesicht zur Seite neigend, da es die Hände nicht frei hatte, um es zu bedecken. »Sind wir schuld an dem, was sie getan und geworden sind?« sagte Sali. »Vielleicht können wir das Elend nur gutmachen, wenn wir zwei zusammenhalten und uns recht lieb sind!« – »Es wird nie gut kommen«, antwortete Vrenchen mit einem tiefen Seufzer, »geh in Gottes Namen deiner Wege, Sali!« – »Bist du allein?« fragte dieser. »Kann ich einen Augenblick hineinkommen?« – »Der Vater ist zur Stadt, wie er sagte, um deinem Vater irgend etwas anzuhängen; aber hereinkommen kannst du nicht, weil du später vielleicht nicht so ungesehen weggehen kannst wie jetzt. Noch ist alles still und niemand um den Weg, ich bitte dich, geh jetzt!« – »Nein, so geh' ich nicht! Ich mußte seit gestern immer an dich denken, und ich geh' nicht so fort, wir müssen miteinander reden, wenigstens eine halbe Stunde lang oder eine Stunde, das wird guttun!« Vrenchen besann sich ein Weilchen und sagte dann: »Ich geh' gegen Abend auf unsern Acker hinaus, du weißt welchen, wir haben nur noch den, und hole etwas Gemüse. Ich weiß, daß niemand weiter dort sein wird, weil die Leute anderswo schneiden; wenn du willst, so komm dorthin, aber jetzt geh und nimm dich in acht, daß dich niemand sieht! Wenn auch kein Mensch hier mehr mit uns umgeht, so würden sie doch ein solches Gerede machen, daß es der Vater sogleich vernähme.« Sie ließen sich jetzt die Hände frei, ergriffen sie aber auf der Stelle wieder, und beide sagten gleichzeitig: »Und wie geht es dir auch?« Aber statt sich zu antworten, fragten sie das gleiche aufs neue, und die Antwort lag nur in den beredten Augen, da sie nach Art der Verliebten die Worte nicht mehr zu lenken wußten, und ohne sich weiter etwas zu sagen, endlich halb selig und halb traurig auseinanderhuschten. »Ich komme recht bald hinaus, geh nur gleich hin!« rief Vrenchen noch nach.

Sali ging auch alsobald auf die stille schöne Anhöhe hinaus, über welche die zwei Äcker sich erstreckten, und die prächtige stille Julisonne, die fahrenden weißen Wolken, welche über das reife wallende Kornfeld wegzogen, der glänzende blaue Fluß, der unten vorüberwallte, alles dies erfüllte ihn zum ersten Male seit langen Jahren wieder mit Glück und Zufriedenheit, statt mit Kummer, und er warf sich der Länge nach in den durchsichtigen Halbschatten des Kornes, wo dasselbe Martis wilden Acker begrenzte, und guckte glückselig in den Himmel.

Obgleich es kaum eine Viertelstunde währte, bis Vrenchen nachkam, und er an nichts anderes dachte als an sein Glück und dessen

Namen, stand es doch plötzlich und unverhofft vor ihm, auf ihn niederlächelnd, und froh erschreckt sprang er auf. »Vreeli!« rief er, und dieses gab ihm still und lächelnd beide Hände, und Hand in Hand gingen sie nun das flüsternde Korn entlang bis gegen den Fluß hinunter und wieder zurück, ohne viel zu reden; sie legten zwei- oder dreimal den Hin- und Herweg zurück, still, glückselig und ruhig, so daß dieses einige Paar nun auch einem Sternbilde glich, welches über die sonnige Rundung der Anhöhe und hinter derselben niederging, wie einst die sichergehenden Pflugzüge ihrer Väter. Als sie aber einstmals die Augen von den blauen Kornblumen aufschlugen, an denen sie gehaftet, sahen sie plötzlich einen andern dunklen Stern vor sich hergehen, einen schwärzlichen Kerl, von dem sie nicht wußten, woher er so unversehens gekommen. Er mußte im Korne gelegen haben; Vrenchen zuckte zusammen, und Sali sagte erschreckt: »Der schwarze Geiger!« In der Tat trug der Kerl, der vor ihnen herstrich, eine Geige mit dem Bogen unter dem Arm und sah übrigens schwarz genug aus; neben einem schwarzen Filzhütchen und einem schwarzen rußigen Kittel, den er trug, war auch sein Haar pechschwarz, so wie der ungeschorene Bart, das Gesicht und die Hände aber ebenfalls geschwärzt; denn er trieb allerlei Handwerk, meistens Kesselflicken, half auch den Kohlenbrennern und Pechsiedern in den Wäldern und ging mit der Geige nur auf einen guten Schick aus, wenn die Bauern irgendwo lustig waren und ein Fest feierten. Sali und Vrenchen gingen mäuschenstill hinter ihm drein und dachten, er würde vom Felde gehen und verschwinden, ohne sich umzusehen, und so schien es auch zu sein, denn er tat, als ob er nichts von ihnen merkte. Dazu waren sie in einem seltsamen Bann, daß sie nicht wagten, den schmalen Pfad zu verlassen, und dem unheimlichen Gesellen unwillkürlich folgten, bis an das Ende des Feldes, wo jener ungerechte Steinhaufen lag, der das immer noch streitige Ackerzipfelchen bedeckte. Eine zahllose Menge von Mohnblumen oder Klatschrosen hatte sich darauf angesiedelt, weshalb der kleine Berg feuerrot aussah zur Zeit. Plötzlich sprang der schwarze Geiger mit einem Satz auf die rotbekleidete Steinmasse hinauf, kehrte sich und sah ringsum. Das Pärchen blieb stehen und sah verlegen zu dem dunklen Burschen hinauf; denn vorbei konnten sie nicht gehen, weil der Weg in das Dorf führte, und umkehren mochten sie auch nicht vor seinen Augen. Er sah sie scharf an und rief: »Ich kenne euch, ihr seid die Kinder derer, die mir den Boden hier gestohlen haben! Es freut mich zu sehen, wie gut ihr gefahren seid, und werde gewiß noch erleben, daß ihr vor mir den Weg alles Fleisches geht! Seht mich nur an, ihr zwei Spatzen! Gefällt euch meine Nase, wie?« In der Tat besaß er eine schreckbare Nase, welche wie ein großes Winkelmaß aus dem dürren schwarzen Gesicht ragte oder eigentlich mehr einem tüchtigen Knebel oder Prügel glich, welcher in dies Gesicht geworfen worden war, und unter dem ein kleines rundes Löchelchen von einem Munde sich seltsam stutzte und zusammenzog, aus dem er unaufhörlich pustete, pfiff und zischte. Dazu stand das kleine Filzhütchen ganz unheimlich, welches nicht rund und nicht eckig und so sonderlich geformt war, daß es alle Augenblicke seine Gestalt zu verändern schien, obgleich es unbeweglich saß, und von den Augen des Kerls war fast nichts als das Weiße zu sehen, da die Sterne unaufhörlich auf einer blitzschnellen Wanderung begriffen waren und wie zwei Hasen im Zickzack umhersprangen. »Seht mich nur an«, fuhr er fort, »eure Väter kennen mich wohl, und jedermann in diesem Dorfe weiß, wer ich bin, wenn er nur meine Nase ansieht. Da haben sie vor Jahren ausgeschrieben, daß ein Stück Geld für den Erben dieses Ackers bereitliege; ich habe mich zwanzigmal gemeldet, aber ich habe keinen Taufschein und keinen Heimatschein, und meine Freunde, die Heimatlosen, die meine Geburt gesehen, haben kein gültiges Zeugnis, und so ist die Frist längst verlaufen, und ich bin um den blutigen Pfennig gekommen, mit dem ich hätte auswandern können! Ich habe eure Väter angefleht, daß sie mir bezeugen möchten, sie müßten mich nach ihrem Gewissen für den rechten Erben halten; aber sie haben mich von ihren Höfen gejagt, und nun sind sie selbst zum Teufel gegangen! Item, das ist der Welt Lauf, mir kann's recht sein, ich will euch doch geigen, wenn ihr tanzen wollt!« Damit sprang er auf der andern Seite von den Steinen hinunter und machte sich dem Dorfe zu, wo gegen Abend der Erntesegen eingebracht wurde und die Leute guter Dinge waren. Als er verschwunden, ließ sich das Paar ganz mutlos und betrübt auf die Steine nieder; sie ließen ihre verschlungenen Hände fahren und stützten die traurigen Köpfe darauf; denn die Erscheinung des Geigers und seine Worte hatten sie aus der glücklichen Vergessenheit gerissen, in welcher sie wie zwei Kinder auf und ab gewandelt, und wie sie nun auf dem harten Grund ihres Elends saßen, verdunkelte sich das heitere Lebenslicht, und ihre Gemüter wurden so schwer wie Steine.

Da erinnerte sich Vrenchen unversehens der wunderlichen Gestalt und der Nase des Geigers, es mußte plötzlich hell auflachen und rief: »Der arme Kerl sieht gar zu spaßhaft aus! Was für eine Nase!«, und eine allerliebste sonnenhelle Lustigkeit verbreitete sich über des Mädchens Gesicht, als ob sie nur geharrt hätte, bis des Geigers Nase die trüben Wolken wegstieße. Sali sah Vrenchen an und sah diese Fröhlichkeit. Es hatte die Ursache aber schon wieder vergessen und lachte nur noch auf eigene Rechnung dem Sali ins Gesicht. Dieser, verblüfft und erstaunt, starrte unwillkürlich mit lachendem Munde auf die Augen, gleich einem Hungrigen, der ein süßes Weizenbrot erblickt, und rief: »Bei Gott, Vreeli! Wie schön bist du!« Vrenchen lachte ihn nur noch mehr an und hauchte dazu aus klangvoller Kehle einige kurze mutwillige Lachtöne, welche dem armen Sali nicht anders dünkten als der Gesang einer Nachtigall. »O du Hexe!« rief er. »Wo hast du das gelernt? Welche Teufelskünste treibst du da?« – »Ach du lieber Gott!« sagte Vrenchen mit schmeichelnder Stimme und nahm Salis Hand. »Das sind keine Teufelskünste! Wie lange hätte ich gern einmal gelacht! Ich habe wohl zuweilen, wenn ich ganz allein war, über irgend etwas lachen müssen, aber es war nichts Rechtes dabei; jetzt aber möchte ich dich immer und ewig anlachen, wenn ich dich sehe, und ich möchte dich wohl immer und ewig sehen! Bist du mir auch ein bißchen recht gut?« – »O Vreeli!« sagte er und sah ihr ergeben und treuherzig in die Augen. »Ich habe noch nie ein Mächen gesehen, es war mir immer, als ob ich dich einst liebhaben müßte, und ohne daß ich wollte oder wußte, hast du mir doch immer im Sinn gelegen!« – »Und du mir auch«, sagte Vrenchen, »und das noch viel mehr; denn du hast mich nie angesehen und wußtest nicht, wie ich geworden bin; ich aber habe dich zuzeiten aus der Ferne und sogar heimlich aus der Nähe recht gut betrachtet und wußte immer, wie du aussiehst! Weißt du noch, wie oft wir als Kinder hiehergekommen sind? Denkst du noch des kleinen Wagens? Wie kleine Leute sind wir damals gewesen, und wie lang ist es her! Man sollte denken, wir wären recht alt.« – »Wie alt bist du jetzt?« fragte Sali voll Vergnügen und Zufriedenheit. »Du mußt ungefähr siebzehn sein?« – »Siebzehn und ein halbes Jahr bin ich alt!« erwiderte Vrenchen. »Und wie alt bist du? Ich weiß aber schon, du bist bald zwanzig?« – »Woher weißt du das?« fragte Sali. »Gelt, wenn ich es sagen wollte!« – »Du willst es nicht sagen?« – »Nein!« – »Gewiß nicht?« – »Nein, nein!« – »Du sollst es sagen!« – »Willst du mich etwa zwingen?« – »Das wollen wir sehen!« Diese einfältigen Reden führte Sali, um seine Hände zu beschäftigen und mit ungeschickten Liebkosungen, welche wie eine Strafe aussehen sollten, das schöne Mädchen zu bedrängen. Sie führte auch, sich wehrend, mit vieler Langmut den albernen Wortwechsel fort, der trotz seiner Leerheit beide witzig und süß genug dünkte, bis Sali erbost und kühn genug war, Vrenchens Hände zu bezwingen und es in die

Mohnblumen zu drücken. Da lag es nun und zwinkerte in der Sonne mit den Augen: seine Wangen glühten wie Purpur, und sein Mund war halb geöffnet und ließ zwei Reihen weiße Zähne durchschimmern. Fein und schön flossen die dunklen Augenbrauen ineinander, und die junge Brust hob und senkte sich mutwillig unter sämtlichen vier Händen, welche sich kunterbunt darauf streichelten und bekriegten. Sali wußte sich nicht zu lassen vor Freuden, das schlanke schöne Geschöpf vor sich zu sehen, es sein eigen zu wissen, und es dünkte ihm ein Königreich.

»Alle deine weißen Zähne hast du noch!« lachte er. »Weißt du noch, wie oft wir sie einst gezählt haben? Kannst du jetzt zählen?« –»Das sind ja nicht die gleichen, du Kind!« sagte Vrenchen. »Jene sind längst ausgefallen!« Sali wollte nun in seiner Einfalt jenes Spiel wieder erneuern und die glänzenden Zahnperlen zählen; aber Vrenchen verschloß plötzlich den roten Mund, richtete sich auf und begann einen Kranz von Mohnrosen zu winden, den es sich auf den Kopf setzte. Der Kranz war voll und breit und gab der bräunlichen Dirne ein fabelhaftes, reizendes Ansehen, und der arme Sali hielt in seinem Arm, was reiche Leute teuer bezahlt hätten, wenn sie es nur gemalt an ihren Wänden hätten sehen können. Jetzt sprang sie aber empor und rief: »Himmel, wie heiß ist es hier! Da sitzen wir wie die Narren und lassen uns versengen! Komm, mein Lieber! Laß uns ins hohe Korn sitzen!« Sie schlüpfte hinein so geschickt und sachte, daß sie kaum eine Spur zurückließen, und bauten sich einen engen Kerker in den goldenen Ähren, die ihnen noch über den Kopf ragten, als sie drin saßen, so daß sie nur den tiefblauen Himmel über sich sahen und sonst nichts von der Welt. Sie umhalsten sich und küßten sich unverweilt und so lange, bis sie einstweilen müde waren, oder wie man es nennen will, wenn das Küssen zweier Verliebter auf eine oder zwei Minuten sich selbst überlebt und die Vergänglichkeit alles Lebens mitten im Rausch der Blütezeit ahnen läßt. Sie hörten die Lerchen singen hoch über sich und suchten dieselben mit ihren scharfen Augen, und wenn sie glaubten, flüchtig eine in der Sonne aufblitzen zu sehen, gleich einem plötzlich aufleuchtenden oder hinschießenden Stern am blauen Himmel, so küßten sie sich wieder zur Belohnung und suchten einander zu übervorteilen und zu täuschen, soviel sie konnten. »Siehst du, dort blitzt eine!« flüsterte Sali, und Vrenchen erwiderte ebenso leise: »Ich höre sie wohl, aber ich sehe sie nicht!« – »Doch, paß nur auf, dort wo das weiße Wölkchen steht, ein wenig rechts davon!« Und beide sahen eifrig hin und sperrten vorläufig ihre Schnäbel auf, wie die jungen

Wachteln im Neste, um sie unverzüglich aufeinanderzuheften, wenn sie sich einbildeten, die Lerche gesehen zu haben. Auf einmal hielt Vrenchen inne und sagte: »Dies ist also eine ausgemachte Sache, daß jedes von uns einen Schatz hat, dünkt es dich nicht so?« – »Ja«, sagte Sali, »es scheint mir auch so!« – »Wie gefällt dir denn dein Schätzchen«, sagte Vrenchen, »was ist es für ein Ding, was hast du von ihm zu melden?« – »Es ist ein gar feines Ding«, sagte Sali, »es hat zwei braune Augen, einen roten Mund und läuft auf zwei Füßen; aber seinen Sinn kenn' ich weniger als den Papst zu Rom! Und was kannst du von deinem Schatz berichten?« – »Er hat zwei blaue Augen, einen nichtsnutzigen Mund und braucht zwei verwegene starke Arme; aber seine Gedanken sind mir unbekannter als der türkische Kaiser!« – »Es ist eigentlich wahr«, sagte Sali, »daß wir uns weniger kennen, als wenn wir uns nie gesehen hätten, so fremd hat uns die lange Zeit gemacht, seit wir groß geworden sind! Was ist alles vorgegangen in deinem Köpfchen, mein liebes Kind?« – »Ach, nicht viel! Tausend Narrenspossen haben sich wollen regen, aber es ist mir immer so trübselig ergangen, daß sie nicht aufkommen konnten!« – »Du armes Schätzchen«, sagte Sali, »ich glaube aber, du hast es hinter den Ohren, nicht?« – »Das kannst du ja nach und nach erfahren, wenn du mich recht lieb hast!« – »Wenn du einst meine Frau bist?« Vrenchen zitterte leis bei diesem letzten Worte und schmiegte sich tiefer in Salis Arme, ihn von neuem lange und zärtlich küssend. Es traten ihr dabei Tränen in die Augen, und beide wurden auf einmal traurig, da ihnen ihre hoffnungsarme Zukunft in den Sinn kam und die Feindschaft ihrer Eltern. Vrenchen seufzte und sagte: »Komm, ich muß nun gehen!« Und so erhoben sie sich und gingen Hand in Hand aus dem Kornfeld, als sie Vrenchens Vater spähend vor sich sahen. Mit dem kleinlichen Scharfsinn des müßigen Elends hatte dieser, als er dem Sali begegnet, neugierig gegrübelt, was der wohl allein im Dorfe zu suchen ginge, und sich des gestrigen Vorfalles erinnernd, verfiel er, immer nach der Stadt zu schlendernd, endlich auf die richtige Spur, rein aus Groll und unbeschäftigter Bosheit, und nicht so bald gewann der Verdacht eine bestimmte Gestalt, als er mitten in den Gassen von Seldwyla umkehrte und wieder in das Dorf hinaustrollte, wo er seine Tochter in Haus und Hof und rings in den Hecken vergeblich suchte. Mit wachsender Neugier rannte er auf den Acker hinaus, und als er da Vrenchens Korb liegen sah, in welchem es die Früchte zu holen pflegte, das Mädchen selbst aber nirgends erblickte, spähte er eben am Korne des Nachbars herum, als die erschrockenen Kinder herauskamen.

Sie standen wie versteinert, und Marti stand erst auch da und beschaute sie mit bösen Blicken, bleich wie Blei; dann fing er fürchterlich an zu toben in Gebärden und Schimpfworten und langte zugleich grimmig nach dem jungen Burschen, um ihn zu würgen; Sali wich aus und floh einige Schritte zurück, entsetzt über den wilden Mann, sprang aber sogleich wieder zu, als er sah, daß der Alte statt seiner nun das zitternde Mädchen faßte, ihm eine Ohrfeige gab, daß der rote Kranz herunterflog, und seine Haare um die Hand wickelte, um es mit sich fortzureißen und weiter zu mißhandeln. Ohne sich zu besinnen, raffte er einen Stein auf und schlug mit demselben den Alten gegen den Kopf, halb in Angst um Vrenchen und halb im Jähzorn. Marti taumelte erst ein wenig, sank dann bewußlos auf den Steinhaufen nieder und zog das erbärmlich aufschreiende Vrenchen mit. Sali befreite noch dessen Haare aus der Hand des Bewußtlosen und richtete es auf; dann stand er da wie eine Bildsäule, ratlos und gedankenlos. Das Mädchen, als es den wie tot daliegenden Vater sah, fuhr sich mit den Händen über das erbleichende Gesicht, schüttelte sich und sagte: »Hast du ihn erschlagen?« Sali nickte lautlos, und Vrenchen schrie: »O Gott, du lieber Gott! Es ist mein Vater! Der arme Mann!« Und sinnlos warf es sich über ihn und hob seinen Kopf auf, an welchem indessen kein Blut floß. Es ließ ihn wieder sinken; Sali ließ sich auf der andern Seite des Mannes nieder, und beide schauten, still wie das Grab und mit erlahmten reglosen Händen, in das leblose Gesicht. Um nur etwas anzufangen, sagte endlich Sali: »Er wird doch nicht gleich tot sein müssen? Das ist gar nicht ausgemacht!« Vrenchen riß ein Blatt von einer Klatschrose ab und legte es auf die erblaßten Lippen, und es bewegte sich schwach. »Er atmet noch«, rief es, »so lauf doch ins Dorf und hol Hilfe.« Als Sali aufsprang, streckte es ihm die Hand nach und rief ihn zurück: »Komm aber nicht mit zurück und sage nichts, wie es zugegangen, ich werde auch schweigen, man soll nichts aus mir herausbringen!« sagte es, und sein Gesicht, das es dem armen ratlosen Burschen zuwandte, überfloß von schmerzlichen Tränen. »Komm, küß mich noch einmal! Nein, geh, mach dich fort! Es ist aus, es ist ewig aus, wir können nicht zusammenkommen!« Es stieß ihn fort, und er lief willenlos dem Dorfe zu. Er begegnete einem Knäbchen, das ihn nicht kannte; diesem trug er auf, die nächsten Leute zu holen, und beschrieb ihm genau, wo die Hilfe nötig sei. Dann machte er sich verzweifelt fort und irrte die ganze Nacht im Gehölze herum. Am Morgen schlich er in die Felder, um zu erspähen, wie es gegangen sei, und hörte von frühen Leuten, welche miteinander sprachen, daß Marti noch lebe, aber nichts von sich wisse, und wie das eine seltsame Sache wäre, da kein Mensch wisse, was ihm zugestoßen. Erst jetzt ging er in die Stadt zurück und verbarg sich in dem dunkeln Elend des Hauses.

Vrenchen hielt ihm Wort; es war nichts aus ihm herauszufragen, als daß es selbst den Vater so gefunden habe, und da er am andern Tage sich wieder tüchtig regte und atmete, freilich ohne Bewußtsein, und überdies kein Kläger da war, so nahm man an, er sei betrunken gewesen und auf die Steine gefallen, und ließ die Sache auf sich beruhen. Vrenchen pflegte ihn und ging nicht von seiner Seite, außer um die Arzneimittel zu holen beim Doktor und etwa für sich selbst eine schlechte Suppe zu kochen; denn es lebte beinahe von nichts, obgleich es Tag und Nacht wach sein mußte und niemand ihm half. Es dauerte beinahe sechs Wochen, bis der Kranke allmählich zu seinem Bewußtsein kam, obgleich er vorher schon wieder aß und in seinem Bette ziemlich munter war. Aber es war nicht das alte Bewußtsein, das er jetzt erlangte, sondern es zeigte sich immer deutlicher, je mehr er sprach, daß er blödsinnig geworden, und zwar auf die wunderlichste Weise. Er erinnerte sich nur dunkel an das Geschehene und wie an etwas sehr Lustiges, was ihn nicht weiter berühre, lachte immer wie ein Narr und war guter Dinge. Noch im Bette liegend, brachte er hundert närrische, sinnlos mutwillige Redensarten und Einfälle zum Vorschein, schnitt Gesichter und zog sich die schwarzwollene Zipfelmütze in die Augen und über die Nase herunter, daß diese aussah wie ein Sarg unter einem Bahrtuch. Das bleiche und abgehärmte Vrenchen hörte ihm geduldig zu, Tränen vergießend über das törichte Wesen, welches die arme Tochter noch mehr ängstigte als die frühere Bosheit; aber wenn der Alte zuweilen etwas gar zu Drolliges anstellte, so mußte es mitten in seiner Qual laut auflachen, da sein unterdrücktes Wesen immer zur Lust aufzuspringen bereit war, wie ein gespannter Bogen, worauf dann eine um so tiefere Betrübnis erfolgte. Als der Alte aber aufstehen konnte, war gar nichts mehr mit ihm anzustellen; er machte nichts als Dummheiten, lachte und stöberte um das Haus herum, setzte sich in die Sonne und streckte die Zunge heraus oder hielt lange Reden in die Bohnen hinein.

Um die gleiche Zeit aber war es auch aus mit den wenigen Überbleibseln seines ehemaligen Besitzes und die Unordnung so weit gediehen, daß auch sein Haus und der letzte Acker, seit geraumer Zeit verpfändet, nun gerichtlich verkauft wurden. Denn der Bauer, welcher die zwei Äcker des Manz gekauft, benutzte die gänzliche Verkommenheit Martis und seine Krankheit und führte den alten

Streit wegen des streitigen Steinfleckens kurz und entschlossen zu Ende, und der verlorene Prozeß trieb Martis Faß vollends den Boden aus, indessen er in seinem Blödsinne nichts mehr von diesen Dingen wußte. Die Versteigerung fand statt; Marti wurde von der Gemeinde in einer Stiftung für dergleichen arme Tröpfe auf öffentliche Kosten untergebracht. Diese Anstalt befand sich in der Hauptstadt des Ländchens; der gesunde und eßbegierige Blödsinnige wurde noch gut gefüttert, dann auf ein mit Ochsen bespanntes Wägelchen geladen, das ein ärmlicher Bauersmann nach der Stadt führte, um zugleich einen oder zwei Säcke Kartoffeln zu verkaufen, und Vrenchen setzte sich zu dem Vater auf das Fuhrwerk, um ihn auf diesem letzten Gange zu dem lebendigen Begräbnis zu begleiten. Es war eine traurige und bittere Fahrt, aber Vrenchen wachte sorgfältig über seinen Vater und ließ es ihm an nichts fehlen, und es sah sich nicht um und ward nicht ungeduldig, wenn durch die Kapriolen des Unglücklichen die Leute aufmerksam wurden und dem Wägelchen nachliefen, wo sie durchfuhren. Endlich erreichten sie das weitläufige Gebäude in der Stadt, wo die langen Gänge, die Höfe und ein freundlicher Garten von einer Menge ähnlicher Tröpfe belebt waren, die alle in weiße Kittel gekleidet waren und dauerhafte Lederkäppchen auf den harten Köpfen trugen. Auch Marti wurde noch vor Vrenchens Augen in diese Tracht gekleidet, und er freute sich wie ein Kind darüber und tanzte singend umher. »Gott grüß euch, ihr geehrten Herren!« rief er seine neuen Genossen an. »Ein schönes Haus habt ihr hier! Geh heim, Vrenggel, und sag der Mutter, ich komme nicht mehr nach Haus, hier gefällt's mir bei Gott! Juchhei! Es kreucht ein Igel über den Hag, ich hab' ihn hören bellen! O Meitli, küß kein' alten Knab', küß nur die jungen Gesellen! Alle die Wässerlein laufen in Rhein, die mit dem Pflaumenaug', die muß es sein! Gehst du schon, Vreeli? Du siehst ja aus wie der Tod im Häfelein, und geht es mir doch so erfreulich! Die Füchsin schreit im Felde: Halleo, halleo! Das Herz tut ihr weho! Hoho!« Ein Aufseher gebot ihm Ruhe und führte ihn zu einer leichten Arbeit, und Vrenchen ging, das Fuhrwerk aufzusuchen. Es setzte sich auf den Wagen, zog ein Stückchen Brot hervor und aß dasselbe, dann schlief es, bis der Bauer kam und mit ihm nach dem Dorfe zurückfuhr. Sie kamen erst in der Nacht an. Vrenchen ging nach dem Hause, in dem es geboren und nur zwei Tage bleiben durfte, und es war jetzt zum erstenmal in seinem Leben ganz allein darin. Es machte ein Feuer, um das letzte Restchen Kaffee zu kochen, das es noch besaß, und setzte sich auf den Herd, denn es war ihm ganz elendiglich zumute. Es sehnte sich und härmte sich ab, den Sali nur einziges Mal zu sehen, und dachte inbrünstig an ihn; aber die Sorgen und der Kummer verbitterten seine Sehnsucht, und diese machte die Sorgen wieder viel schwerer. So saß es und stützte den Kopf in die Hände, als jemand durch die offenstehende Tür hereinkam. »Sali!« rief Vrenchen, als es aufsah, und fiel ihm um den Hals; dann sahen sich aber beide erschrocken an und riefen: »Wie siehst du elend aus!« Denn Sali sah nicht minder als Vrenchen bleich und abgezehrt aus. Alles vergessend zog es ihn zu sich auf den Herd und sagte: »Bist du krank gewesen, oder ist es dir auch so schlimm gegangen?« Sali antwortete: »Nein, ich bin gerade nicht krank, außer vor Heimweh nach dir! Bei uns geht es jetzt hoch und herrlich zu; der Vater hat einen Einzug und Unterschleif von auswärtigem Gesindel, und ich glaube, soviel ich merke, ist er ein Diebshehler geworden. Deshalb ist jetzt einstweilen Hülle und Fülle in unserer Taverne, solang es geht und bis es ein Ende mit Schrecken nimmt. Die Mutter hilft dazu, aus bitterlicher Gier, nur etwas im Hause zu sehen, und glaubt den Unfug noch durch eine gewisse Aufsicht und Ordnung annehmlich und nützlich zu machen! Mich fragt man nicht, und ich konnte mich nicht viel darum kümmern; denn ich kann nur an dich denken Tag und Nacht. Da allerhand Landstreicher bei uns einkehren, so haben wir alle Tage gehört, was bei euch vorgeht, worüber mein Vater sich freut wie ein kleines Kind. Daß dein Vater heute nach dem Spittel gebracht wurde, haben wir auch vernommen; ich habe gedacht, du werdest jetzt allein sein, und bin gekommen, um dich zu sehen!« Vrenchen klagte ihm jetzt auch alles, was sie drückte und was sie erlitt, aber mit so leichter, zutraulicher Zunge, als ob sie ein großes Glück beschriebe, weil sie glücklich war, Sali neben sich zu sehen. Sie brachte inzwischen notdürftig ein Becken voll warmen Kaffee zusammen, welchen mit ihr zu teilen sie den Geliebten zwang. »Also übermorgen mußt du hier weg?« sagte Sali. »Was soll denn um's Himmels willen werden?« – »Das weiß ich nicht«, sagte Vrenchen, »ich werde dienen müssen und in die Welt hinaus! Ich werde es aber nicht aushalten ohne dich, und doch kann ich dich nie bekommen, auch wenn alles andere nicht wäre, bloß weil du meinen Vater geschlagen und um den Verstand gebracht hast! Dies würde immer ein schlechter Grundstein unserer Ehe sein und wir beide nie sorglos werden, nie!« Sali seufzte und sagte: »Ich wollte auch schon hundertmal Soldat werden oder mich in einer fremden Gegend als Knecht verdingen, aber ich kann noch nicht fortgehen, solange du hier bist, und hernach wird es mich aufreiben. Ich glaube, das Elend macht meine Liebe zu dir stärker und schmerzhafter, so daß es um Leben und Tod geht! Ich habe von dergleichen keine Ahnung gehabt!« Vrenchen sah ihn liebevoll lächelnd an; sie lehnten sich an die Wand zurück und sprachen nichts mehr, sondern gaben sich schweigend der glückseligen Empfindung hin, die sich über allen Gram erhob, daß sie sich im größten Ernste gut wären und geliebt wüßten. Darüber schliefen sie friedlich ein auf dem unbequemen Herde, ohne Kissen und Pfühl, und schliefen so sanft und ruhig wie zwei Kinder in einer Wiege. Schon graute der Morgen, als Sali zuerst erwachte; er weckte Vrenchen, so sacht er konnte; aber es duckte sich immer wieder an ihn, schlaftrunken, und wollte sich nicht ermuntern. Da küßte er es heftig auf den Mund, und Vrenchen fuhr empor, machte die Augen weit auf, und als es Sali erblickte, rief es: »Herrgott! Ich habe eben noch von dir geträumt! Es träumte mir, wir tanzten miteinander auf unserer Hochzeit, lange, lange Stunden! Und waren so glücklich, sauber geschmückt, und es fehlte uns an nichts. Da wollten wir uns endlich küssen und dürsteten darnach, aber immer zog uns etwas auseinander, und nun bist du es selbst gewesen, der uns gestört und gehindert hat! Aber wie gut, daß du gleich da bist!« Gierig fiel es ihm um den Hals und küßte ihn, als ob es kein Ende nehmen sollte. »Und was hast du denn geträumt?« fragte sie und streichelte ihm Wangen und Kinn. »Mir träumte, ich ginge endlos auf einer langen Straße durch einen Wald und du in der Ferne immer vor mir her; zuweilen sahest du nach mir um, winktest mir und lachtest, und dann war ich wie im Himmel. Das ist alles!« Sie traten unter die offengebliebene Küchentüre, die unmittelbar ins Freie führte, und mußten lachen, als sie sich ins Gesicht sahen. Denn die rechte Wange Vrenchens und die linke Salis, welche im Schlafe aneinander gelehnt hatten, waren von dem Drucke ganz rot gefärbt, während die Blässe der andern durch die kühle Nachtluft noch erhöht war. Sie rieben sich zärtlich die kalte bleiche Seite ihrer Gesichter, um sie auch rot zu machen; die frische Morgenluft, der tauige stille Frieden, der über der Gegend lag, das junge Morgenrot machten sie fröhlich und selbstvergessen, und besonders in Vrenchen schien ein freundlicher Geist der Sorglosigkeit gefahren zu sein. »Morgen abend muß ich also aus diesem Hause fort«, sagte es, »und ein anderes Obdach suchen. Vorher aber möchte ich einmal, nur *einmal* recht lustig sein, und zwar mit dir; ich möchte recht herzlich und fleißig mit dir tanzen irgendwo, denn das Tanzen aus dem Traume steckt mir immerfort im Sinn!« – »Jedenfalls will ich dabeisein und sehen, wo du unterkommst«, sagte Sali, »und tanzen wollte ich auch gerne mit dir, du herziges Kind – aber wo?« – »Es ist morgen

Kirchweih an zwei Orten nicht sehr weit von hier«, erwiderte Vrenchen, »da kennt und beachtet man uns weniger; draußen am Wasser will ich auf dich warten, und dann können wir gehen, wohin es uns gefällt, um uns lustig zu machen, einmal, einmal nur! Aber jeh!, wir haben ja gar kein Geld!« setzte es traurig hinzu. »Da kann nichts daraus werden!« – »Laß nur«, sagte Sali, »ich will schon etwas mitbringen!« – »Doch nicht von deinem Vater, von – von dem Gestohlenen?« – »Nein, sei nur ruhig! Ich habe noch meine silberne Uhr bewahrt bis dahin, die will ich verkaufen.« – »Ich will dir nicht abraten«, sagte Vrenchen errötend, »denn ich glaube, ich müßte sterben, wenn ich nicht morgen mit dir tanzen könnte.« – »Es wäre das beste, wir beide könnten sterben!« sagte Sali; sie umarmten sich wehmütig und schmerzlich zum Abschied, und als sie voneinander ließen, lachten sie sich doch freundlich an in der sicheren Hoffnung auf den nächsten Tag. »Aber wann willst du denn kommen?« rief Vrenchen noch. »Spätestens um elf Uhr mittags«, erwiderte er, »wir wollen recht ordentlich zusammen mittagessen« – »Gut, gut! Komm lieber um halb elf schon!« Doch als Sali schon im Gehen war, rief sie ihn noch einmal zurück und zeigte ein plötzlich verändertes verzweiflungsvolles Gesicht. »Es wird doch nichts daraus«, sagte sie bitterlich weinend, »ich habe keine Sonntagsschuhe mehr. Schon gestern habe ich diese groben hier anziehen müssen, um nach der Stadt zu kommen! Ich weiß keine Schuhe aufzubringen!« Sali stand ratlos und verblüfft. »Keine Schuhe!« sagte er. »Da mußt du halt in diesen kommen!« – »Nein, nein, in denen kann ich nicht tanzen!« – »Nun, so müssen wir welche kaufen!« – »Wo, mit was« – »Ei, in Seldwyl, da gibt es Schuhläden genug! Geld werde ich in minder als zwei Stunden haben.« – »Aber ich kann doch nicht mit dir in Seldwyl herumgehen, und dann wird das Geld nicht langen, auch noch Schuhe zu kaufen!« – »Es muß! Und ich will die Schuhe kaufen und morgen mitbringen!« – »O du Närrchen, sie werden ja nicht passen, die du kaufst!« – »So gib mir einen alten Schuh mit, oder halt, noch besser, ich will dir das Maß nehmen, das wird doch kein Hexenwerk sein!« – »Das Maß nehmen? Wahrhaftig, daran hab' ich nicht gedacht! Komm, komm, ich will dir ein Schnürchen suchen!« Sie setzte sich wieder auf den Herd, zog den Rock etwas zurück und streifte den Schuh vom Fuße, der noch von der gestrigen Reise her mit einem weißen Strumpfe bekleidet war. Sali kniete nieder und nahm, so gut er es verstand, das Maß, indem er den zierlichen Fuß der Länge und Breite nach umspannte mit dem Schnürchen und sorgfältig Knoten in dasselbe knüpfte. »Du Schuhmacher!« sagte

Vrenchen und lachte errötend und freundschaftlich zu ihm nieder. Sali wurde aber auch rot, und hielt den Fuß fest in seinen Händen, länger als nötig war, so daß Vrenchen ihn noch tiefer errötend zurückzog, den verwirrten Sali aber noch einmal stürmisch umhalste und küßte, dann aber fortschickte.

Sobald er in der Stadt war, trug er seine Uhr zu einem Uhrmacher, der ihm sechs oder sieben Gulden dafür gab; für die silberne Kette bekam er auch einige Gulden, und er dünkte sich nun reich genug, denn er hatte, seit er groß war, nie so viel Geld besessen auf einmal. Wenn nur erst der Tag vorüber und der Sonntag angebrochen wäre, um das Glück damit zu erkaufen, das er sich von dem Tage versprach, dachte er; denn wenn das Übermorgen auch um so dunkler und unbekannter hereinragte, so gewann die ersehnte Lustbarkeit von morgen nur einen seltsamern erhöhten Glanz und Schein. Indessen brachte er die Zeit noch leidlich hin, indem er ein Paar Schuhe für Vrenchen suchte, und dies war ihm das vergnügteste Geschäft, das er je betrieben. Er ging von einem Schuhmacher zum andern, ließ sich alle Weiberschuhe zeigen, die vorhanden waren, und endlich handelte er ein leichtes und feines Paar ein, so hübsch, wie sie Vrenchen noch nie getragen. Er verbarg die Schuhe unter seiner Weste und tat sie die übrige Zeit des Tages nicht mehr von sich; er nahm sie sogar mit ins Bett und legte sie unter das Kopfkissen. Da er das Mädchen heute früh noch gesehen und morgen wieder sehen sollte, so schlief er fest und ruhig, war aber in aller Frühe munter und begann seinen dürftigen Sonntagsstaat zurechtzumachen und auszuputzen, so gut es gelingen wollte. Es fiel seiner Mutter auf, und sie fragte verwundert, was er vorhabe, da er sich schon lange nicht mehr so sorglich angezogen. Er wolle einmal über Land gehen und sich ein wenig umtun, erwiderte er, er werde sonst krank in diesem Hause. »Das ist mir die Zeit her ein merkwürdiges Leben«, murrte der Vater, »ein Herumschleichen!« – »Laß ihn nur gehen«, sagte aber die Mutter, »es tut ihm vielleicht gut, es ist ja ein Elend, wie er aussieht!« – »Hast du Geld zum Spazierengehen? Woher hast du es?« sagte der Alte. »Ich brauche keines!« sagte Sali. »Da hast du einen Gulden!« versetzte der Alte und warf ihm denselben hin. »Du kannst im Dorf ins Wirtshaus gehen und ihn dort verzehren, damit sie nicht glauben, wir seien hier so übel dran.« – »Ich will nicht ins Dorf und brauche den Gulden nicht, behaltet ihn nur!« – »So hast du ihn gehabt, es wäre schad', wenn du ihn haben müßtest, du Starrkopf!« rief Manz und schob seinen Gulden wieder in die Tasche. Seine Frau aber, welche nicht wußte, warum sie heute ihres Sohnes wegen so wehmütig und gerührt war, brachte ihm ein großes schwarzes Mailänder Halstuch mit rotem Rande, das sie nur selten getragen und er schon früher gern gehabt hätte. Er schlang es um den Hals und ließ die langen Zipfel fliegen; auch stellte er zum erstenmal den Hemdkragen, den er sonst immer umgeschlagen, ehrbar und männlich in die Höhe, bis über die Ohren hinauf, in einer Anwandlung ländlichen Stolzes, und machte sich dann, seine Schuhe in der Brusttasche des Rockes, schon nach sieben Uhr auf den Weg. Als er die Stube verließ, drängte ihn ein seltsames Gefühl, Vater und Mutter die Hand zu geben, und auf der Straße sah er sich noch einmal nach dem Hause um. »Ich glaube am Ende«, sagte Manz, »der Bursche streicht irgendeinem Weibsbild nach; das hätten wir gerade noch nötig!« Die Frau sagte: »O wollte Gott, daß er vielleicht ein Glück machte! Das täte dem armen Buben gut!« – »Richtig!« sagte der Mann. »Das fehlt nicht! Das wird ein himmlisches Glück geben, wenn er nur erst an eine solche Maultasche zu geraten das Unglück hat! Das täte dem armen Bübchen gut! Natürlich!«

Sali richtete seinen Schritt erst nach dem Flusse zu, wo er Vrenchen erwarten wollte; aber unterwegs ward er anderen Sinnes und ging geradezu ins Dorf, um Vrenchen im Hause selbst abzuholen, weil es ihm zu lang währte bis halb elf. »Was kümmern uns die Leute!« dachte er. »Niemand hilft uns, und ich bin ehrlich und fürchte niemand!« – So trat er unerwartet in Vrenchens Stube, und ebenso unerwartet fand er es schon vollkommen angekleidet und geschmückt dasitzen und der Zeit harren, wo es gehen könne, nur die Schuhe fehlten ihm noch. Aber Sali stand mit offenem Munde still in der Mitte der Stube, als er das Mädchen erblickte, so schön sah es aus. Es hatte nur ein einfaches Kleid an von blaugefärbter Leinwand, aber dasselbe war frisch und sauber und saß ihm sehr gut um den schlanken Leib. Darüber trug es ein schneeweißes Musselinhalstuch: und dies war der ganze Anzug. Das braune gekräuselte Haar war sehr wohl geordnet und die sonst so wilden Löckchen lagen nun fein und lieblich um den Kopf; da Vrenchen seit vielen Wochen fast nicht aus dem Hause gekommen, so war seine Farbe zarter und durchsichtiger geworden, so wie auch vom Kummer; aber in diese Durchsichtigkeit goß jetzt die Liebe und die Freude ein Rot um das andere, und an der Brust trug es einen schönen Blumenstrauß von Rosmarin, Rosen und prächtigen Astern. Es saß am offenen Fenster und atmete still und hold die frisch durchsonnte Morgenluft; wie es aber Sali erscheinen sah, streckte es ihm beide hübsche Arme entgegen, welche vom Ellbogen an bloß waren, und rief: »Wie recht hast du, daß du schon jetzt und hieherkommst! Aber hast du mir Schuhe gebracht? Gewiß? Nun steh' ich nicht auf, bis ich sie anhabe!« Er zog die ersehnten aus der Tasche und gab sie dem begierigen schönen Mädchen; es schleuderte die alten von sich, schlüpfte in die neuen, und sie paßten sehr gut. Erst jetzt erhob es sich vom Stuhl, wiegte sich in den neuen Schuhen und ging eifrig einige Male auf und nieder. Es zog das lange blaue Kleid etwas zurück und beschaute wohlgefällig die roten wollenen Schleifen, welche die Schuhe zierten, während Sali unaufhörlich die feine reizende Gestalt betrachtete, welche da in lieblicher Aufregung vor ihm sich regte und freute. »Du beschaust meinen Strauß?« sagte Vrenchen. »Hab' ich nicht einen schönen zusammengebracht? Du mußt wissen, dies sind die letzten Blumen, die ich noch aufgefunden in dieser Wüstenei. Hier war noch ein Röschen, dort eine Aster, und wie sie nun gebunden sind, würde man es ihnen nicht ansehen, daß sie aus einem Untergange zusammengesucht sind! Nun ist es aber Zeit, daß ich fortkomme, nicht ein Blümchen mehr im Garten und das Haus auch leer!« Sali sah sich um und bemerkte jetzt, daß fast alle Fahrhabe, die noch dagewesen, weggebracht war. »Du armes Vreeli!« sagte er. »Haben sie dir schon alles weggenommen?« – »Gestern«, erwiderte es, »haben sie's weggeholt, was sich von der Stelle bewegen ließ, und mir kaum mehr mein Bett gelassen. Ich hab's aber auch gleich verkauft und hab' jetzt auch Geld, sieh!« Es holte einige neu glänzende Talerstücke aus der Tasche seines Kleides und zeigte sie ihm. »Damit«, fuhr es fort, »sagte der Waisenvogt, der auch hier war, solle ich mir einen Dienst suchen in einer Stadt und ich solle mich heute gleich auf den Weg machen!« – »Da ist aber auch gar nichts mehr vorhanden«, sagte Sali, nachdem er in die Küche geguckt hatte, »ich sehe kein Hölzchen, kein Pfännchen, kein Messer! Hast du denn auch nicht zu Morgen gegessen?« – »Nichts!« sagte Vrenchen. »Ich hätte mir etwas holen können, aber ich dachte, ich wolle lieber hungrig bleiben, damit ich recht viel essen könne mit dir zusammen, denn ich freue mich so sehr darauf, du glaubst nicht, wie ich mich freue!« – »Wenn ich dich nur anrühren dürfte«, sagte Sali, »so wollte ich dir zeigen, wie es mir ist, du schönes, schönes Ding!« – »Du hast recht, du würdest meinen ganzen Staat verderben, und wenn wir die Blumen ein bißchen schonen, so kommt es zugleich meinem armen Kopf zugut, den du mir übel zuzurichten pflegst!« – »So komm, jetzt wollen wir ausrücken!« – »Noch müssen wir warten, bis das Bett abgeholt wird; denn nachher schließe ich das Haus zu und gehe nicht mehr hieher zurück! Mein Bündelchen gebe ich der Frau aufzuheben, die das Bett gekauft hat.« Sie setzten sich daher einander gegenüber und warteten; die Bäuerin kam bald, eine vierschrötige Frau mit lautem Mundwerk, und hatte einen Burschen bei sich, welcher die Bettstelle tragen sollte. Als diese Frau Vrenchens Liebhaber erblickte und das geputzte Mädchen selbst, sperrte sie Maul und Augen auf, stemmte die Arme unter und schrie: »Ei, sieh mal, Vreeli! Du treibst es ja schon gut! Hast einen Besucher und bis gerüstet wie eine Prinzeß?« – »Gelt aber!« sagte Vrenchen freundlich lachend. »Wißt Ihr auch, wer das ist?« – »Ei ich denke, das ist wohl der Sali Manz? Berg und Tal kommen nicht zusammen, sagt man, aber die Leute! Aber nimm dich doch in acht, Kind, und denk, wie es euren Eltern ergangen ist!« – »Ei, das hat sich jetzt gewendet, und alles ist gut geworden«, erwiderte Vrenchen lächelnd und freundlich mitteilsam, ja beinahe herablassend, »seht, Sali ist mein Hochzeiter!« – »Dein Hochzeiter! Was du sagst!« – »Ja und er ist ein reicher Herr, er hat hunderttausend Gulden in der Lotterie gewonnen! Denket einmal, Frau!« Diese tat einen Sprung, schlug ganz erschrocken die Hände zusammen und schrie: »Hund-hunderttausend Gulden!« – »Hunderttausend Gulden!« versicherte Vrenchen ernsthaft. – »Herr du meines Lebens! Es ist aber nicht wahr, du lügst mich an, Kind!« – »Nun, glaubt, was Ihr wollt!« – »Aber wenn es wahr ist und du heiratest ihn, was wollt ihr denn machen mit dem Gelde? Willst du wirklich eine vornehme Frau werden?« – »Versteht sich, in drei Wochen halten wir die Hochzeit! – »Geh mir weg, du bist eine häßliche Lügnerin!« – »Das schönste Haus hat er schon gekauft in Seldwyl mit einem großen Garten und Weinberg; Ihr müßt mich auch besuchen, wenn wir eingerichtet sind, ich zähle darauf!« – »Allweg, du Teufelshexlein, was du bist!« – »Ihr werdet sehen, wie schön es da ist! Einen herrlichen Kaffee werde ich machen und Euch mit feinem Eierbrot aufwarten, mit Butter und Honig!« – »O du Schelmenkind! Zähl drauf, daß ich komme!« rief die Frau mit lüsternem Gesicht, und der Mund wässerte ihr. – »Kommt Ihr aber um die Mittagszeit und seid ermüdet vom Markt, so soll Euch eine kräftige Fleischbrühe und ein Glas Wein immer parat stehen!« – »Das wird mir baß tun!« – »Und an etwas Zuckerwerk oder weißen Wecken für die lieben Kinder zu Hause soll es Euch auch nicht fehlen!« – »Es wird mir ganz schmachtend!« – »Ein artiges Halstüchlein oder ein Restchen Seidenzeug oder ein hübsches altes Band für Eure Röcke oder ein Stück Zeug zu einer neuen Schürze wird gewiß auch zu finden sein, wenn wir meine Kisten und Kasten durchmustern in einer vertrauten Stunde!« Die Frau drehte sich auf den Hacken herum und schüttelte jauchzend die Röcke. »Und wenn Euer Mann ein vorteilhaftes Geschäft machen könnte mit einem Land- oder Viehhandel und er mangelt des Geldes, so wißt Ihr, wo Ihr anklopfen sollt. Mein lieber Sali wird froh sein, jederzeit ein Stück Bares sicher und erfreulich anzulegen! Ich selbst werde auch etwa einen Sparpfennig haben, einer vertrauten Freundin beizustehen!« Jetzt war der Frau nicht mehr zu helfen, sie sagte gerührt: »Ich habe immer gesagt, du seist ein braves und gutes und schönes Kind! Der Herr wolle es dir wohl ergehen lassen immer und ewiglich und es dir gesegnen, was du an mir tust!« – »Dagegen verlange ich aber auch, daß Ihr es gut mit mir meint!« – »Allweg kannst du das verlangen!« – »Und daß Ihr jederzeit Eure Ware, sei es Obst, seien es Kartoffeln, sei es Gemüse, erst zu mir bringet und mir anbietet, ehe Ihr auf den Markt gehet, damit ich sicher sei, eine rechte Bäuerin an der Hand zu haben, auf die ich mich verlassen kann! Was irgendeiner gibt für die Ware, werde ich gewiß auch geben mit tausend Freuden, Ihr kennt mich ja! Ach, es ist nichts Schöneres, als wenn eine wohlhabende Stadtfrau, die so ratlos in ihren Mauern sitzt und doch so vieler Dinge benötigt ist, und eine rechtschaffene, ehrliche Landfrau, erfahren in allem Wichtigen und Nützlichen, eine gute und dauerhafte Freundschaft zusammen haben! Es kommt einem zugut in hundert Fällen, in Freud' und Leid, bei Gevatterschaften und Hochzeiten, wenn die Kinder unterrichtet werden und konfirmiert, wenn sie in die Lehre kommen und wenn sie in die Fremde sollen! Bei Mißwachs und Überschwemmung, bei Feuersbrünsten und Hagelschlag, wofür uns Gott behüte!« – »Wofür uns Gott behüte!« sagte die gute Frau schluchzend und trocknete mit ihrer Schürze die Augen. »Welch ein verständiges und tiefsinniges Bräutlein bist du, ja, dir wird es gut gehen, da müßte keine Gerechtigkeit in der Welt sein! Schön, sauber, klug und weise bist du, arbeitsam und geschickt zu allen Dingen! Keine ist feiner und besser als du, in und außer dem Dorfe, und wer dich hat, der muß meinen, er sei im Himmelreich, oder er ist ein Schelm und hat mit mir zu tun. Hör, Sali, daß du nur recht artlich bist mit meinem Vreeli, oder ich will dir den Meister zeigen, du Glückskind, das du bist, ein solches Röslein zu brechen!« – »So nehmt jetzt auch hier noch mein Bündel mit, wie Ihr mir versprochen habt, bis ich es abholen lassen werde! Vielleicht komme ich aber selbst in der Kutsche und hole es ab, wenn Ihr nichts dagegen habt! Ein Töpfchen Milch werdet Ihr mir nicht abschlagen alsdann, und etwa eine schöne Mandeltorte dazu werde ich schon selbst mitbringen!« – »Tausendskind! Gib her den Bündel!« Vrenchen lud ihr auf das zusammengebundene Bett, das sie schon auf dem Kopfe trug, einen langen Sack, in welchen es sein Plunder und Habseliges gestopft, so daß die arme Frau mit einem schwankenden Turme auf dem Haupte dastand. »Es wird mir doch fast zu schwer auf einmal«, sagte sie, »könnte ich nicht zweimal dran machen?« – »Nein, nein! Wir müssen jetzt augenblicklich gehen, denn wir haben einen weiten Weg, um vornehme Verwandte zu besuchen, die sich jetzt gezeigt haben, seit wir reich sind! Ihr wißt ja, wie es geht!« – »Weiß wohl! So behüt' dich Gott, und denk an mich in deiner Herrlichkeit!«

Die Bäuerin zog ab mit ihrem Bündelturme, mit Mühe das Gleichgewicht behauptend, und hinter ihr drein ging ihr Knechtchen, das sich in Vrenchens einst buntbemalte Bettstatt hineinstellte, den Kopf gegen den mit verblichenen Sternen bedeckten Himmel derselben stemmte und, ein zweiter Simson, die zwei vorderen zierlich geschnitzten Säulen faßte, welche diesen Himmel trugen.

Als Vrenchen, an Sali gelehnt, dem Zuge nachschaute und den wandelnden Tempel zwischen den Gärten sah, sagte es: »Das gäbe noch ein artiges Gartenhäuschen oder eine Laube, wenn man's in einen Garten pflanzte, ein Tischchen und Bänkchen dreinstellte und Winden drum herumsäete! Wolltest du mit darin sitzen, Sali?« – »Ja, Vreeli! Besonders wenn die Winden aufgewachsen wären!« – »Was stehen wir noch?« sagte Vrenchen. »Nichts hält uns mehr zurück!« – »So komm und schließ das Haus zu!« – »Wem willst du denn den Schlüssel übergeben?« – Vrenchen sah sich um. »Hier an die Helbart wollen wir ihn hängen; sie ist über hundert Jahr in diesem Hause gewesen, habe ich den Vater oft sagen hören, nun steht sie da als der letzte Wächter!« Sie hingen den rostigen Hausschlüssel an einen rostigen Schnörkel der alten Waffe, an welcher die Bohnen rankten, und gingen davon. Vrenchen wurde aber bleicher und verhüllte ein Weilchen die Augen, daß Sali es führen mußte, bis sie ein Dutzend Schritte entfernt waren. Es sah aber nicht zurück. »Wo gehen wir nun zuerst hin?« fragte es. »Wir wollen ordentlich über Land gehen«, erwiderte Sali, »wo es uns freut den ganzen Tag, uns nicht übereilen, und gegen Abend werden wir dann schon einen Tanzplatz finden!« – »Gut!« sagte Vrenchen. »Den ganzen Tag werden wir beisammen sein und gehen, wo wir Lust haben. Jetzt ist mir aber elend, wir wollen gleich im andern Dorf einen Kaffee trinken!« – »Versteht sich!« sagte Sali. »Mach nur, daß wir aus diesem Dorf wegkommen!«

Bald waren sie auch im freien Felde und gingen still nebeneinander durch die Fluren; es war ein schöner Sonntagmorgen im September, keine Wolke stand am Himmel, die Höhen und die Wälder waren mit einem zarten Duftgewebe bekleidet, welches die Gegend geheimnisvoller und feierlicher machte, und von allen Seiten tönten die Kirchenglocken herüber, hier das harmonische tiefe Geläute einer reichen Ortschaft, dort die geschwätzigen zwei Bimmelglöcklein eines kleinen armen Dörfchens. Das liebende Paar vergaß, was am Ende dieses Tages werden sollte, und gab sich einzig der hoch aufatmenden wortlosen Freude hin, sauber gekleidet und frei, wie zwei Glückliche, die sich von Rechts wegen angehören, in den Sonntag hineinzuwandeln. Jeder in der Sonntagsstille verhallende Ton oder ferne Ruf klang ihnen erschütternd durch die Seele; denn die Liebe ist eine Glocke, welche das Entlegenste und Gleichgültigste widertönen läßt und in eine besondere Musik verwandelt. Obgleich sie hungrig waren, dünkte sie die halbe Stunde Weges bis zum nächsten Dorfe nur ein Katzensprung lang zu sein, und sie betraten zögernd das Wirtshaus am Eingang des Ortes. Sali bestellte ein gutes Frühstück, und während es bereitet wurde, sahen sie mäuschenstill der sichern und freundlichen Wirtschaft in der großen reinlichen Gaststube zu. Der Wirt war zugleich ein Bäcker, das eben Gebackene durchduftete angenehm das ganze Haus, und Brot aller Art wurde in gehäuften Körben herbeigetragen, da nach der Kirche die Leute hier ihr Weißbrot holten oder ihren Frühschoppen tranken. Die Wirtin, eine artige und saubere Frau, putzte gelassen und freundlich ihre Kinder heraus, und sowie eines entlassen war, kam es zutraulich zu Vrenchen gelaufen, zeigte ihm seine Herrlichkeiten und erzählte von allem, dessen es sich erfreute und rühmte. Wie nun der wohlduftende starke Kaffee kam, setzten sich die zwei Leutchen schüchtern an den Tisch, als ob sie da zu Gast gebeten wären. Sie ermunterten sich jedoch bald und flüsterten bescheiden, aber glückselig miteinander; ach wie schmeckte dem aufblühenden Vrenchen der gute Kaffee; der fette Rahm, die frischen, noch warmen Brötchen, die schöne Butter und der Honig, der Eierkuchen, und was alles noch für Leckerbissen da waren! Sie schmeckten ihm, weil es den Sali dazu ansah, und es aß so vergnügt, als ob es ein Jahr lang gefastet hätte. Dazu freute es sich über das feine Geschirr, über die silbernen Kaffeelöffelchen; denn die Wirtin schien sie für rechtliche junge Leutchen zu halten, die man anständig behandeln müsse, und setzte sich auch ab und zu plaudernd zu ihnen, und die beiden gaben ihr verständigen Bescheid, welches ihr gefiel. Es war dem guten Vrenchen so wählig zumut, daß es nicht wußte, mochte es lieber wieder ins Freie, um allein mit seinem Schatz herumzuschweifen durch Auen oder Wälder, oder mochte es lieber in der gastlichen Stube bleiben, um wenigstens auf Stunden sich an einem stattlichen Orte zu Hause zu träumen. Doch Sali erleichterte die Wahl, indem er ehrbar und geschäftig zum Aufbruch mahnte, als ob sie einen bestimmten und wichtigen Weg zu machen hätten. Die Wirtin und der Wirt begleiteten sie bis vor das Haus und entließen sie auf das wohlwollendste wegen ihres guten Benehmens, trotz der durchscheinenden Dürftigkeit, und das arme junge Blut verabschiedete sich mit den besten Manieren von der Welt und wandelte sittig und ehrbar von hinnen. Aber auch als sie schon wieder im Freien waren und einen stundenlangen Eichwald betraten, gingen sie noch in dieser Weise nebeneinander, in angenehme Träume vertieft, als ob sie nicht aus zank- und elenderfüllten, vernichteten Häusern herkämen, sondern guter Leute Kinder wären, welche in lieblicher Hoffnung wandelten. Vrenchen senkte das Köpfchen tiefsinnig gegen seine blumengeschmückte Brust und ging, die Hände sorglich an das Gewand gelegt, einher auf dem glatten feuchten Waldboden; Sali dagegen schritt schlank aufgerichtet, rasch und nachdenklich, die Augen auf die festen Eichenstämme geheftet wie ein Bauer, der überlegt, welche Bäume er am vorteilhaftesten fällen soll. Endlich erwachten sie aus diesen vergeblichen Träumen, sahen sich an und entdeckten, daß sie immer noch in der Haltung gingen, in welcher sie das Gasthaus verlassen, erröteten und ließen traurig die Köpfe hängen. Aber Jugend hat keine Tugend, der Wald war grün, der Himmel blau und sie allein in der weiten Welt, und sie überließen sich alsbald wieder diesem Gefühle. Doch blieben sie nicht lange mehr allein, da die schöne Waldstraße sich belebte mit lustwandelnden Gruppen von jungen Leuten sowie mit einzelnen Paaren, welche schäkernd und singend die Zeit nach der Kirche verbrachten. Denn die Landleute haben so gut ihre ausgesuchten Promenaden und Lustwälder wie die Städter, nur mit dem Unterschied, daß dieselben keine Unterhaltung kosten und noch schöner sind; sie spazieren nicht nur mit einem besonderen Sinn des Sonntags durch ihre blühenden und reifenden Felder, sondern sie machen sehr gewählte Gänge durch Gehölze und an grünen Halden entlang, setzen sich hier auf eine anmutige, fernsichtige Höhe, dort an einen Waldrand, lassen ihre Lieder ertönen und die schöne Wildnis ganz behaglich auf sich einwirken; und da sie dies offenbar nicht zu ihrer Pönitenz tun, sondern zu ihrem Vergnügen, so ist wohl anzunehmen, daß sie Sinn für die Natur haben, auch abgesehen von ihrer Nützlichkeit. Immer brechen sie was Grünes ab, junge Burschen wie alte Mütterchen, welche die alten Wege ihrer Jugend aufsuchen, und selbst steife Landmänner in den besten Geschäftsjahren, wenn sie über Land gehen, schneiden sich gern eine schlanke Gerte, sobald sie durch einen Wald gehen, und schälen die Blätter ab, von denen sie nur noch oben ein grünes Büschel stehenlassen. Solche Rute tragen sie wie ein Zepter vor sich hin; wenn sie in eine Amtsstube oder Kanzlei treten, so stellen sie die Gerte ehrerbietig in einen Winkel, vergessen aber auch nach den ernstesten Verhandlungen nie, dieselbe säuberlich wieder mitzunehmen und unversehrt nach Hause zu tragen, wo es erst dem kleinsten Söhnchen gestattet ist, sie zugrunde zu richten. – Als Sali und Vrenchen die vielen Spaziergänger sahen, lachten sie ins Fäustchen und freuten sich, auch gepaart zu sein, schlüpften aber seitwärts auf engere Waldpfade, wo sie sich in tiefen Einsamkeiten verloren. Sie hielten sich auf, wo es sie freute, eilten vorwärts und ruhten wieder, und wie keine Wolke am reinen Himmel stand, trübte auch keine Sorge in diesen Stunden ihr Gemüt; sie vergaßen, woher sie kamen und wohin sie gingen, und benahmen sich so fein und ordentlich dabei, daß trotz aller frohen Erregung und Bewegung Vrenchens niedlicher einfacher Aufputz so frisch und unversehrt blieb, wie er am Morgen gewesen war. Sali betrug sich auf diesem Wege nicht wie ein beinahe zwanzigjähriger Landbursche oder der Sohn eines verkommenen Schenkwirtes, sondern wie wenn er einige Jahre jünger und sehr wohl erzogen wäre, und es war beinahe komisch, wie er nur immer sein feines lustiges Vrenchen ansah, voll Zärtlichkeit, Sorgfalt und Achtung. Denn die armen Leutchen mußten an diesem einen Tage, der ihnen vergönnt war, alle Manieren und Stimmungen der Liebe durchleben und sowohl die verlorenen Tage der zarteren Zeit nachholen als das leidenschaftliche Ende vorausnehmen mit der Hingabe ihres Lebens.

So liefen sie sich wieder hungrig und waren erfreut, von der Höhe eines schattenreichen Berges ein glänzendes Dorf vor sich zu sehen, wo sie Mittag halten wollten. Sie stiegen rasch hinunter, betraten dann aber ebenso sittsam den Ort, wie sie den vorigen verlassen. Es war niemand um den Weg, der sie erkannt hätte; denn besonders Vrenchen war die letzten Jahre hindurch gar nicht unter die Leute und noch weniger in andere Dörfer gekommen. Deshalb stellten sie ein wohlgefälliges ehrsames Pärchen vor, das irgendeinen angelegentlichen Gang tut. Sie gingen ins erste Wirtshaus des Dorfes, wo Sali ein erkleckliches Mahl bestellte; ein eigener Tisch wurde ihnen sonntäglich gedeckt, und sie saßen wieder still und bescheiden daran und beguckten die schön getäfelten Wände von gebohntem Nußbaumholz, das ländliche, aber glänzende und wohlbestellte Büfett vom gleichen Holze und die klaren weißen Fenstervorhänge. Die Wirtin trat zutunlich herzu und setzte ein Geschirr voll frischer Blumen auf den Tisch. »Bis die Suppe kommt«, sagte sie, »könnt ihr, wenn es euch gefällig ist, einstweilen die Augen sättigen an dem Strauße. Allem Anschein nach, wenn es erlaubt ist zu fragen, seid ihr ein junges Brautpaar, das gewiß nach der Stadt geht um sich morgen kopulieren zu lassen?« Vrenchen wurde rot und wagte nicht aufzusehen, Sali sagte auch nichts, und die Wirtin fuhr fort: »Nun, ihr seid freilich beide noch wohl jung, aber jung geheiratet lebt lang, sagt man zuweilen, und ihr seht wenigstens hübsch und brav aus und braucht euch nicht zu verbergen. Ordentliche Leute können etwas zuwege bringen, wenn sie so jung zusammenkommen und fleißig und treu sind. Aber das muß man freilich sein, denn die Zeit ist kurz und doch lang, und es kommen viele Tage, viele Tage! Je nun, schön genug sind sie und amüsant dazu, wenn man gut haushält damit! Nichts für ungut, aber es freut mich, euch anzusehen, so ein schmuckes Pärchen seid ihr!« Die Kellnerin brachte die Suppe, und da sie einen Teil dieser Worte noch gehört und lieber selbst geheiratet hätte, so sah sie Vrenchen mit scheelen Augen an, welches nach ihrer Meinung so gedeihliche Wege ging. In der Nebenstube ließ die unliebsame Person ihren Unmut frei und sagte zur Wirtin, welche dort zu schaffen hatte, so laut, daß man es hören konnte: »Das ist wieder ein rechtes Hudelvölkchen, das, wie es geht und steht, nach der Stadt läuft und sich kopulieren läßt, ohne einen Pfennig, ohne Freunde, ohne Aussteuer und ohne Aussicht als auf Armut und Bettelei! Wo soll das noch hinaus, wenn solche Dinger heiraten, die die Jüppe noch nicht allein anziehen und keine Suppe kochen können? Ach der hübsche junge Mensch kann mich nur dauern, der ist schön petschiert mit seiner jungen Gungeline!« – »Bscht! Willst du wohl schweigen, du hässiges Ding!« sagte die Wirtin. »Denen lasse ich nichts geschehen! Das sind gewiß zwei recht ordentliche Leutlein aus den Bergen, wo die Fabriken sind; dürftig sind sie gekleidet, aber sauber, und wenn sie sich nur gernhaben und arbeitsam sind, so werden sie weiterkommen als du mit deinem bösen Maul! Du kannst freilich noch lang warten, bis dich einer abholt, wenn du nicht freundlicher bist, du Essighafen!«

So genoß Vrenchen alle Wonnen einer Braut, die zur Hochzeit reiset: die wohlwollende Ansprache und Aufmunterung einer sehr vernünftigen Frau, den Neid einer heiratslustigen bösen Person, welche aus Ärger den Geliebten lobte und bedauerte, ein leckeres Mittagsmahl an der Seite ebendieses Geliebten. Es glühte im Gesicht wie eine rote Nelke, das Herz klopfte ihm, aber es aß und trank nichtsdestominder mit gutem Appetit und war mit der aufwartenden Kellnerin nur um so artiger, konnte aber nicht unterlassen, dabei den Sali zärtlich anzusehen und mit ihm zu lispeln, so daß es diesem auch ganz kraus im Gemüt wurde. Sie saßen indessen lang und gemächlich am Tische, wie wenn sie zögerten und sich scheuten, aus der holden Täuschung herauszugehen. Die Wirtin brachte zum Nachtisch süßes Backwerk, und Sali bestellte feineren und stärkeren Wein dazu, welcher Vrenchen feurig durch die Adern rollte, als es ein wenig davon trank; aber es nahm sich in acht, nippte bloß zuweilen und saß so züchtig und verschämt da wie eine wirkliche Braut. Halb spielte es aus Schalkheit diese Rolle und aus Lust, zu versuchen, wie es tue, halb war es ihm in der Tat so zumut, und vor Bangigkeit und heißer Liebe wollte ihm das Herz brechen, so daß es ihm zu eng ward innerhalb der vier Wände und es zu gehen begehrte. Es war, als ob sie sich scheuten, auf dem Wege wieder so abseits und allein zu sein; denn sie gingen unverabredet auf der Hauptstraße weiter, mitten durch die Leute und sahen weder rechts noch links. Als sie aber aus dem Dorfe waren und auf das nächstgelegene zugingen, wo Kirchweih war, hing sich Vrenchen an Salis Arm und flüsterte mit zitternden Worten: »Sali! Warum sollen wir uns nicht haben und glücklich sein!« – »Ich weiß auch nicht warum!« erwiderte er und heftete seine Augen an den milden Herbstsonnenschein, der auf den Auen webte, und er mußte sich bezwingen und das Gesicht ganz sonderbar verziehen. Sie standen still, um sich zu küssen; aber es zeigten sich Leute, und sie unterließen es und zogen weiter. Das große Kirchdorf, in dem Kirchweih war, belebte sich schon von der Lust des Volkes; und aus dem stattlichen Gasthofe tönte eine pomphafte Tanzmusik, da die jungen Dörfler bereits um Mittag den Tanz angehoben, und auf dem Platz vor dem Wirtshause war ein kleiner Markt aufgeschlagen, bestehend aus einigen Tischen mit Süßigkeiten und Backwerk und ein paar Buden mit Flitterstaat, um welche sich die Kinder und dasjenige Volk drängten, welches sich einstweilen mehr mit Zusehen begnügte. Sali und Vrenchen traten auch zu den Herrlichkeiten und ließen ihre Augen darüberfliegen; denn beide hatten zugleich die Hand in der Tasche, und jedes wünschte dem anderen etwas zu schenken, da sie zum ersten und einzigen Male miteinander zu Markt waren; Sali kaufte ein großes Haus von Lebkuchen, das mit Zuckerguß freundlich geweißt war, mit einem grünen Dach, auf welchem weiße Tauben saßen und aus dessen Schornstein ein Amörchen guckte als Kaminfeger; an den offenen Fenstern umarmten sich pausbäckige Leutchen mit winzig kleinen roten Mündchen, die sich recht eigentlich küßten, da der flüchtige praktische Maler mit einem Kleckschen gleich zwei Mündchen gemacht, die so ineinander verflossen. Schwarze Pünktchen stellten muntere Äuglein vor. Auf der rosenroten Haustür aber waren diese Verse zu lesen:

Tritt in mein Haus, o Liebste!
Doch sei dir unverhehlt:
Drin wird allein nach Küssen
Gerechnet und gezählt.

Die Liebste sprach: »O Liebster,
Mich schrecket nichts zurück!
Hab' alles wohl erwogen:
In dir nur lebt mein Glück!

Und wenn ich's recht bedenke,
Kam ich deswegen auch!«
Nun denn, spazier mit Segen
Herein und üb den Brauch!

Ein Herr in einem blauen Frack und eine Dame mit einem sehr hohen Busen komplimentierten sich diesen Versen gemäß in das Haus hinein, links und rechts an die Mauer gemalt. Vrenchen schenkte Sali dagegen ein Herz, auf dessen Seite ein Zettelchen klebte mit den Worten:

Ein süßer Mandelkern steckt in dem Herze hier,
Doch süßer als der Mandelkern ist meine Lieb' zu dir!

Und auf der andern Seite:

Wenn du dies Herz gegessen, vergiß dies Sprüchlein nicht!
Viel eh'r als meine Liebe mein braunes Auge bricht!

Sie lasen eifrig die Sprüche, und nie ist etwas Gereimtes und Gedrucktes schöner befunden und tiefer empfunden worden als diese Pfefferkuchensprüche; sie hielten, was sie lasen, in besonderer Absicht auf sich gemacht, so gut schien es ihnen zu passen. »Ach«, seufzte Vrenchen, »du schenkst mir ein Haus! Ich habe dir auch eines und erst das wahre geschenkt; denn unser Herz ist jetzt unser Haus, darin wir wohnen, und wir tragen so unsere Wohnung mit uns, wie die Schnecken! Andere haben wir nicht!« – »Dann sind wir aber zwei Schnecken, von denen jede das Häuschen der andern trägt!« sagte Sali, und Vrenchen erwiderte: »Desto weniger dürfen wir voneinandergehen, damit jedes seiner Wohnung nah bleibt!« Doch wußten sie nicht, daß sie in ihren Reden ebensolche Witze machten, als auf den vielfach geformten Lebkuchen zu lesen waren, und fuhren fort, diese süße einfache Liebesliteratur zu studieren, die da ausgebreitet lag und besonders auf vielfach verzierte kleine und große Herzen geklebt war. Alles dünkte sie schön und einzig zutreffend; als Vrenchen auf einem vergoldeten Herzen, das wie eine Lyra mit Saiten bespannt war, las: Mein Herz ist wie ein Zitherspiel, rührt man es viel, so tönt es viel!, ward ihm so musikalisch zumut, daß es glaubte, sein eigenes Herz klingen zu hören. Ein Napoleonsbild war da, welches aber auch der Träger eines verliebten Spruches sein mußte, denn es stand darunter geschrieben: Groß war der Held Napoleon, sein Schwert von Stahl, sein Herz von Ton; meine Liebe trägt ein Röslein frei, doch ist ihr Herz wie Stahl so treu! – Während sie aber beiderseitig in das Lesen vertieft schienen, nahm jedes die Gelegenheit wahr, einen heimlichen Einkauf zu machen. Sali kaufte für Vrenchen ein vergoldetes Ringelchen mit einem grünen Glassteinchen und Vrenchen einen Ring von schwarzem Gemshorn, auf welchem ein goldenes Vergißmeinnicht eingelegt war. Wahrscheinlich hatten sie die gleichen Gedanken, sich diese armen Zeichen bei der Trennung zu geben.

Während sie in diese Dinge sich versenkten, waren sie so vergessen, daß sie nicht bemerkten, wie nach und nach ein weiter Ring sich um sie gebildet hatte von Leuten, die sie aufmerksam und neugierig betrachteten. Denn da viele junge Burschen und Mädchen aus ihrem Dorfe hier waren, so waren sie erkannt worden, und alles stand jetzt in einiger Entfernung um sie herum und sah mit Verwunderung auf das wohlgeputzte Paar, welches in andächtiger Innigkeit die Welt um sich her zu vergessen schien. »Ei seht!« hieß es. »Das ist ja wahrhaftig das Vrenchen Marti und das Sali aus der Stadt! Die haben sich ja säuberlich gefunden und verbunden! Und welche Zärtlichkeit und Freundschaft, seht doch, seht! Wo die wohl hinauswollen?« Die Verwunderung dieser Zuschauer war ganz seltsam gemischt aus Mitleid mit dem Unglück, aus Verachtung der Verkommenheit und Schlechtigkeit der Eltern und aus Neid gegen das Glück und die Einigkeit des Paares, welches auf eine ganz ungewöhnliche und fast vornehme Weise verliebt und aufgeregt war und in dieser rückhaltlosen Hingebung und Selbstvergessenheit dem rohen Völkchen ebenso fremd erschien wie in seiner Verlassenheit und Armut. Als sie daher endlich aufwachten und um sich sahen, erschauten sie nichts als gaffende Gesichter von allen Seiten; niemand grüßte sie, und sie wußten nicht, sollten sie jemand grüßen, und diese Verfremdung und Unfreundlichkeit war von beiden Seiten mehr Verlegenheit als Absicht. Es wurde Vrenchen bang und heiß, es wurde bleich und rot, Sali nahm es aber bei der Hand und führte das arme Wesen hinweg, das ihm mit seinem Haus in der Hand willig folgte, obgleich die Trompeten im Wirtshaus lustig schmetterten und Vrenchen so gern tanzen wollte. »Hier können wir nicht tanzen!« sagte Sali, als sie sich etwas entfernt hatten. »Wir würden hier wenig Freude haben, wie es scheint!« »Jedenfalls«, sagte Vrenchen traurig, »es wird auch am besten sein, wir lassen es ganz bleiben, und ich sehe, wo ich ein Unterkommen finde!« – »Nein«, rief Sali, »du sollst einmal tanzen, ich habe dir darum Schuhe gebracht! Wir wollen gehen, wo das arme Volk sich lustig macht, zu dem wir jetzt auch gehören, da werden sie uns nicht verachten; im Paradiesgärtchen wird jedesmal auch getanzt, wenn hier Kirchweih ist, da es in die Kirchgemeinde gehört, und dorthin wollen wir gehen, dort kannst du zur Not auch übernachten.« Vrenchen schauerte zusammen bei dem Gedanken, nun zum erstenmal an einem unbekannten Ort zu schlafen; doch folgte es willenlos seinem Führer, der jetzt alles war, was es in der Welt hatte. Das Paradiesgärtlein war ein schöngelegenes Wirtshaus an einer einsamen Berghalde, das weit über das Land wegsah, in welchem aber an solchen Vergnügungstagen nur das ärmere Volk, die Kinder der ganz kleinen Bauern und Tagelöhner und sogar mancherlei fahrendes Gesinde verkehrte. Vor hundert Jahren war es als ein kleines Landhaus von einem reichen Sonderling gebaut worden, nach welchem niemand mehr da wohnen mochte, und da der Platz sonst zu nichts zu gebrauchen war, so geriet der wunderliche Landsitz in Verfall und zuletzt in die Hände eines Wirtes, der da sein Wesen trieb. Der Name und die demselben entsprechende Bauart waren aber dem Hause geblieben. Es bestand nur aus einem Erdgeschoß, über welchem ein offener Estrich gebaut war, dessen Dach an den vier Ecken von Bildern aus Sandstein getragen wurde, so die vier Erzengel vorstellten und gänzlich verwittert waren. Auf dem Gesimse des Daches saßen ringsherum kleine musizierende Engel mit dicken Köpfen und Bäuchen, den Triangel, die Geige, die Flöte, Zimbel und Tamburin spielend, ebenfalls aus Sandstein, und die Instrumente waren ursprünglich vergoldet gewesen. Die Decke inwendig sowie die Brustwehr des Estrichs und das übrige Gemäuer des Hauses waren mit verwaschenen Freskomalereien bedeckt, welche lustige Engelscharen sowie singende und tanzende Heilige darstellten. Aber alles war verwischt und undeutlich wie ein Traum und überdies reichlich mit Weinreben übersponnen, und blaue reifende Trauben hingen überall in dem Laube. Um das Haus herum standen verwilderte Kastanienbäume, und knorrige starke Rosenbüsche, auf eigene Hand fortlebend, wuchsen da und dort so wild herum wie anderswo die Holunderbäume. Der Estrich diente zum Tanzsaal; als Sali mit Vrenchen daherkam, sahen sie schon von weitem die Paare unter dem offenen Dache sich drehen, und rund um das Haus zechten und lärmten eine Menge lustiger Gäste. Vrenchen, welches andächtig und wehmütig sein Liebeshaus trug, glich einer heiligen Kirchenpatronin auf alten Bildern, welche das Modell eines Domes oder Klosters auf der Hand hält, so sie gestiftet; aber aus der frommen Stiftung, die ihr im Sinne lag, konnte nichts werden. Als es aber die wilde Musik hörte, welche vom Estrich ertönte, vergaß es sein Leid und verlangte endlich nichts, als mit Sali zu tanzen. Sie drängten sich durch die Gäste, die vor dem Hause saßen und in der Stube, verlumpte Leute aus Seldwyla, die eine billige Landpartie machten, armes Volk von allen Enden, und stiegen die Treppe hinauf, und sogleich drehten sie sich im Walzer herum, keinen Blick voneinander abwendend. Erst als der Walzer zu Ende, sahen sie sich um, Vrenchen hatte sein Haus zerdrückt und zerbrochen und wollte eben betrübt darüber werden, als es noch mehr erschrak über den schwarzen Geiger, in dessen Nähe sie standen. Er saß auf einer Bank, die auf einem Tische stand, und sah so schwarz aus wie gewöhnlich; nur hatte er heute einen grünen Tannenbusch auf sein Hütchen gesteckt, zu seinen Füßen hatte er eine Flasche Rotwein und ein Glas stehen, welche er nie umstieß, obgleich er fortwährend mit den Beinen strampelte, wenn er geigte, und so eine Art von Eiertanz damit vollbrachte. Neben ihm saß noch ein schöner, aber trauriger junger Mensch mit einem Waldhorn, und ein Buckliger stand an einer Baßgeige. Sali erschrak auch, als er den Geiger erblickte; dieser grüßte sie aber auf das freundlichste und rief: »Ich habe doch gewußt, daß ich euch noch einmal aufspielen werde! So macht euch nur recht lustig, ihr Schätzchen, und tut mir Bescheid!« Er bot Sali das volle Glas, und Sali trank und tat ihm Bescheid. Als der Geiger sah, wie erschrokken Vrenchen war, suchte er ihm freundlich zuzureden und machte einige fast anmutige Scherze, die es zum Lachen brachten. Es ermunterte sich wieder, und nun waren sie froh, hier einen Bekannten zu haben und gewissermaßen unter dem besonderen Schutze des Geigers zu stehen. Sie tanzten nun ohne Unterlaß, sich und die

Welt vergessend in dem Drehen, Singen und Lärmen, welches in und außer dem Haus rumorte und vom Berge weit in die Gegend hinausschallte, welche sich allmählich in den silbernen Duft des Herbstabends hüllte. Sie tanzten, bis es dunkelte und der größere Teil der lustigen Gäste sich schwankend und johlend nach allen Seiten entfernte. Was noch zurückblieb, war das eigentliche Hudelvölkchen, welches nirgends zu Hause war und sich zum guten Tag auch noch eine gute Nacht machen wollte. Unter diesen waren einige, welche mit dem Geiger gut bekannt schienen und fremdartig aussahen in ihrer zusammengewürfelten Tracht. Besonders ein junger Bursche fiel auf, der eine grüne Manchesterjacke trug und einen zerknitterten Strohhut, um den er einen Kranz von Ebereschen oder Vogelbeerbüscheln gebunden hatte. Dieser führte eine wilde Person mit sich, die einen Rock von kirschrotem, weißgetüpfeltem Kattun trug und sich einen Reifen von Rebenschossen um den Kopf gebunden, so daß an jeder Schläfe eine blaue Traube hing. Dies Paar war das ausgelassenste von allen, tanzte und sang unermüdlich und war in allen Ecken zugleich. Dann war noch ein schlankes hübsches Mädchen da, welches ein schwarzseidenes abgeschossenes Kleid trug und ein weißes Tuch um den Kopf, daß der Zipfel über den Rücken fiel. Das Tuch zeigte rote, eingewobene Streifen und war eine gute leinene Handzwehle oder Serviette. Darunter leuchteten aber ein paar veilchenblaue Augen hervor. Um den Hals und auf der Brust hing eine sechsfache Kette von Vogelbeeren auf einen Faden gezogen und ersetzte die schönste Korallenschnur. Diese Gestalt tanzte fortwährend allein mit sich selbst und verweigerte hartnäckig, mit einem der Gesellen zu tanzen. Nichtsdestominder bewegte sie sich anmutig und leicht herum und lächelte jedesmal, wenn sie sich an dem traurigen Waldhornbläser vorüberdrehte, wozu dieser immer den Kopf abwandte. Noch einige andere vergnügte Frauensleute waren da mit ihren Beschützern, alle von dürftigem Ansehen, aber sie waren um so lustiger und in bester Eintracht untereinander. Als es gänzlich dunkel war, wollte der Wirt keine Lichter anzünden, da er behauptete, der Wind lösche sie aus, auch ginge der Vollmond sogleich auf, und für das, was ihm diese Herrschaften einbrächten, sei das Mondlicht gut genug. Diese Eröffnung wurde mit großem Wohlgefallen aufgenommen; die ganze Gesellschaft stellte sich an die Brüstung des luftigen Saales und sah dem Aufgange des Gestirns entgegen, dessen Röte schon am Horizonte stand; und sobald der Mond aufging und sein Licht quer durch den Estrich des Paradiesgärtels warf, tanzten sie im Mondschein weiter, und zwar so still, artig und seelenvergnügt, als ob sie im Glanze von hundert Wachskerzen tanzten. Das seltsame Licht machte alle vertrauter, und so konnten Sali und Vrenchen nicht umhin, sich unter die gemeinsame Lustbarkeit zu mischen und auch mit andern zu tanzen. Aber jedesmal, wenn sie ein Weilchen getrennt gewesen, flogen sie zusammen und feierten ein Wiedersehen, als ob sie sich jahrelang gesucht und endlich gefunden. Sali machte ein trauriges und unmutiges Gesicht, wenn er mit einer andern tanzte, und drehte fortwährend das Gesicht nach Vrenchen hin, welches ihn nicht ansah, wenn es vorüberschwebte, glühte wie eine Purpurrose und überglücklich schien, mit wem es auch tanzte. »Bist du eifersüchtig, Sali?« fragte es ihn, als die Musikanten müde waren und aufhörten. »Gott bewahre!« sagte er. »Ich wüßte nicht, wie ich es anfangen sollte!« – »Warum bist du denn so böse, wenn ich mit andern tanze?« – »Ich bin nicht darüber bös, sondern weil ich mit andern tanzen muß! Ich kann kein anderes Mädchen ausstehen, es ist mir, als wenn ich ein Stück Holz im Arm habe, wenn du es nicht bist! Und du? Wie geht es dir?« – »Oh, ich bin immer wie im Himmel, wenn ich nur tanze und weiß, daß du zugegen bist! Aber ich glaube, ich würde sogleich tot umfallen, wenn du weggingest und mich daließest!« Sie waren hinabgegangen und standen vor dem Hause; Vrenchen umschloß ihn mit beiden Armen, schmiegte seinen schlanken zitternden Leib an ihn, drückte seine glühende Wange, die von heißen Tränen feucht war, an sein Gesicht und sagte schluchzend: »Wir können nicht zusammen sein, und doch kann ich nicht von dir lassen, nicht einen Augenblick mehr, nicht eine Minute!« Sali umarmte und drückte das Mädchen heftig an sich und bedeckte es mit Küssen. Seine verwirrten Gedanken rangen nach einem Ausweg, aber er sah keinen. Wenn auch das Elend und die Hoffnungslosigkeit seiner Herkunft zu überwinden gewesen wären, so war seine Jugend und unerfahrene Leidenschaft nicht beschaffen, sich eine lange Zeit der Prüfung und Entsagung vorzunehmen und zu überstehen, und dann wäre erst noch Vrenchens Vater dagewesen, welchen er zeitlebens elend gemacht. Das Gefühl, in der bürgerlichen Welt nur in einer ganz ehrlichen und gewissensfreien Ehe glücklich sein zu können, war in ihm ebenso lebendig wie in Vrenchen, und in beiden verlassenen Wesen war es die letzte Flamme der Ehre, die in früheren Zeiten in ihren Häusern geglüht hatte und welche die sich sicher fühlenden Väter durch einen unscheinbaren Mißgriff ausgeblasen und zerstört hatten, als sie, ebendiese Ehre zu äufnen wähnend durch Vermehrung ihres Eigentums, so gedankenlos sich das Gut eines Verschollenen aneigneten, ganz gefahrlos, wie sie meinten. Das geschieht nun freilich alle Tage; aber zuweilen stellt das Schicksal ein Exempel auf und läßt zwei solche Äufner ihrer Hausehre und ihres Gutes zusammentreffen, die sich dann unfehlbar aufreiben und auffressen wie zwei wilde Tiere. Denn die Mehrer des Reiches verrechnen sich nicht nur auf den Thronen, sondern zuweilen auch in den niedersten Hütten und langen ganz am entgegengesetzten Ende an, als wohin sie zu kommen trachteten, und der Schild der Ehre ist im Umsehen eine Tafel der Schande. Sali und Vrenchen hatten aber noch die Ehre ihres Hauses gesehen in zarten Kinderjahren und erinnerten sich, wie wohlgepflegte Kinderchen sie gewesen und daß ihre Väter ausgesehen wie andere Männer, geachtet und sicher. Dann waren sie auf lange getrennt worden, und als sie sich wiederfanden, sahen sie in sich zugleich das verschwundene Glück des Hauses, und beider Neigung klammerte sich nur um so heftiger ineinander. Sie mochten so gern fröhlich und glücklich sein, aber nur auf einem guten Grund und Boden, und dieser schien ihnen unerreichbar, während ihr wallendes Blut am liebsten gleich zusammengeströmt wäre. »Nun ist es Nacht«, rief Vrenchen, »und wir sollen uns trennen!« – »Ich soll nach Hause gehen und dich allein lassen?« rief Sali. »Nein, das kann ich nicht!« – »Dann wird es Tag werden und nicht besser um uns stehen!«

»Ich will euch einen Rat geben, ihr närrschen Dinger!« tönte eine schrille Stimme hinter ihnen, und der Geiger trat vor sie hin. »Da steht ihr«, sagte er, »wißt nicht wohinaus und hättet euch gern. Ich rate euch, nehmt euch, wie ihr seid, und säumet nicht. Kommt mit mir und meinen guten Freunden in die Berge, da brauchet ihr keinen Pfarrer, kein Geld, keine Schriften, keine Ehre, kein Bett, nichts als eueren guten Willen! Es ist gar nicht so übel bei uns, gesunde Luft und genug zu essen, wenn man tätig ist; die grünen Wälder sind unser Haus, wo wir uns liebhaben, wie es uns gefällt, und im Winter machen wir uns die wärmsten Schlupfwinkel oder kriechen den Bauern ins warme Heu. Also kurz entschlossen, haltet gleich hier Hochzeit und kommt mit uns, dann seid ihr aller Sorgen los und habt euch für immer und ewiglich, solang es euch gefällt wenigstens; denn alt werdet ihr bei unserem freien Leben, das könnt ihr glauben! Denkt nicht etwa, daß ich euch nachtragen will, was eure Alten an mir getan! Nein! Es macht mir zwar Vergnügen, euch da angekommen zu sehen, wo ihr seid; allein damit bin ich zufrieden und werde euch behilflich und dienstfertig sein, wenn ihr mir folgt.« Er sagte das wirklich in einem aufrichtigen und gemütlichen Tone. »Nun, besinnt euch ein bißchen, aber folget mir, wenn ich euch gut zum Rat bin! Laßt fahren die Welt und nehmet euch und fraget niemandem was nach! Denkt an das lustige Hochzeitsbett im tiefen Wald oder auf einem Heustock, wenn es euch zu kalt ist!« Damit ging er ins Haus. Vrenchen zitterte in Salis Armen, und dieser sagte: »Was meinst du dazu? Mich dünkt, es wäre nicht übel, die ganze Welt in den Wind zu schlagen und uns dafür zu lieben ohne Hindernis und Schranken!« Er sagte es aber mehr als einen verzweifelten Scherz denn in Ernst. Vrenchen aber erwiderte ganz treuherzig und küßte ihn: »Nein, dahin möchte ich nicht gehen, denn da geht es auch nicht nach meinem Sinne zu. Der junge Mensch mit dem Waldhorn und das Mädchen mit dem seidenen Rocke gehören auch so zueinander und sollen sehr verliebt gewesen sein. Nun sei letzte Woche die Person ihm zum erstenmal untreu geworden, was ihm nicht in den Kopf wolle, und deshalb sei er so traurig und schmolle mit ihr und mit den andern, die ihn auslachen. Sie aber tut eine mutwillige Buße, indem sie allein tanzt und mit niemandem spricht, und lacht ihn auch nur aus damit. Dem armen Musikanten sieht man es jedoch an, daß er sich noch heute mit ihr versöhnen wird. Wo es aber so hergeht, möchte ich nicht sein, denn nie möcht' ich dir untreu werden, wenn ich auch sonst noch alles ertragen würde, um dich zu besitzen!« Indessen aber fieberte das arme Vrenchen immer heftiger an Salis Brust; denn schon seit dem Mittag, wo jene Wirtin es für eine Braut gehalten und es eine solche ohne Widerrede vorgestellt, lohte ihm das Brautwesen im Blute, und je hoffnungsloser es war, um so wilder und unbezwinglicher. Dem Sali erging es ebenso schlimm, da die Reden des Geigers, so wenig er ihnen folgen mochte, dennoch seinen Kopf verwirrten, und er sagte mit ratlos stockender Stimme: »Komm herein, wir müssen wenigstens noch was essen und trinken.« Sie gingen in die Gaststube, wo niemand mehr war als die kleine Gesellschaft der Heimatlosen, welche bereits um einen Tisch saß und eine spärliche Mahlzeit hielt. »Da kommt unser Hochzeitspaar!« rief der Geiger. »Jetzt seid lustig und fröhlich und laßt euch zusammengeben!« Sie wurden an den Tisch genötigt und flüchteten sich vor sich selbst an denselben hin; sie waren froh, nur für den Augenblick unter Leuten zu sein. Sali bestellte Wein und reichlichere Speisen, und es begann eine große Fröhlichkeit. Der Schmollende hatte sich mit der Untreuen versöhnt, und das Paar liebkoste sich in begieriger Seligkeit; das andere wilde Paar sang und trank und ließ es ebenfalls nicht an Liebesbezeigungen fehlen, und der Geiger nebst dem buckligen Baßgeiger lärmten ins Blaue hinein. Sali und Vrenchen waren still und hielten sich umschlungen; auf einmal gebot der Geiger Stille und führte eine spaßhafte Zeremonie auf, welche eine Trauung vorstellen sollte. Sie mußten sich die Hände geben, und die Gesellschaft stand auf und trat der Reihe nach zu ihnen, um sie zu beglückwünschen und in ihrer Verbrüderung willkommen zu heißen. Sie ließen es geschehen, ohne ein Wort zu sagen, und betrachteten es als einen Spaß, während es sie doch kalt und heiß durchschauerte.

Die kleine Versammlung wurde jetzt immer lauter und aufgeregter, angefeuert durch den stärkeren Wein, bis plötzlich der Geiger zum Aufbruch mahnte. »Wir haben weit«, rief er, »und Mitternacht ist vorbei! Auf! Wir wollen dem Brautpaar das Geleit geben, und ich will vorausgeigen, daß es eine Art hat!« Da die ratlosen Verlassenen nichts Besseres wußten und überhaupt ganz verwirrt waren, ließen sie abermals geschehen, daß man sie voranstellte und die übrigen zwei Paare einen Zug hinter ihnen formierten, welchen der Bucklige abschloß mit seiner Baßgeige über der Schulter. Der Schwarze zog voraus und spielte auf seiner Geige wie besessen den Berg hinunter, und die andern lachten, sangen und sprangen hintendrein. So strich der tolle nächtliche Zug durch die stillen Felder und durch das Heimatdorf Salis und Vrenchens, dessen Bewohner längst schliefen.

Als sie durch die stillen Gassen kamen und an ihren verlorenen Vaterhäusern vorüber, ergriff sie eine schmerzhaft wilde Laune, und sie tanzten mit den andern um die Wette hinter dem Geiger her, küßten sich, lachten und weinten. Sie tanzten auch den Hügel hinauf, über welchen der Geiger sie führte, wo die drei Äcker lagen, und oben strich der schwärzliche Kerl die Geige noch einmal so wild, sprang und hüpfte wie ein Gespenst, und seine Gefährten blieben nicht zurück in der Ausgelassenheit, so daß es ein wahrer Blocksberg war auf der stillen Höhe; selbst der Bucklige sprang keuchend mit seiner Last herum, und keines schien mehr das andere zu sehen. Sali faßte Vrenchen fester in den Arm und zwang es stillzustehen; denn er war zuerst zu sich gekommen. Er küßte es, damit es schweige, heftig auf den Mund, da es sich ganz vergessen hatte und laut sang. Es verstand ihn endlich, und sie standen still und lauschend, bis ihr tobendes Hochzeitgeleite das Feld entlang gerast war und, ohne sie zu vermissen, am Ufer des Stromes hinauf sich verzog. Die Geige, das Gelächter der Mädchen und die Jauchzer der Burschen tönten aber noch eine gute Zeit durch die Nacht, bis zuletzt alles verklang und still wurde.

»Diesen sind wir entflohen«, sagte Sali, »aber wie entfliehen wir uns selbst? Wie meiden wir uns?«

Vrenchen war nicht imstande zu antworten und lag hochaufatmend an seinem Halse. »Soll ich dich nicht lieber ins Dorf zurückbringen und Leute wecken, daß sie dich aufnehmen? Morgen kannst du ja dann deines Weges ziehen, und gewiß wird es dir wohl gehen, du kommst überall fort!«

»Fortkommen, ohne dich!«

»Du mußt mich vergessen!«

»Das werde ich nie! Könntest denn du es tun?«

»Darauf kommt's nicht an, mein Herz!« sagte Sali und streichelte ihm die heißen Wangen, je nachdem es sie leidenschaftlich an seiner Brust herumwarf. »Es handelt sich jetzt nur um dich; du bist noch so ganz jung, und es kann dir noch auf allen Wegen gut gehen!«

»Und dir nicht auch, du alter Mann?«

»Komm!« sagte Sali und zog es fort. Aber sie gingen nur einige Schritte und standen wieder still, um sich bequemer zu umschlingen und zu herzen. Die Stille der Welt sang und musizierte ihnen durch die Seelen, man hörte nur den Fluß unten sacht und lieblich rauschen im langsamen Ziehen.

»Wie schön ist es da ringsherum! Hörst du nicht etwas tönen, wie ein schöner Gesang oder ein Geläut!«

»Es ist das Wasser, das rauscht! Sonst ist alles still.«

»Nein, es ist noch etwas anderes, hier, dort hinaus, überall tönt's!«

»Ich glaube, wir hören unser eigenes Blut in unsern Ohren rauschen!«

Sie horchten ein Weilchen auf diese eingebildeten oder wirklichen Töne, welche von der großen Stille herrührten oder welche sie mit den magischen Wirkungen des Mondlichtes verwechselten, welches nah und fern über die weißen Herbstnebel wallte, welche tief auf den Gründen lagen. Plötzlich fiel Vrenchen etwas ein; es suchte in seinem Brustgewand und sagte: »Ich habe dir noch ein Andenken gekauft, das ich dir geben wollte!« Und es gab ihm den einfachen Ring und steckte ihm denselben selbst an den Finger. Sali nahm sein Ringlein auch hervor und steckte ihn an Vrenchens Hand, indem er sagte: »So haben wir die gleichen Gedanken gehabt!« Vrenchen hielt seine Hand in das bleiche Silberlicht und betrachtete den Ring. »Ei, wie ein feiner Ring!« sagte es lachend. »Nun sind wir aber doch verlobt und versprochen, du bist mein Mann und ich deine Frau, wir wollen es einmal einen Augenblick lang denken, nur bis jener Nebelstreif am Mond vorüber ist oder bis wir zwölf gezählt haben! Küsse mich zwölfmal!«

Sali liebte gewiß ebenso stark als Vrenchen, aber die Heiratsfrage war in ihm doch nicht so leidenschaftlich lebendig als ein bestimmtes Entweder – Oder, als ein unmittelbares Sein oder Nichtsein, wie in Vrenchen, welches nur das eine zu fühlen fähig war und mit leidenschaftlicher Entschiedenheit unmittelbar Tod oder Leben darin sah. Aber jetzt ging ihm endlich ein Licht auf, und das weibliche Gefühl des jungen Mädchens ward in ihm auf der Stelle zu einem wilden und heißen Verlangen, und eine glühende Klarheit erhellte ihm die Sinne. So heftig er Vrenchen schon umarmt und liebkost hatte, tat er es jetzt doch ganz anders und stürmischer und übersäete es mit Küssen. Vrenchen fühlte trotz aller eigenen Leidenschaft auf der Stelle diesen Wechsel, und ein heftiges Zittern durchfuhr sein ganzes Wesen, aber ehe jener Nebelstreif am Monde vorüber war, war es auch davon ergriffen. Im heftigen Schmeicheln und Ringen begegneten sich ihre ringgeschmückten Hände und faßten sich fest, wie von selbst eine Trauung vollziehend, ohne den Befehl eines Willens. Salis Herz klopfte bald wie mit Hämmern, bald stand es still, er atmete schwer und sagte leise: »Es gibt eines für uns, Vrenchen, wir halten Hochzeit zu dieser Stunde und gehen dann aus der Welt – dort ist das tiefe Wasser – dort scheidet uns niemand mehr, und wir sind zusammengewesen – ob kurz oder lang, das kann uns dann gleich sein.«

Vrenchen sagte sogleich: »Sali – was du da sagst, habe ich schon lang bei mir gedacht und ausgemacht, nämlich daß wir sterben könnten und dann alles vorbei wäre – so schwöre es mir, daß du es mit mir tun willst!«

»Es ist schon so gut wie getan, es nimmt dich niemand mehr aus meiner Hand als der Tod!« rief Sali außer sich. Vrenchen aber atmete hoch auf, Tränen der Freude entströmten seinen Augen; es raffte sich auf und sprang leicht wie ein Vogel über das Feld gegen den Fluß hinunter. Sali eilte ihm nach; denn er glaubte, es wolle ihm entfliehen, und Vrenchen glaubte, er wolle es zurückhalten, so sprangen sie einander nach, und Vrenchen lachte wie ein Kind, welches sich nicht will fangen lassen. »Bereust du es schon?« rief eines zum andern, als sie am Flusse angekommen waren und sich ergriffen. »Nein! Es freut mich immer mehr!« erwiderte ein jedes. Aller Sorgen ledig gingen sie am Ufer hinunter und überholten die eilenden Wasser, so hastig suchten sie eine Stätte, um sich niederzulassen; denn ihre Leidenschaft sah jetzt nur den Rausch der Seligkeit, der in ihrer Vereinigung lag, und der ganze Wert und Inhalt des übrigen Lebens drängte sich in diesem zusammen; was danach kam, Tod und Untergang, war ihnen ein Hauch, ein Nichts, und sie dachten weniger daran, als ein Leichtsinniger denkt, wie er den andern Tag leben will, wenn er seine letzte Habe verzehrt.

»Meine Blumen gehen mir voraus«, rief Vrenchen, »sieh, sie sind ganz dahin und verwelkt!« Es nahm sie von der Brust, warf sie ins Wasser und sang laut dazu: »Doch süßer als ein Mandelkern ist meine Lieb' zu dir!«

»Halt!« rief Sali. »Hier ist dein Brautbett!«

Sie waren an einen Fahrweg gekommen, der vom Dorfe her an den Fluß führte, und hier war eine Landungsstelle, wo ein großes Schiff, hoch mit Heu beladen, angebunden lag. In wilder Laune begann er unverweilt die starken Seile loszubinden, Vrenchen fiel ihm lachend in den Arm und rief: »Was willst du tun? Wollen wir den Bauern ihr Heuschiff stehlen zu guter Letzt?« – »Das soll die Aussteuer sein, die sie uns geben, eine schwimmende Bettstelle und ein Bett, wie noch keine Braut gehabt! Sie werden überdies ihr Eigentum unten wiederfinden, wo es ja doch hin soll, und werden nicht wissen, was damit geschehen ist. Sieh, schon schwankt es und will hinaus!«

Das Schiff lag einige Schritte vom Ufer entfernt im tieferen Wasser. Sali hob Vrenchen mit seinen Armen hoch empor und schritt durch das Wasser gegen das Schiff; aber es liebkoste ihn so heftig ungebärdig und zappelte wie ein Fisch, daß er im ziehenden Wasser keinen Stand halten konnte. Es strebte Gesicht und Hände ins Wasser zu tauchen und rief: »Ich will auch das kühle Wasser versuchen! Weißt du noch, wie kalt und naß unsere Hände waren, als wir sie uns zum erstenmal gaben? Fische fingen wir damals, jetzt werden wir selber Fische sein und zwei schöne große!« – »Sei ruhig, du lieber Teufel!« sagte Sali, der Mühe hatte, zwischen dem tobenden Liebchen und den Wellen sich aufrecht zu halten. »Es zieht mich sonst fort!« Er hob seine Last in das Schiff und schwang sich nach; er hob sie auf die hochgebettete weiche und duftende Ladung und schwang sich auch hinauf, und als sie oben saßen, trieb das Schiff allmählich in die Mitte des Stromes hinaus und schwamm dann, sich langsam drehend, zu Tal.

Der Fluß zog bald durch hohe dunkle Wälder, die ihn überschatteten, bald durch offenes Land; bald an stillen Dörfern vorbei, bald an einzelnen Hütten; hier geriet er in eine Stille, daß er einem ruhigen See glich und das Schiff beinah stillhielt, dort strömte er um Felsen und ließ die schlafenden Ufer schnell hinter sich; und als die Morgenröte aufstieg, tauchte zugleich eine Stadt mit ihren Türmen aus dem silbergrauen Strome. Der untergehende Mond, rot wie Gold, legte eine glänzende Bahn den Strom hinauf, und auf dieser kam das Schiff langsam überquer gefahren. Als es sich der Stadt näherte, glitten im Froste des Herbstmorgens zwei bleiche Gestalten, die sich fest umwanden, von der dunklen Masse herunter in die kalten Fluten.

Das Schiff legte sich eine Weile nachher unbeschädigt an eine Brücke und blieb da stehen. Als man später unterhalb der Stadt die Leichen fand und ihre Herkunft ausgemittelt hatte, war in den Zeitungen zu lesen, zwei junge Leute, die Kinder zweier blutarmen, zugrunde gegangenen Familien, welche in unversöhnlicher Feindschaft lebten, hätten im Wasser den Tod gesucht, nachdem sie einen ganzen Nachmittag herzlich miteinander getanzt und sich belustigt auf einer Kirchweih. Es sei dies Ereignis vermutlich in Verbindung zu bringen mit einem Heuschiff aus jener Gegend, welches ohne Schiffleute in der Stadt gelandet sei, und man nehme an, die jungen Leute haben das Schiff entwendet, um darauf ihre verzweifelte und gottverlassene Hochzeit zu halten, abermals ein Zeichen von der um sich greifenden Entsittlichung und Verwilderung der Leidenschaften.

Frau Regel Amrain und ihr Jüngster

Regula Amrain war die Frau eines abwesenden Seldwylers; dieser hatte einen großen Steinbruch hinter dem Städtchen besessen und eine Zeitlang ausgebeutet, und zwar auf Seldwyler Art. Das ganze Nest war beinahe aus dem guten Sandstein gebaut, aus welchem der Berg bestand; aber das Schuldenwesen, das auf den Häusern ruhte, hatte von jeher recht eigentlich schon mit den Steinen begonnen, aus denen sie gebaut waren; denn nichts schien den Seldwylern so wohl geeignet als Stoff und Gegenstand eines muntern Verkehrs als ein solcher Steinbruch, und derselbe glich einer in Felsen gehauenen römischen Schaubühne, über welche die Besitzer emsig hinwegliefen, einer den andern jagend.

Herr Amrain, ein ansehnlicher Mann, der eine ansehnliche Menge Fleisch, Fische und Wein verzehren mußte und mächtige Stücke Seidenzeug zu seinen breiten schönen Westen brauchte, himmelblaue, kirschrote und großartig gewürfelte, war ursprünglich ein Knopfmacher gewesen und hatte auch die eine und andere Stunde des Tages Knöpfe besponnen. Als er aber mit den Jahren gar so fest und breit wurde, sagte ihm die sitzende Lebensart nicht mehr zu, und als er überhaupt den rechten Phäakenaufschwung genommen – die rote Sammetweste, die goldene Uhrkette und den Siegelring –, liquidierte er die Knopfmacherei und übernahm in einer wichtigen Hauptsitzung der Seldwyler Spekulanten jenen Steinbruch. Nun hatte er die angemessene bewegliche Lebensweise gefunden, indem er mit einer roten Brieftasche voll Papiere und einem eleganten Spazierstock, auf welchem mit silbernen Stiften ein Zollmaß angebracht war, etwa in den Steinbruch hinaus lustwandelte, wenn das Wetter lieblich war, und dort mit dem besagten Stocke an den verpfändeten Steinlagern herumstocherte, den Schweiß von der Stirn wischte, in die schöne Gegend hinausschaute und dann schleunigst in die Stadt zurückkehrte, um den eigentlichen Geschäften nachzugehen, dem Umsatz der verschiedenen Papiere in der Brieftasche, was in den kühlen Gaststuben auf das beste vor sich ging. Kurz, er war ein vollkommener Seldwyler bis auf die politische Veränderlichkeit, welche aber die Ursache seines zu frühen Falles wurde. Denn ein konservativer Kapitalist aus einer Finanzstadt, welcher keinen Spaß verstand, hatte auf den Steinbruch einiges Geld hergegeben und damit geglaubt, einem wackeren Parteigenossen unter die Arme zu greifen. Als daher Herr Amrain in einem Anfall gänzlicher Gedankenlosigkeit eines

Tages höchst verfängliche liberale Redensarten vernehmen ließ, welche ruchbar wurden, erzürnte sich jener Herr mit Recht; denn nirgends ist politische Gesinnungslosigkeit widerwärtiger als an einem großen dicken Manne, der eine bunte Sammetweste trägt! Der erboste Gönner zog daher jählings sein Geld zurück, als kein Mensch daran dachte, und trieb dadurch vor der Zeit den bestürzten Amrain vom Steinbruch in die Welt hinaus.

Man wird selten sehen, daß es großen schweren Männern schlecht ergeht, weil sie eine durchgreifende und überzeugende Gabe besitzen, für ihren anspruchsvollen Körperbau zu sorgen, und die Nahrungsmittel können sich demselben nicht lange entziehen, sondern werden von dem Magnetgebirge des Bauches mächtig angezogen. So fraß sich der landflüchtige Amrain auch glücklich durch die Fernen; und obgleich er nichts Großes mehr wurde, aß und trank er doch irgendwo in der Fremde so weidlich wie zu Hause.

Doch den Seldwylern, welche jetzt ratschlagten, welcher von ihnen nun am tauglichsten wäre, eine Zeitlang die Honneurs am Steinbruch zu machen, wurde abermals ein Strich durch die Rechnung gezogen, als die zurückgebliebene Ehefrau des Herrn Amrain unerwartet ihren Fuß auf den Sandstein setzte und kraft ihres hergebrachten Weibergutes den Steinbruch an sich zog und erklärte, das Geschäft fortzusetzen und möglicherweise die Gläubiger ihres Mannes befriedigen zu wollen. Sie tat dies erst, als derselbe schon jenseits des Atlantischen Weltmeers war und nicht mehr zurückkommen konnte. Man suchte sie auf jede Weise von diesem Vorhaben abzubringen und zu hindern; allein sie zeigte eine solche Entschlossenheit, Rührigkeit und Besonnenheit, daß nichts gegen sie auszurichten war und sie wirklich die Besitzerin des Steinbruches wurde. Sie ließ fleißig und ordentlich daran arbeiten unter der Leitung eines guten fremden Werkführers und gründete zum erstenmal die Unternehmung, statt auf den Scheinverkehr auf wirkliche Produktion. Hieran wollte man sie nun erst recht behindern; allein es war nicht gegen sie aufzukommen, da sie als Frau und sparsame Mutter keine Ausgaben hatte, im Vergleich zu den Herren von Seldwyla, und daher auf die einfachste Weise imstande war, alle Stürme abzuschlagen und alle begründeten Forderungen zu bezahlen. Aber dennoch hielt es schwer, und sie mußte Tag und Nacht mit Mut, List und Kraft bei der Hand sein, sinnen und sorgen, um sich zu behaupten.

Frau Regel hatte von auswärts in das Städtchen geheiratet und war eine sehr frische, große und handfeste Dame mit kräftigen schwarzen Haarflechten und einem festen, dunklen Blick. Von ihrem Manne hatte sie drei Buben von ungefähr zehn, acht und fünf Jahren, welche sie oftmals aufmerksam und ernsthaft betrachtete, darüber sinnend, ob dieselben auch wert seien, daß sie das Haus für sie aufrecht halte, da sie ja doch Seldwyler wären und bleiben würden. Doch weil die Burschen einmal ihre Kinder waren, so ließ die Eigenliebe und die Mutterliebe sie immer wieder einen guten Mut fassen, und sie traute sich zu, auch in dieser Sache das Steuer am Ende anders zu lenken, als es zu Seldwyl Mode war.

In solche Gedanken versunken, saß sie einst nach dem Nachtessen am Tische und hatte das Geschäftsbuch und eine Menge Rechnungen vor sich liegen. Die Buben lagen im Bette und schliefen in der Kammer, deren Türe offenstand, und sie hatte eben die drei schlafenden kleinen Gesellen mit der Lampe in der Hand betrachtet und besonders den kleinsten Kerl ins Auge gefaßt, der ihr am wenigsten glich. Er war blond, hatte ein keckes Stumpfnäschen, während sie eine ernsthafte gerade, lange Nase besaß, und statt ihres strenggeschnittenen Mundes zeigte der kleine Fritz trotzig aufgeworfene Lippen, selbst wenn er schlief. Dies hatte er alles vom Vater, und es war das gewesen, was ihr eben so wohl gefallen hatte, als sie ihn heiratete, und was ihr jetzt auch an dem kleinen Burschen so wohl gefiel und doch so schwere Sorgen machte. Wenn eine Gesichtsart einem einmal wohl gefällt, so hilft hiegegen kein Kraut; deswegen war Frau Amrain froh, daß der Alte weg war und sie ihn nicht mehr sah; aber er hatte ihr in dem jüngsten Kinde ein treues Abbild seiner äußeren Art hinterlassen, welches sie nie genug ansehen konnte.

Über diesen Sorgen traf sie der Werkführer oder oberste Arbeiter, der jetzt eintrat, um mit ihr die Angelegenheiten und den Bestand der Geschäfte durchzusehen und manche wichtige Dinge zu besprechen. Es war ein hübscher und unternehmender Bursche von schlankem, kräftigem Körperbau, mäßig in seiner Lebensweise, fleißig und ausdauernd und dabei in seinen Gedanken von einer gewissen einfachen Schlauheit, welche zusammen mit den erklecklichen Eigenschaften seiner Meisterin eben das Geschäft in gutem Gange erhielt und die gedankenlosen Spitzfindigkeiten der Seldwyler zuschanden werden ließ. Inzwischen war er aber ein Mensch und dachte daher vor allem an sich selber, und in diesem Denken hatte er es nicht übel gefunden, selber der Herr und Meister hier zu sein und sich eine bleibende Stätte zu gründen, daher auch in aller Ehrerbietung der Frau Regula wiederholt nahegelegt, eine gesetzliche Scheidung von ihrem abwesenden Mann herbeizuführen.

Sie hatte ihn wohl verstanden; doch widerstrebte es ihrem Stolz, sich öffentlich und mit schimpflichen Beweisgründen von einem Manne zu trennen, der ihr einmal wohl gefallen, mit dem sie gelebt und von dem sie drei Kinder hatte; und in der Sorge für diese Kinder wollte sie auch keinen fremden Mann über das Haus setzen und wenigstens die äußere Einheit desselben bewahren, bis die Söhne herangewachsen wären und ein unzersplittertes Erbe aus ihrer Hand empfangen könnten; denn ein solches gedachte sie trotz aller Schwierigkeiten zusammenzubringen und den Hiesigen zu zeigen, was da Brauch sei, wo *sie* hergekommen. Sie hielt daher den Werkführer knapp im Zügel und brachte sich dadurch nur in größere Verlegenheit; denn als derselbe ihren Widerstand und ihren festen Charakter ersah, verliebte er sich förmlich in sie und gedachte erst recht seine Wünsche zu erreichen. Er änderte sein Benehmen, also daß er, statt wie bis anher ehrbar um ihre Hand als Meisterin sich zu bewerben, nun um ihre Person schmachtete, wo sie ging, und sie stets mit verliebten Augen ansah, wo es immer tunlich war. Dies schien für ihn eine zweckdienliche Veränderung, da die eigentliche Verliebtheit in die Person eines Menschen denselben viel mehr besticht und bezwingt als alle noch so ehrbaren Heiratsabsichten. Wenn nun Frau Regel auch nicht die Haltung verlor und sich in ihn nicht wiederverliebte, so wurde es doch schwerer für sie, ihn abzuwehren, ohne mit ihm zu brechen und ihn zu verlieren, und es ist bekanntlich eine Hauptliebhaberei der Frauen, sich nützliche Freunde und Parteigänger zu erhalten, wenn es immer geschehen kann ohne große Opfer.

Als der Werkführer in die Stube trat, funkelten seine Augen mit ungewöhnlichem Glanze, denn er hatte im Verkehr mit einigen Geschäftsleuten, mit denen er sich zum Vorteil der Frau wacker herumgeschlagen, eine Flasche kräftigen Wein getrunken. Während er ihr Bericht erstattete und dann in den Papieren mit ihr rechnete, blickte er sie oftmals unversehens an und wurde zerstreut und aufgeregt wie einer, der etwas vorhat. Sie rückte mit ihrem Sessel etwas zur Seite und begann sich in acht zu nehmen, dabei kaum ein feines Lächeln unterdrückend, wie aus Spott über die plötzliche Unternehmungslust des jungen Mannes. Dieser aber faßte unversehens ihre beiden Hände und suchte die hübsche Frau an sich zu ziehen, indem er zugleich in demselben halblauten Tone, in welchem sie der schlafenden Kinder wegen die ganze Verhandlung geführt hatten, so heftig und feurig anfing zu schmeicheln und zuzureden, ihr Leben doch nicht so öde und unbenutzt entfliehen zu lassen, sondern klug zu sein und sich seiner treuen Ergebenheit zu erfreuen. Sie wagte keine rasche Bewegung und kein lautes Wort, aus Furcht, die Kinder zur Unzeit zu wecken; doch flüsterte sie voll Zorn, er solle ihre Hände freilassen und augenblicklich hinausgehen. Er ließ sie aber nicht frei; sondern faßte sie nur um so fester und hielt ihr mit eindringlichen Worten ihre Jugend und schöne Gestalt vor und ihre Torheit, so gute Dinge ungenossen vergehen zu lassen. Sie durchschaute ihren Feind wohl, dessen Augen ebenso stark von Schlauheit als von Lebenslust glänzten, und merkte, daß er auf diesem leidenschaftlich-sinnlichen Wege nur beabsichtigte, sie sich zu unterwerfen und dienstbar zu machen, also daß ihre Selbständigkeit ein schlimmes Ende nähme. Sie gab ihm dies auch mit höhnischen Blicken zu verstehen, während sie fortfuhr, so still als möglich sich von ihm loszumachen, was er nur mit vermehrter Kraft und Eindringlichkeit erwiderte. Auf diese Weise rang sie mit dem starken Gesellen eine gute Weile hin und her, ohne daß es dem einen oder andern Teile gelang, weiterzukommen, während nur zuweilen der erschütterte Tisch oder ein unterdrückter zorniger Ausruf oder ein Seufzer ein Geräusch verursachte, und so schwebte die brave Frau peinvoll zwischen ihrer in der Kammer dreifach schlafenden Sorge und zwischen dem heißen Anstürmen des wachen Lebens. Sie war kaum dreißig Jahre alt und schon seit einigen Jahren von ihrem Manne verlassen, und ihr Blut floß so rasch und warm wie eines; was Wunder, daß sie daher endlich einen Augenblick innehielt und tief aufseufzte und daß ihr in diesem Augenblick der Zweifel durch den Kopf ging, ob es sich auch der Mühe lohne, so treu und ausdauernd in Entbehrung und Arbeit zu sein, und ob nicht das eigene Leben am Ende die Hauptsache und es klüger sei, zu tun wie die andern und nicht dem verwegenen und frechen Aufdringling, sondern sich selbst zu gewähren, was ihr Lust und Erfrischung bieten könne; die Dinge gingen zu Seldwyla vielleicht so oder so ihren Weg! Indem sie einen Augenblick dies bedachte, zitterten ihre Hände in denjenigen des Werkführers, und nicht so bald fühlte dieser solche liebliche Änderung des Wetters, als er seine Anstrengungen erneuerte und vielleicht trotz der abermaligen Gegenwehr der tapfern Frau gesiegt haben würde, wenn nicht jetzt eine unerwartete Hilfe erschienen wäre.

Denn mit dem bangen zornigen Ausruf: »Mutter! Es ist ein Dieb da!« sprang der jüngste Knabe, das kleine Fritzchen, in die Stube und glich vollständig einem kleinen Sankt Georg. Seine goldenen Ringellocken flogen um das vom Schlafe gerötete Gesicht; feurig blickten aber die blauen Augen in lieblichem Zorn, und mutig warf sich der trotzige Mund auf. Das kurze schneeige Hemdchen flatterte wie die Tunika eines Kreuzfahrers, und in den nackten Ärmchen schwang der kleine Rittersmann eine lange Gardinenstange mit dickem, vergoldetem Knopf, den er auch mit aller denklichen Kraft dem aufspringenden Werkmeister auf den Kopf schlug, daß sich dieser die entstehende Beule verlegen rieb und ihm ordentlich die Augen übergingen. Frau Amrain aber hielt den Knaben auf, tief errötend, und rief: »Was ist dir denn, Fritzchen? Es ist ja nur der Florian und tut uns nichts!« Der Knabe fing bitterlich an zu weinen, sich voll Verlegenheit an die Knie der Mutter klammernd; diese hob ihn auf den Arm, und das Kind an sich drückend, entließ sie mit einem kaum verhaltenen Lachen den verblüfften Florian, der, obgleich er den Kleinen gern geohrfeigt hätte, gute Miene zum bösen Spiel machte und sich verlegen zurückzog. Sie riegelte die Türe rasch hinter ihm zu; dann stand sie tief aufatmend und nachdenklich mitten in der Stube, das tapfere Kind auf dem Arm, welches das linke Ärmchen um ihren Hals schlang und mit dem rechten Händchen die lange Stange mit dem glänzenden Knopf, die es noch immer umfaßt hielt, gegen den Boden stemmte. Dann sah sie aufmerksam in das nahe Gesicht des Kindes und bedeckte es mit Küssen, und endlich ergriff sie abermals die Lampe und ging in die Kammer, um nach den beiden ältesten Knaben zu sehen. Dieselben schliefen wie Murmeltiere und hatten von allem nichts gehört. Also schienen sie Nachtmützen zu sein, obschon sie ihr selbst glichen; der jüngste aber, der dem Vater glich, hatte sich als wachsam, feinfühlend und mutvoll erwiesen und schien das werden zu wollen, was der Alte eigentlich sein sollte und was sie einst auch hinter ihm gesucht. Indem sie über dies geheimnisvolle Spiel der Natur nachdachte und nicht wußte, ob sie froh sein sollte, daß das Abbild des einst geliebten Mannes besser schien als ihre eigenen so träge daliegenden Bilder, legte sie das Kind in sein Bettchen zurück, deckte es zu und beschloß, von Stund an alle ihre Treue und Hoffnung auf den kleinen Sankt Georg zu setzen und ihm seine junge Ritterlichkeit zu vergelten. »Wenn die zwei Schlafkappen«, dachte sie, »welche nichtsdestominder meine Kinder sind, dann auch mitgehen wollen auf einem guten Weg, so mögen sie es tun.«

Am nächsten Morgen schien Fritzchen den Vorfall schon vergessen zu haben, und so alt auch die Mutter und der Sohn wurden, so ward doch nie mehr mit einer Silbe desselben erwähnt zwischen ihnen. Der Sohn behielt ihn nichtsdestoweniger in deutlicher Erinnerung, obgleich er viel spätere Erlebnisse mit der Zeit gänzlich vergaß. Er erinnerte sich genau, schon bei dem Eintritte des Werkmeisters erwacht zu sein, da er trotz seines gesunden Schlafes alles hörte und ein wachsames Bürschchen war. Er hatte sodann jedes Wort der Unterredung, bis sie bedenklich wurde, gehört, und ohne etwas davon zu verstehen, doch etwas Gefährliches und Ungehöriges geahnt und war in eine heftige Angst um seine Mutter verfallen, so daß er, als er das leise Ringen mehr fühlte als hörte, aufsprang, um ihr zu helfen. Und dann, wer verfolgt die geheimen Wege der Fähigkeiten, wie sie im Menschenkind sich verlieren? Als er den Werkführer recht wohl erkannt, wer lehrte den kleinen Bold die unbewußte blitzschnelle Heuchelei des Zartgefühls, mit der er sich stellte, als ob er einen Dieb sähe, und die ihn so unbefangen den Widersacher vor den Kopf schlagen ließ?

Seine Mutter aber hielt ihr Wort und erzog ihn so, daß er ein braver Mann wurde in Seldwyl und zu den wenigen gehörte, die aufrecht blieben, solange sie lebten. Wie sie dies eigentlich anfing und bewirkte, wäre schwer zu sagen; denn sie erzog eigentlich sowenig als möglich, und das Werk bestand fast lediglich darin, daß das junge Bäumchen, so vom gleichen Holze mit ihr war, eben in ihrer Nähe wuchs und sich nach ihr richtete. Tüchtige und wohlgeartete Leute haben immer weit weniger Mühe, ihre Kinder ordentlich zu ziehen, wie es hinwieder einem Tölpel, der selbst nicht lesen kann, schwerfällt, ein Kind lesen zu lehren. Im ganzen lief ihre Erziehungskunst darauf hinaus, daß sie das Söhnchen ohne Empfindsamkeit merken ließ, wie sehr sie es liebte, und dadurch dessen Bedürfnis, ihr immer zu gefallen, erweckte und so erreichte, daß es bei jeder Gelegenheit an sie dachte. Ohne dessen freie Bewegungen einzeln zu hindern, hatte sie den Kleinen viel um sich, so daß er ihre Manieren und ihre Denkungsart annahm und bald von selbst nichts tat, was nicht im Geschmack der Mutter lag. Sie hielt ihn stets einfach, aber gut mit einem gewissen gewählten Geschmack in der Kleidung; dadurch fühlte er sich sicher, bequem und zufrieden in seinem Anzuge und wurde nie veranlaßt, an denselben zu denken, wurde mithin nicht eitel und lernte gar nie die Sucht kennen, sich besser oder anders zu kleiden, als er eben war. Ähnlich hielt sie es mit dem Essen; sie erfüllte alle billigen und unschädlichen Wünsche aller drei Kinder, und niemand bekam in ihrem Hause etwas zu essen, wovon diese nicht auch ihren Teil erhielten; aber trotz aller Regelmäßigkeit und Ausgiebigkeit behandelte sie die Nahrungsmittel mit solcher Leichtigkeit und Geringschätzigkeit, daß Fritzchen abermals von selbst lernte, kein besonderes Gewicht auf dieselben zu legen und, wenn er satt war, nicht von neuem an etwas unerhört Gutes zu denken. Nur die entsetzliche Wichtigtuerei und Breitspurigkeit, mit welcher die meisten guten Frauen die Lebensmittel und deren Bereitung behandeln, erweckt gewöhnlich in den Kindern jene Gelüstigkeit und Tellerlekkerei, die, wenn sie groß werden, zum Hang nach Wohlleben und zur Verschwendung wird. Sonderbarerweise gilt durch den ganzen germanischen Völkerstrich diejenige für die beste und tugendhafteste Hausfrau, welche am meisten Geräusch macht mit ihren Schüsseln und Pfannen und nie zu sehen ist, ohne daß sie etwas Eßbares zwischen den Fingern herumzerrt; was Wunder, daß die Herren Germanen dabei die größten Esser werden, das ganze Lebensglück auf eine wohlbestellte Küche gegründet wird und man ganz vergißt, welche Nebensache eigentlich das Essen auf dieser schnellen Lebensfahrt sei. Ebenso verfuhr sie mit dem, was sonst von den Eltern mit einer schrecklich ungeschickten Heiligkeit behandelt wird, mit dem Gelde. So bald als tunlich, ließ sie ihren Sohn ihren Vermögensstand mitwissen, für sie Geldsummen zählen und in das Behältnis legen, und sobald er nur imstande war, die Münzen zu unterscheiden, ließ sie ihm eine kleine Sparbüchse zu gänzlich freier Verfügung. Wenn er nun eine Dummheit machte oder eine arge Nascherei beging, so behandelte sie das nicht wie ein Kriminalverbrechen, sondern wies ihm mit wenig Worten die Lächerlichkeit und Unzweckmäßigkeit nach. Wenn er etwas entwendete oder sich aneignete, was ihm nicht zukam, oder einen jener heimlichen Ankäufe machte, welche die Eltern so sehr erschrecken, machte sie keine Katastrophe daraus, sondern beschämte ihn einfach und offen als einen törichten und gedankenlosen Burschen. Desto strenger war sie gegen ihn, wenn er in Worten oder Gebärden sich unedel und kleinlich betrug, was zwar nur selten vorkam; aber dann las sie ihm hart und schonungslos den Text und gab ihm so derbe Ohrfeigen, daß er die leidige Begebenheit nie vergaß. Dies alles pflegt sonst entgegengesetzt behandelt zu werden. Wenn ein Kind mit Geld sich vergeht oder gar etwas irgendwo wegnimmt, so befällt die Eltern und Lehrer eine ganz sonderbare Furcht vor einer verbrecherischen Zukunft, als ob sie selbst wüßten, wie schwierig es sei, kein Dieb oder Betrüger zu werden! Was unter hundert Fällen in neunundneunzig nur die momentan unerklärlichen Einfälle und Gelüste des träumerisch wachsenden Kindes sind, das wird zum Gegenstande eines furchtbaren Strafgerichtes gemacht und von nichts als Galgen und Zuchthaus gesprochen. Als ob alle diese lieben Pflänzchen bei erwachender Vernunft nicht von selbst durch die menschliche Selbstliebe, sogar bloß durch die Eitelkeit davor gesichert würden, Diebe und Schelme sein zu wollen. Dagegen wie milde und freundschaftlich werden da tausend kleinere Züge und Zeichen des Neides, der Mißgunst, der Eitelkeit, der Anmaßung, der moralischen Selbstsucht und Selbstgefälligkeit behandelt und getätschelt! Wie schwer merken die wackeren Erziehungsleute ein früh verlogenes und verblümtes inneres Wesen an einem Kinde, während sie mit höllischem Zeter über ein anderes herfahren, das aus Übermut oder Verlegenheit ganz naiv eine vereinzelte derbe Lüge gesagt hat. Denn hier haben sie eine greifliche bequeme Handhabe, um ihr donnerndes: Du sollst nicht lügen! dem kleinen erstaunten Erfindungsgenie in die Ohren zu schreien. Wenn Fritzchen eine solche derbe Lüge vorbrachte, so sagte Frau Regel einfach, indem sie ihn groß ansah: »Was soll denn das heißen, du Affe? Warum lügst du solche Dummheiten? Glaubst du die großen Leute zum Narren halten zu können? Sei froh, wenn dich niemand anlügt, und laß dergleichen Späße!« Wenn er eine Notlüge vorbrachte, um eine begangene Sünde zu vertuschen, zeigte sie ihm mit ernsten, aber liebevollen Worten, daß die Sache deswegen nicht ungeschehen sei, und wußte ihm klarzumachen, daß er sich besser befinde, wenn er offen und ehrlich einen begangenen Fehler eingestehe; aber sie baute keinen neuen Strafprozeß auf die Lüge, sondern behandelte die Sache, ganz abgesehen davon, ob er gelogen oder nicht gelogen habe, so, daß er das Zwecklose und Kleinliche des Herauslügens bald fühlte und hierfür zu stolz wurde. Wenn er dagegen nur die leiseste Neigung verriet, sich irgend Eigenschaften beizulegen, die er nicht besaß, oder etwas zu übertreiben, was ihm gut zu stehen schien, oder sich mit etwas zu zieren, wozu er das Zeug nicht hatte, so tadelte sie ihn mit schneidenden harten Worten und versetzte ihm selbst einige Knüffe, wenn ihr die Sache zu arg und widerlich war. Ebenso, wenn sie bemerkte, daß er andere Kinder beim Spielen belog, um sich kleine Vorteile zu erwerben, strafte sie ihn härter, als wenn er ein erkleckliches Vergehen abgeleugnet hätte.

Diese ganze Erzieherei kostete indessen kaum so viel Worte als hier gebraucht wurden, um sie zu schildern, und sie beruhte allerdings mehr im Charakter der Frau Amrain als in einem vorbedachten oder gar angelesenen System. Daher wird ein Teil ihres Verfahrens von Leuten, die nicht ihren Charakter besitzen, nicht befolgt werden können, während ein anderer Teil, wie z. B. ihr Verhalten mit den Kleidern, mit der Nahrung und mit dem Gelde, von ganz armen Leuten nicht kann angewendet werden. Denn wo z. B. gar nichts zu essen ist, da wird dieses natürlich jeden Augenblick zur nächsten Hauptsache, und Kindern, unter solchen Umständen erzogen, wird man schwer die Gelüstigkeit abgewöhnen können, da alles Sinnen und Trachten des Hauses nach dem Essen gerichtet ist.

Besonders während der kleineren Jugend des Knaben war die Erziehungsmühe seiner Mutter sehr gering, da sie, wie gesagt, weniger mit der Zunge als mit ihrer ganzen Person erzog, wie sie leibte und lebte, und es also in einem zuging mit ihrem sonstigen Dasein. Sollte man fragen, worin denn bei dieser leichten Art und Mühelosigkeit ihre besondere Treue und ihr Vorsatz bestand, so wäre zu antworten, lediglich in der zugewandten Liebe, mit welcher sich das Wesen ihrer Person dem seinigen einprägte und sie ihre Instinkte die seinigen werden ließ.

Doch blieb die Zeit nicht aus, wo sie allerdings einige vorsätzliche und kräftige Erziehungsmaßregeln anwenden mußte, als nämlich der gute Fritz herangewachsen war und sich für allbereits erzogen hielt, die Mutter aber erst recht auf der Wacht stand, da es sich nun entscheiden sollte, ob er in das gute oder schlechte Fahrwasser einlaufen würde. Es waren nur wenige Monate, wo sie etwas Entscheidendes und Energisches gegen seine junge Selbständigkeit unternahm, aber jedesmal zur rechten Zeit und so plötzlich, einleuchtend und behutsam, daß es nie seiner bleibenden Wirkung ermangelte.

Als Fritz bald achtzehn Jahre zählte, war er ein schönes junges Bürschchen, fein anzusehen mit seinem blonden Haare und seinen blauen Augen, und von einer großen Selbständigkeit und Sicherheit in allem, was er tat. Er hatte bereits die Leitung des Geschäftes übernommen, was die Arbeit im Freien betraf, nachdem er schon vom vierzehnten Jahre an im Steinbruch tüchtig gearbeitet. Er machte ein ernsthaftes und kluges Gesicht und war dennoch aufgeräumt und guter Dinge, und was seiner Mutter am besten gefiel, war seine Fähigkeit, mit allen Leuten umzugehen, ohne ihre Art anzunehmen. Sie hielt ihn nicht ab, auszugehen, wenn es ihm langweilig war zu Hause, und mit anderen jungen Burschen zu verkehren; aber die scharf Aufmerkende sah mit Vergnügen, daß er an der Weise der jungen Seldwyler, mit denen er abwechselnd verkehrte, bald mit diesem, bald mit jenem, keinen sonderlichen Geschmack gewann, sie überschaute und nur sich etwas mit ihnen die Zeit vertrieb, wie und solange er es für gut fand. Mit Vergnügen sah sie auch, daß er sich nicht lumpen ließ und bei Gelagen manche Flasche zum besten gab, ohne je für sich selbst schlimme Folgen davonzutragen, und daß er nicht in einen schlimmen oder schimpflichen Handel verwickelt wurde, obgleich er überall sich zu schaffen machte und wußte, wie es zugegangen, ohne daß er übrigens ein Duckmäuser und Aufpasser war. Auch hielt er was auf sich, ohne hochmütig zu sein, und wußte sich zu wehren, wenn es galt. Frau Regula war daher guten Mutes und dachte, das wäre gerade die rechte Weise und ihr Söhnchen sei nicht auf den Kopf gefallen.

Da bemerkte sie, daß er anfing zu erröten, wenn schöne Mädchen ihm in den Weg kamen, daß er selbst häßliche Mädchen aufmerksam und kritisch betrachtete und daß er verlegen wurde, wenn eine hübsche runde und muntere Frau in der Stube war, während er dieselbe doch heimlicherweise mit den Augen verschlang. Aus diesen drei Zeichen entnahm sie zwei Dinge. Erstens, daß noch nichts an ihm verdorben sei, zweitens aber, daß, wenn eine Gefahr für ihn vorhanden wäre, auf den breiten Weg der Stadt zu tölpeln, diese Gefahr nur von seiten der Damen von Seldwyla herkommen könne, und sie sagte sogleich in ihrem Herzen: Also da willst du hinaus, du Schuft?

Die Schönen dieser Stadt waren nicht schlimmer gesinnt als ihre Männer, und sie hielten, wenn sie erst zu Jahren kamen, noch manches zusammen, was diese lieber auch noch zerstreut hätten. Allein da die Männer sich gern lustig machten, so wollten sie, solange es ihnen gut erging, auch nicht zurückbleiben, und bei dem schönen Geschlecht laufen bekanntlich alle Abirrungen und Unzukömmlichkeiten zuletzt nur auf ein und dasselbe Ende hinaus, jene alte Geschichte, welche vielfältige Rückwirkungen auf das Wohl oder Weh der Herren Mitschuldigen mit sich führt. Sonach ging es auch in dieser Hinsicht zu Seldwyla etwas lustiger zu als an anderen Orten.

Wie nun Frau Amrain ihre schwarzen Augen offenhielt und mit zorniger Bangigkeit aufmerkte, wann und wie man etwa ihr Kind verderben wolle, ergab sich bald eine Gelegenheit für ihr mütterliches Einschreiten. Es wurde eine große Hochzeit gefeiert auf dem Rathause, und das neuvermählte Paar gehörte den geräuschvollsten und lustigsten Kreisen an, die gerade im Flor waren. Wie an anderen Orten der Schweiz, gibt es an den Hochzeiten zu Seldwyl, wenn Bankett und Ball am Abend stattfinden, zweierlei Gäste; die eigentlichen geladenen Hochzeitsgäste und dann die Freunde oder Verwandten dieser, welche ihnen scherzhafte Hochzeits- oder Tafelgeschenke überbringen mit allerlei Witzen, Gedichten und Anspielungen. Sie verkleiden sich zu diesem Ende hin in allerhand lustige Trachten, welche dem zu überbringenden Geschenke entsprechen, und sind maskiert, indem jeder seinen Freund oder seine Verwandte aufsucht, sich hinter deren Stuhl begibt, seine Gabe überreicht und seine Rede hält. Fritz Amrain hatte sich schon vorgenommen, einem kleinen Bäschen einige Geschenke zu bringen, und die Mutter nichts dagegen gehabt, da das Mädchen noch sehr jung und sonst wohlgeartet war. Allein weniger das Bäschen lockte ihn als ein dunkles Verlangen, sich unter den lustigen Damen von Seldwyl einmal recht herumzutummeln, deren Fröhlichkeit, wenn viele beisammen waren, ihm schon oft sehr anmutig geschildert worden. Er war nur noch unschlüssig, welche Verkleidung er wählen sollte, um auf der Hochzeit zu erscheinen, und erst am Abend entschloß er sich auf den Rat einiger Bekannten, sich als Frauenzimmer zu kleiden. Seine Mutter war eben ausgegangen, als er mit diesem lustigen Vorsatz nach Hause gelaufen kam und denselben sogleich ins Werk setzte. Ohne Schlimmes zu ahnen, geriet er über den Kleiderschrank seiner Mutter und warf da so lange alles durcheinander, von einem lachenden Dienstmädchen unterstützt, bis er die besten und buntesten Toilettenstücke zusammengesucht und sich angeeignet hatte. Er zog das schönste und beste Kleid der Mutter an, das sie selbst nur bei feierlichen Gelegenheiten trug, und wühlte dazu aus den reichlichen Schachteln Krausen, Bänder und sonstigen Putz hervor. Zum Überfluß hing er sich noch die Halskette der Mutter um und zog so, aus dem gröbsten geputzt, zu seinen Genossen, die sich inzwischen ebenfalls angekleidet. Dort vollendeten zwei muntere Schwestern seinen Anzug, indem sie vornehmlich seinen blonden Kopf auf das zierlichste frisierten und seine Brust mit einem sachgemäßen Frauenbusen ausschmückten. Indem er so auf seinem Stuhle saß und diese Bemühungen der wenig schüchternen Mädchen um sich geschehen ließ, errötete er ein Mal um das andere, und das Herz klopfte ihm vor erwartungsvollem Vergnügen, während zugleich das böse Gewissen sich regte und ihm anfing zuzuflüstern, die Sache möchte doch nicht so recht in Ordnung sein. Als er daher mit seiner Gesellschaft dem Rathause zuzog, ein Körbchen mit den Geschenken tragend, sah er so verschämt und verwirrt aus wie ein wirkliches Mädchen und schlug die Augen nieder, und als er so auf der Hochzeit erschien, erregte er den allgemeinen Beifall der versammelten Frauen.

Während der Zeit war aber seine Mutter nach Hause zurückgekehrt und sah ihren offenstehenden Kleiderschrank sowie die Verwüstung, die er in Schachteln und Kästchen angerichtet. Als sie vollends vernahm, zu welchem Ende hin dies geschehen und daß ihre Hoffnung in Weiberkleidern, und dazu noch in ihren besten, ausgezogen sei, überfiel sie erst ein großer Zorn, dann aber eine noch größere Unruhe; denn nichts schien ihr geeigneter, einen jungen Menschen in das Lotterleben zu bringen, als wenn er in Weiberkleidern auf eine Seldwyler Hochzeit ging. Sie ließ daher ihr Abendessen ungenossen stehen und ging eine Stunde lang in der größten Unruhe umher, nicht wissend, wie sie ihren Sohn den drohenden Gefahren entreißen solle. Es widerstrebte ihr, ihn kurzweg abrufen zu lassen und dadurch zu beschämen; auch fürchtete sie nicht mit Unrecht, daß er würde zurückgehalten werden oder aus eigenem Willen nicht kommen dürfte. Und dennoch fühlte sie wohl, wie er durch diese einzige Nacht auf eine entscheidende Weise auf die schlechte Seite verschlagen werden könne. Sie entschloß sich endlich kurz, da es ihr nicht Ruhe ließ, ihren Sohn selbst wegzuholen, und da sie mannigfacher Beziehungen wegen einen halben Vorwand hatte, selbst etwa ein Stündchen auf der Hochzeit zu erscheinen, kleidete sie sich rasch um und wählte einen Anzug, ein wenig besser als der alltägliche und doch nicht festlich genug, um etwa zu hohe Achtung vor der lustigen Versammlung zu verraten. So begab sie sich also nach dem Rathaus, nur von dem Dienstmädchen begleitet, welches ihr eine Laterne vorantrug. Sie betrat zuerst den Speisesaal; allein die erste Tafel und die Lustbarkeit mit den Geschenken war schon vorüber, und die Überbringer derselben hatten ihre Masken abgenommen und sich unter die übrigen Gäste gemischt. In dem Saale war nichts zu sehen als einige Herrengesellschaften, die teils Karten spielten, teils zechten, und so stieg sie die Treppe nach einer altertümlichen Galerie hinauf, von wo man den Saal übersehen konnte, in welchem getanzt wurde. Diese Galerie war mit allerlei Volk angefüllt, das nicht im Flor war und hier dem Tanze zusehen durfte wie etwa die Einwohner einer Residenz einer Fürstenhochzeit. Frau Regula konnte daher unbemerkt den Ball übersehen, der so ziemlich feierlich vor sich ging und die allgemeine Lüsternheit und Begehrlichkeit mit seinem steifen und lächerlichen Zeremoniell zur Not verdeckte. Denn dies hätten die Seldwyler nicht anders getan; sie huldigten vielmehr dem Spruch: Alles zu seiner Zeit! Und wenn sie mit wenig Mühe das Schauspiel eines nach ihren Begriffen noblen Balles geben und genießen konnten, warum sollten sie es unterlassen?

Fritzchen Amrain aber war unter den Tanzenden nicht zu erblicken, und je länger ihn seine Mutter mit den Augen suchte, desto weniger fand sie ihn. Je länger sie ihn aber nicht fand, desto mehr wünschte sie ihn zu sehen, nicht allein mehr aus Besorgnis, sondern auch um wirklich zu schauen, wie er sich eigentlich ausnähme und ob er in seiner Dummheit nicht noch die Lächerlichkeit zum Leichtsinn hinzugefügt habe, indem er als eine ungeschickt angezogene schlottrige Weibsperson sich weiß Gott wo herumtreibe? In diesen Untersuchungen geriet sie auf einen Seitengang der hohen Galerie, welcher mit einem Fenster endigte, das mit einem Vorhang versehen und bestimmt war, Licht in ebendiesen Gang einzulassen. Das Fenster aber ging in das kleinere Ratszimmer, ein altes gotisches Gemach, und war hoch an dessen Wand zu sehen. Wie sie nun jenen Vorhang ein wenig lüftete und in das tiefe Gemach hinunterschaute, welches durch einen seltsamen Firlefanz von Kronleuchtern ziemlich schwach erleuchtet war, erblickte sie eine kleinere Gesellschaft, die da in aller Stille und Fröhlichkeit sich zu unterhalten schien. Als Frau Regel genauer hinsah, erkannte sie sieben bis acht verheiratete Frauen, deren Männer sie schon in dem Speisesaal hatte spielen sehen zu einem hohen und prahlerischen Satze. Diese Frauen saßen in einem engen Halbkreise und vor ihnen ebensoviel junge Männer, die ihnen den Hof machten. Unter letzteren war Fritz abermals nicht zu finden und seine Mutter hierüber sehr froh, da der Kreis dieser Damen nichts weniger als beruhigend anzusehen war. Denn als sie dieselben einzeln musterte, waren es lauter jüngere Frauen, welche jede auf ihre Weise für gefährlich galt und in der Stadt, wenn auch nicht eines schlimmen, doch eines geheimnisvollen Rufes genoß, was bei der herrschenden Duldsamkeit immer noch genug war. Da saß erstens die nicht häßliche Adele Anderau, welche üppig und verlockend anzusehen war, ohne daß man recht wußte, woran es lag, und welche alle jungen Leute jezuweilen mit halbgeschlossenen Augen so anzublicken wußte in einem windstillen Augenblicke, daß sie einen seltsamen Funken von hoffnungsreichem Verlangen in ihr Herz schleuderte. Aber zehn derselben ließ sie schonungslos und mit Aufsehen abziehen, um desto regelmäßiger den elften in einer sichern Stunde zu beglücken. Da war ferner die leidenschaftliche Julie Haider, welche ihren Mann öffentlich und vor so vielen Zeugen als möglich stürmisch liebkoste, die glühendste Eifersucht auf ihn an den Tag legte und fortwährend der Untreue anklagte, dies alles so lange, bis irgendein dritter den fühllosen Gatten beneidete und solcher Leidenschaftlichkeit teilhaftig zu werden trachtete. Da trauerte auch die sanfte Emmeline Ackerstein, welche eine Dulderin war und von ihrem Manne mißhandelt wurde, weil sie gar nichts gelernt hatte und das Hauswesen vernachlässigte; diese sah bleich und schmachtend aus und sank mit Tränen dem in die Arme, der sie trösten mochte. Auch die schlimme Lieschen Aufdermaur war da, welche so lange Klatschereien und Zänkereien anrichtete, bis irgendein Aufgebrachter, den sie verleumdet, sie unter vier Augen in die Klemme brachte und sich an ihr rächte. Dann folgte, außer zwei oder drei aufgeweckten Wesen, welche ohne weitere Begründungen schlechtweg taten, was sie mochten, die stille Theresa Gut, welche äußerst teilnahmlos weder rechts noch links sah, niemandem entgegenkam und kaum antwortete, wenn man sie anredete, welche aber, zufällig in ein Abenteuer verwickelt und angegriffen, unerwarteterweise lachte wie eine Närrin und alles geschehen ließ. Endlich saß auch dort das leichtsinnige Käthchen Amhag, welches immer eine Menge heimlicher Schulden zu tragen hatte.

Nachdem Frau Amrain die Beschaffenheit dieses weiblichen Kreises erkannt, wollte sie eben Gott danken, daß ihr Sohn wenigstens auch da nicht zu erblicken sei, als sie noch eine weibliche Gestalt zwischen ihnen entdeckte, die sie im ersten Augenblick nicht kannte, obgleich sie dieselbe schon gesehen zu haben glaubte. Es war ein großes, prächtig gewachsenes Wesen von amazonenhafter Haltung und mit einem kecken blonden Lockenkopfe, das aber hold verschämt und verliebt unter den lustigen Frauen saß und von ihnen sehr aufmerksam behandelt wurde. Beim zweiten Blick erkannte sie jedoch ihren Sohn und ihr violettes Seidenkleid zugleich und sah, wie trefflich ihm dasselbe saß, und mußte sich auch gestehen, daß er ganz geschickt und reizend ausgeputzt sei. Aber im gleichen Augenblicke sah sie auch, wie ihn seine eine Nachbarin küßte, infolge irgendeines Unterhaltungsspieles, das die fröhliche Gesellschaft eben beschäftigte, und wie er gleicherzeit die andere Nachbarin küßte, und nun hielt sie den Zeitpunkt für gekommen, wo sie ihrem Sohne den Dienst, welchen er ihr als fünfjähriges Knäblein geleistet, erwidern konnte.

Sie stieg ungesäumt die Treppe hinunter und trat in das Zimmer, die überraschte Gesellschaft bescheiden und höflich begrüßend. Alles erhob sich verlegen; denn obgleich sie sattsam durchgehechelt wurde in der Stadt, so flößte sie doch Achtung ein, wo sie erschien. Die jungen Männer grüßten sie mit aufrichtig verlegener Ehrerbietung, und um so aufrichtiger, je wilder sie sonst waren; von den Frauen aber wollte keine scheinen, als ob sie mit der achtbarsten Frau der Stadt etwa schlecht stände und nicht mit ihr umzugehen wüßte, weshalb sie sich mit großem Geräusch um sie drängten, als sie sich von ihrer Überraschung etwas erholt. Am verblüfftesten war jedoch Fritz, welcher nicht mehr wußte, wie er sich in dem Kleide seiner Mutter zu gebärden habe; denn dies war jetzt plötzlich sein erster Schrecken, und er bezog den ernsten Blick, den sie einstweilen auf ihn geworfen, nur auf die gute Seide dieses Kleides. Andere Bedenken waren noch nicht ernstlich in ihm aufgestiegen, da in der allgemeinen Lust der Scherz zu gewöhnlich und erlaubt schien. Als alle sich wieder gesetzt hatten und nachdem sich Frau Amrain ein Viertelstündchen freundlich mit den jungen Leuten unterhalten, winkte sie ihren Sohn zu sich und sagte ihm, er möchte sie nach Hause begleiten, da sie gehen wolle. Als er sich dazu ganz bereit erklärte, flüsterte sie ihm aber mit strengem Tone zu: »Wenn ich von einem Weibe will begleitet sein, so konnte ich die Grete hier behalten, die mir hergeleuchtet hat! Du wirst so gut sein und erst heimlaufen, um Kleider anzuziehen, die dir besser stehen als diese hier!«

Erst jetzt merkte er, daß die Sache nicht richtig sei; tief errötend machte er sich fort, und als er über die Straße eilte und das rauschende Kleid ihm so ungewohnt gegen die Füße schlug, während der Nachtwächter ihm verdächtig nachsah, merkte er erst recht, daß das eine ungeeignete Tracht wäre für einen jungen Republikaner, in der man niemandem ins Gesicht sehen dürfe. Als er aber, zu Hause angekommen, sich hastig umkleidete, fiel es ihm ein, daß nun die Mutter allein unter dem Volke auf dem Rathause sitze, und dieser Gedanke machte ihn plötzlich sonderbarerweise so zornig und besorgt um ihre Ehre, daß er sich beeilte, nur wieder hinzukommen und sie abzuholen. Auch glaubte er ihr einen rechten Ritterdienst damit zu erweisen, daß er so pünktlich wieder erschien, und alle etwaigen Unebenheiten dadurch aufs schönste ausgeglichen. Frau Amrain aber empfahl sich der Gesellschaft und ging ernst und schweigsam neben ihrem Sohne nach Hause. Dort setzte sie sich seufzend auf ihren gewohnten Sessel und schwieg eine Weile; dann aber stand sie auf, ergriff das daliegende Staatskleid und zerriß es in Stücken, indem sie sagte: »Das kann ich nun wegwerfen, denn tragen werde ich es nie mehr!«

»Warum denn?« sagte Fritz erstaunt und wieder kleinlaut. »Wie werde ich«, erwiderte sie, »ein Kleid ferner tragen, in welchem mein Sohn unter liederlichen Weibern gesessen hat, selber einem gleichsehend?« Und sie brach in Tränen aus und hieß ihn zu Bette gehen. »Hoho«, sagte er, als er ging, »das wird denn doch nicht so gefährlich sein.« Er konnte aber nicht einschlafen, da sein Kopf sowohl von der unterbrochenen Lustbarkeit als von den Worten der Mutter aufgeregt war; es gab also Muße, über die Sache nachzudenken, und er fand, daß die Mutter einigermaßen recht habe; aber er fand dies nur insofern, als er selbst die Leute verachtete, mit denen er sich eben vergnügt hatte. Auch fühlte er sich durch diese Auslegung eher geschmeichelt in seinem Stolze, und erst, als die Mutter am Morgen und die folgenden Tage ernst und traurig blieb, kam er dem Grunde der Sache näher. Es wurde kein Wort mehr darüber gesprochen; aber Fritz war für einmal gerettet, denn er schämte sich vor seiner Mutter mehr als vor der ganzen übrigen Welt.

Während einiger Monate fand sie keine Ursache, neue Besorgnisse zu hegen, bis eines Tages, als ein blühendes junges Landmädchen sich einfand, um den Dienst bei ihr nachzusuchen, Fritz dasselbe unverwandt betrachtete und endlich auf es zutrat und, alles andere vergessend, ihm die Wangen streichelte. Er erschrak sogleich selbst darüber und ging hinaus; die Mutter erschrak auch, und das Mädchen wurde rot und zornig und wandte sich, ohne weitern Aufenthalt, zu gehen. Als Frau Amrain dies sah, hielt sie es zurück und nahm es mit einiger Überredung in ihren Dienst. Nun muß es biegen oder brechen, dachte sie und fühlte gleichzeitig, daß auf dem bisherigen, bloß verneinenden Wege dies Blut sich nicht länger meistern ließ. Sie näherte sich deshalb noch am selben Tage ihrem Sohne, als er mit seinem Vesperbrote sich unter eine schattige Rebenlaube gesetzt hatte, hinter dem Hause, von wo man zum Tal hinaus in die Ferne sah nach blauen Höhenstrichen, wo andre Leute wohnten. Sie legte ihren Arm um seine Schultern, sah ihm freundlich in die Augen und sagte: »Lieber Fritz! Sei mir jetzt nur noch zwei oder drei Jährchen brav und gehorsam, und ich will dir das schönste und beste Frauchen verschaffen aus meinem Ort, daß du dir was darauf einbilden kannst!«

Fritz schlug errötend die Augen nieder, wurde ganz verlegen und erwiderte mürrisch: »Wer sagt denn, daß ich eine Frau haben wolle?« – »Du sollst aber eine haben!« versetzte sie. »Und, wie ich sage, eine von guter und schöner Art; aber nur wenn du sie verdienst; denn ich werde mich hüten, eine rechtschaffene Tochter hierher ins Elend zu bringen!« Damit küßte sie ihren Sohn, wie sie seit undenklicher Zeit nicht getan, und ging ins Haus zurück.

Es ward ihm aber auf einmal ganz seltsam zumute, und von Stund an waren seine Gedanken auf eine solche gute und schöne Frau gerichtet, und diese Gedanken schmeichelten ihm so sehr und beschäftigten ihn so anhaltend, daß er darüber keine Frauensperson in Seldwyla mehr ansah. Die Zärtlichkeit, mit welcher die Mutter ihm solche Ideen beigebracht, gab seinen Wünschen eine innigere und edlere Richtung, und er fühlte sich wohlgeborgen, da man es so gut mit ihm meine. Er wartete aber die zwei Jahre und die Anstalten seiner Mutter nicht ab, sondern fing schon in der nächsten Zeit an, an schönen Sonntagen ins Land hinauszugehen und insbesondere in der Heimat der Mutter herumzukreuzen. Er war bis jetzt kaum einmal dort gewesen und wurde von den Verwandten und Freunden seiner Mutter um so freundlicher aufgenommen, als sie großes Wohlgefallen an dem hübschen Jüngling fanden und er zudem eine Art Merkwürdigkeit war als ein wohlgeratener, fester und nicht prahlerischer Seldwyler. Er machte sich ordentlich heimisch in jenen Gegenden, was seine Mutter wohl merkte und geschehen ließ; aber sie ahnte nicht, daß er, ehe sie es vermutete, schon in bester Form einen Schatz hatte, der ihm allen von der Mutter ihm gemachten Vorspiegelungen vollkommen zu entsprechen schien. Als sie davon erfuhr, machte sie sich dahinter her, voll Besorgnis, wer es sein möchte, und fand zu ihrer frohen Verwunderung, daß er nun gänzlich auf einem guten Wege sei; denn sie mußte den Geschmack und das Urteil des Sohnes nur loben und ebenso dessen ungetrübte Treue und Fröhlichkeit, mit welcher er dem erwählten Mädchen anhing, so daß sie sich aller weitern Zucht und aller Listen endlich enthoben sah.

Diese Klippe war unterdessen kaum glücklich umschifft, als sich eine andere zeigte, welche noch gefährlicher zu werden drohte und der Frau Regula abermals Gelegenheit gab, ihre Klugheit zu erproben. Denn die Zeit war nun da, wo Fritz, der Sohn, anfing zu politisieren und damit mehr als durch alles andere in die Gemeinschaft seiner Mitbürger gezogen wurde. Er war ein liberaler Gesell, wegen seiner Jugend, seines Verstandes, seines ruhigen Gewissens in Hinsicht seiner persönlichen Pflichterfüllung und aus anererbtem Mutterwitz. Obgleich man nach gewöhnlicher oberflächlicher Anschauungsweise etwa hätte meinen können, Frau Amrain wäre aristokratischer Gesinnung gewesen, weil sie die meisten Leute verachten mußte, unter denen sie lebte, so war dem doch nicht also; denn höher und feiner als die Verachtung ist die Achtung vor der Welt im ganzen. Wer freisinnig ist, traut sich und der Welt etwas Gutes zu und weiß mannhaft von nichts anderem, als daß man hiefür einzustehen vermöge, während der Unfreisinn oder der Konservatismus auf Zaghaftigkeit und Beschränktheit gegründet ist. Diese lassen sich aber schwer mit wahrer Männlichkeit vereinigen. Vor tausend Jahren begann die Zeit, da nur derjenige für einen vollkommenen Helden und Rittersmann galt, der zugleich ein frommer Christ war; denn im Christentum lag damals die Menschlichkeit und Aufklärung. Heute kann man sagen: Sei einer so tapfer und resolut, als er wolle, wenn er nicht vermag freisinnig zu sein, so ist er kein ganzer Mann. Und die Frau Regula hatte, nachdem sie sich einmal an ihrem Eheherrn so getäuscht, zu strenge Regeln in ihrem Geschmack betreffs der Mannestugend angenommen, als daß sie eine feste und sichere Freisinnigkeit daran vermissen wollte. Übrigens, als ihr Mann um sie geworben, hatte er in allem Flor eines jugendlichen Radikalismus geglänzt, welchen er freilich mehr in der Weise handhabte, wie ein Lehrling die erste silberne Sackuhr.

Abgesehen von diesen Geschmacksgründen aber war sie aus einem Orte gebürtig, wo seit unvordenklichen Zeiten jedermann freisinnig gewesen und der im Laufe der Zeit bei jeder Gelegenheit sich als ein entschlossenes, tatkräftiges und sich gleichbleibendes Bürgernest hervorgetan, so daß, wenn es hieß: Die von Soundso haben dies gesagt oder jenes getan!, sie gleich einen ganzen Landstrich mitnahmen und einen kräftigen Anstoß gaben. Wenn also Frau Amrain in den Fall kam, ihre Meinung über einen Streit festzustellen, so hörte sie nicht auf das, was die Seldwyler, sondern auf das, was die Leute ihrer Jugendheimat sagten, und richtete ihre Gedanken dorthin.

Alles das waren Gründe genug für Fritz, ein guter Liberaler zu sein, ohne absonderliche Studien gemacht zu haben. Was nun die nächste Gefahr anbelangt, welche da, wo das Wort und die rechtlichen Handlungen frei sind und die Leute sich das Wetter selbst machen, für einen politisch Aufgeregten entsteht, nämlich die Gefahr, ein Müßiggänger und Schenkeläufer zu werden, so war dieselbe zu Seldwyla allerdings noch größer als an andern Schweizer Orten, welche mit der ganzen Alten Welt noch an der gemütlichen ostländischen Weise festhalten, das Wichtigste in breiter halbträumender Ruhe an den Quellen des Getränkes oder bei irgendeinem Genusse zu verhandeln und immer wieder zu verhandeln. Und doch sollte das nicht so sein; denn ein gutes Glas in fröhlicher Ruhe zu trinken, ist ein Zweck, ein Lohn oder eine Frucht, und, wenn man das in einem tiefern Sinne nimmt, das Ausüben politischer Rechte bloß ein Mittel, dazu zu gelangen. Indessen war für Fritz diese Gefahr nicht beträchtlich, weil er schon zu sehr an Ordnung und Arbeit gewöhnt war und es ihn grade zu Seldwyla nicht reizte, den andern nachzufahren. Größer war schon die Gefahr für ihn, ein Schwätzer und Prahler zu werden, der immer das gleiche sagt und sich selbst gern reden hört; denn in solcher Jugend verführt nichts so leicht dazu als das lebendige Empfinden von Grundsätzen und Meinungen, welche man zur Schau stellen darf ohne Rückhalt, da sie gemeinnützig sind und das Wohl aller betreffen.

Als er aber wirklich begann, Tag und Nacht von Politik zu sprechen, ein und dieselbe Sache ewig herumzerrte und jene kindische Manier annahm, durch blindes Behaupten sich selbst zu betäuben und zu tun, als ob es wirklich so gehen müsse, wie man wünscht und behauptet, da sagte seine Mutter ein einziges Mal, als er eben im schönsten Eifer war, ganz unerwartet: »Was ist denn das für ein ewiges Schwatzen und Kannegießern? Ich mag das nicht hören! Wenn du es nicht lassen kannst, so geh auf die Gasse oder ins Wirtshaus, hier in der Stube will ich den Lärm nicht haben!«

Dies war ein Wort, zur rechten Zeit gesprochen; Fritz blieb in seiner also durchschnittenen Rede ganz verblüfft stecken und wußte gar nichts zu sagen. Er ging hinaus, und indem er über dies wunderliche Ereignis nachgrübelte, fing er an sich zu schämen, so daß er erst eine gute halbe Stunde nachher rot wurde bis hinter die Ohren, von Stund an geheilt war und seine Politik mit weniger Worten und mehr Gedanken abzumachen sich gewöhnte. So gut traf ihn der einmalige Vorwurf aus Frauenmund, ein Schwätzer und Kannegießer zu sein.

Um so größer erwies sich nun die dritte, entgegengesetzte Gefahr, an übel gewendeter Tatkraft zu verderben. So wetterwendisch nämlich sonst die Seldwyler in ihren politischen Stimmungen waren, so beharrlich blieben sie in der Teilnahme an allem Freischaren- und Zuzügerwesen, und wenn irgendwo in der Nachbarschaft es galt, gewaltsam ein widerstehendes Regiment zu sprengen, eine schwache Mehrheit einzuschüchtern oder einer trotzigen ungefügigen Minderheit bewaffnet beizuspringen, so zog jedesmal, mochte nun die herrschende Stimmung sein, welche sie wollte, von Seldwyla ein Trupp bewaffneter Leute aus, nach dem aufgeregten Punkte hin, bald bei Nacht und Nebel auf Seitenwegen, bald am hellen Tage auf offener Landstraße, je nachdem ihnen die Luft sicher schien. Denn nichts dünkte sie so ergötzlich, als bei schönem Wetter einige Tage im Lande herumzustreichen, so sechzig oder siebzig, wohlbewaffnet mit feinen Zielgewehren, versehen mit gewichtigen drohenden Bleikugeln und silbernen Talern, mittels letzterer sich in den besetzten Wirtshäusern gütlich zu tun und mit tüchtigem Hallo, das Glas in der Hand, auf andere Zuzüge zu stoßen, denen es ebenfalls mehr oder minder Ernst war. Da nun das Gesetzliche und das Leidenschaftliche, das Vertragsmäßige und das ursprünglich Naturwüchsige, der Bestand und das Revolutionäre zusammen erst das Leben ausmachen und es vorwärtsbringen, so war hiegegen nichts zu sagen als: Seht euch vor, was ihr ausrichtet! Nun aber erfuhren die Seldwyler den eigenen Unstern, daß sie bei ihren Auszügen immerdar entweder zu früh oder zu spät und am unrechten Orte eintrafen und gar nicht zum Schusse kamen, wenn sie nicht auf dem Heimwege, der dann nach mannigfachem Hinundherreden und genugsamem Trinken eingeschlagen wurde, zum

Vergnügen wenigstens einige Patronen in die Luft schossen. Doch dies genügte ihnen, sie waren gewissermaßen dabeigewesen, und es hieß im Lande, die Seldwyler seien auch ausgerückt in schöner Haltung, lauter Männer mit gezogenen Büchsen und goldenen Uhren in der Tasche.

Als es das erstemal begegnete, daß Fritz Amrain von einem solchen Ausrücken hörte und zugleich seines Alters halber fähig war mitzugehen, lief er, da es so weit eine gute Sache betraf, sogleich nach Hause, denn es war eben die höchste Zeit und der Trupp im Begriff aufzubrechen. Zu Hause zog er seine besten Kleider an, steckte genugsam Geld zu sich, hing seine Patrontasche um und ergriff sein wohl instand gehaltenes Infanteriegewehr, denn da er bereits ein ordentlicher und handfester junger Flügelmann war, dachte er nicht daran, mit einer kostbaren Schützenwaffe zu prahlen, die er nicht zu handhaben verstand, sondern aufrichtig und emsig sein leichtes Gewehr zu laden und loszurennen, sobald er irgend vor den Mann kommen würde; und er sah sehnsüchtig im Geiste schon nichts anderes mehr als den letzten Hügel, die letzte Straßenecke, um welche herumbiegend man den verhaßten Gegner erblicken und es losgehen würde mit Puffen und Knallen.

Er nahm nicht das geringste Gepäck mit und verabschiedete sich kaum bei der Mutter, die ihm aufgebracht und mit klopfendem Herzen, aber schweigend zusah. »Adieu!« sagte er. »Morgen oder übermorgen früh spätestens sind wir wieder hier!« Und ging weg, ohne ihr nur die Hand zu geben, als ob er nur in den Steinbruch hinausginge, um die Arbeiter anzutreiben. So ließ sie ihn auch gehen ohne Einwendung, da es ihr widerstand, den hübschen jungen Burschen von solcher ersten Mutesäußerung abzuhalten, ehe die Zeit und die Erfahrung ihn selber belehrt. Vielmehr sah sie ihm durch das Fenster wohlgefällig nach, als er so leicht und froh dahinschritt. Doch ging sie nicht einmal ganz an das Fenster, sondern blieb in der Mitte der Stube stehen und schaute von da aus hin. Übrigens war sie selbst mutigen Charakters und hegte nicht sonderliche Sorgen, zumal sie wohl wußte, wie diese Auswüchse von Seldwyla abzulaufen pflegten.

Fritz kam denn auch richtig schon am andern Morgen ganz in der Frühe wieder an und stahl sich ziemlich verschämt in das Haus. Er war ermüdet, überwacht, von vielem Weintrinken abgespannt und schlechter Laune und hatte nicht das mindeste erlebt oder ausgerichtet, außer daß er seinen feinen Rock verdorben durch das Herumlungern und sein Geldbeutel geleert war.

Als seine Mutter dies bemerkte und als sie überdies sah, daß er nicht wie die andern, die inzwischen auch gruppenweise zurückgeschlendert kamen, nur die Kleider wechselte, neues Geld zu sich steckte und nach dem Wirtshause eilte, um da den mißlungenen Feldzug auseinanderzusetzen und sich nach den ermüdenden Nichttaten zu stärken, sondern daß er eine Stunde lang schlief und dann schweigend an seine Geschäfte ging, da ward sie in ihrem Herzen froh und dachte, dieser merke von selber, was die Glocke geschlagen.

Indessen dauerte es kaum ein halbes Jahr, als sich eine neue Gelegenheit zeigte, auszuziehen nach einer andern Seite hin, und die Seldwyler auch wirklich wieder auszogen. Eine benachbarte Regierung sollte gestürzt werden, welche sich auf eine ganz kleine Mehrheit eines andächtigen gutkatholischen Landvolkes stützte. Da aber dies Landvolk seine andächtige Gesinnung und politische Meinung ebenso handlich, munter und leidenschaftlich betrieb und bei den Wahlvorgängen ebenso geschlossen und prügelfertig zusammenhielt wie die aufgeklärten Gegner, so empfanden diese einen heftigen und ungeduldigen Verdruß, und es wurde beschlossen, jenen vernagelten Dummköpfen durch einen mutigen Handstreich zu zeigen, wer Meister im Lande sei, und zahlreiche Parteigenossen umliegender Kantone hatten ihren Zuzug zugesagt, als ob ein Hering zu einem Lachs würde, wenn man ihm den Kopf abbeißt und sagt: Dies soll ein Lachs sein! Aber in Zeiten des Umschwunges, wenn ein neuer Geist umgeht, hat die alte Schale des gewohnten Rechtes keinen Wert mehr, da der Kern heraus ist, und ein neues Rechtsbewußtsein muß erst erlernt und angewöhnt werden, damit »rechtlich am längsten währe«, das heißt, solange der neue Geist lebt und währt, bis er wiederum veraltet ist und das Auslegen und Zanken um die Schale des Rechtes von neuem angeht. Als gewohnterweise wieder einige Dutzend Seldwyler beisammen waren, um als tapferes Häuflein auszurücken und der verhaßten Nachbarregierung vom Amte zu helfen, war Frau Regel Amrain guter Laune, indem sie dachte, diese bewaffneten Kannegießer wären diesmal recht angeführt, wenn sie glaubten, daß ihr Sohn mitginge; denn nach ihren bisherigen Erfahrungen, laut welchen das wackere Blut stets durch eine einmalige Lehre sich gebessert, mußte es ihm jetzt nicht einfallen mitzugehen. Aber siehe da! Fritz erschien unversehens, als sie ihn bei seinen Geschäften glaubte, im Hause, bürstete seine starken Werkeltagskleider wohl aus und steckte die Bürste nebst anderen Ausrüstungsgegenständen und einiger Wäsche in eine Reisetasche, welche er umhing, kreuzweis mit der wohlgefüllten Patrontasche; dann ergriff er abermals sein Gewehr und senkte es zum Gehen, nachdem er mit dem Daumen einige Male den Hahn hin- und hergezogen, um die Federkraft des Schlosses zu erproben.

»Diesmal«, sagte er, »wollen wir die Sache anders angreifen, adieu!«, und so zog er ab, ungehindert von der Mutter, welcher es abermals unmöglich war, ihn von seinem Tun abzuhalten, da sie wohl sah, daß es ihm Ernst war. Um so besorgter war sie jetzt plötzlich, und sie erbleichte einen Augenblick lang, während sie abermals mit Wohlgefallen seine Entschlossenheit bemerkte. Die Seldwyler Schar kehrte am nächsten Tage ganz in der alten Weise zurück, ohne noch zu wissen, wie es auf dem Kampfplatz ergangen; denn da sie die Grenze ein bißchen überschritten hatten, fanden sie das dasige Ländchen sehr aufgeregt und die Bauern darüber erbost, daß man solchergestalt auf ihrem Territorium erscheine wie zu den Zeiten des Faustrechtes. Sie stellten jedoch kein Hindernis entgegen, sondern standen nur an den Wegen mit spöttischen Gesichtern, welche zu sagen schienen, daß sie die Eindringlinge einstweilen vorwärts spazieren lassen, aber auf dem Rückwege dann näher ansehen wollten. Dies kam den Seldwylern gar nicht geheuer vor, und sie beschlossen deshalb, das versprochene Eintreffen anderer Zuzüge abzuwarten, ehe sie weitergingen. Als diese aber nicht kamen und ein Gerücht sich verbreitete, der Putsch sei schon vorüber und günstig abgelaufen, machten sie sich endlich wieder auf den Rückweg mit Ausnahme des Fritz Amrain, welcher seelenallein und trotzig verwegen sich von ihnen trennte und mitten durch das gegnerische Gebiet wegmarschierte auf dessen Hauptstadt zu. Denn er hatte, indem er seine Gefährten zechen und schwatzen ließ, sich erkundigt und vernommen, daß ein Häuflein Burschen aus dem Geburtsorte seiner Mutter einige Stunden von da eintreffen würde, und zu diesen gedachte er zu stoßen. Er erreichte sie auch ohne Gefährde, weil er rasch und unbekümmert seinen Weg ging, und drang mit ihnen ungesäumt vorwärts. Allein die Sache schlug fehl, jene schwankhafte Regierung behauptete sich für diesmal wieder durch einige günstige Zufälle, und sobald diese sich deutlich entwickelt, tat sich das Landvolk zusammen, strömte der Hauptstadt zu in die Wette mit den Freizügern und versperrte diesen die Wege, so daß Fritz und seine Genossen, noch ehe sie die Stadt erreichten, zwischen zwei große Haufen bewaffneter Bauern gerieten, und, da sie sich mannlich durchzuschlagen gedachten, ein Gefecht sich unverweilt entspann. So sah sich denn Fritz angesichts fremder Dorfschaften und Kirchtürme ladend, schießend und wieder ladend, indessen die Glocken stürmten und heulten über den verwegenen Einbruch und den Verdruß des beleidigten Bodens auszuklagen schienen. Wo sich die kleine Schar hinwandte, wichen die Landleute mit großem Lärm etwas zurück; denn ihre junge Mannschaft war im Soldatenrock schon nach der Stadt gezogen worden, und was sich hier den Angreifern entgegenstellte, bestand mehr aus alten und ganz jungen unerwachsenen Leuten, von Priestern, Küstern und selbst Weibern angefeuert. Aber sie zogen sich dennoch immer dichter zusammen, und nachdem erst einige unter ihnen verwundet waren, stellte gerade dieser dunkle Saum erschreckter alter Menschen, Weiber und Priester, die sich zusammen den Landsturm nannten, das aufgebrachte und beleidigte Gebiet vor, und die Glocken schrien den Zorn über alles Getöse hinweg weit in das Land hinaus. Aber der drohende Saum zog sich immer enger und enger um die fechtenden Parteigänger, einige entschlossene und erfahrene Alte gingen voran, und es dauerte nicht mehr lange, so waren die Freischärler gefangen. Sie ergaben sich ohne weiteres, als sie sahen, daß sie alles gegen sich hatten, was hier wohnte. Wenn man im offenen Kriege vom Reichsfeind gefangen wird, so ist das ein Unstern wie ein anderer und kränkt den Mann nicht tiefer; aber von seinen Mitbürgern als ein gewalttätiger politischer Widersacher gefangen zu werden, ist so demütigend und kränkend, als irgend etwas auf Erden sein kann. Kaum waren sie entwaffnet und von dem Volke umringt, als alle möglichen Ehrentitel auf sie niederregneten: Landfriedenbrecher, Freischärler, Räuber, Buben waren noch die mildesten Ausrufe, die sie zu hören bekamen. Zudem wurden sie von vorn und hinten betrachtet wie wilde Tiere, und je solider sie in ihrer Tracht und Haltung aussahen, desto erboster schienen die Bauern darüber zu werden, daß solche Leute solche Streiche machten.

So hatten sie nun nichts weiter zu tun, als zu stehen oder zu gehen, wo und wie man ihnen befahl, hierhin, dorthin, wie es dem vielköpfigen Souverän beliebte, welchem sie sein Recht hatten nehmen wollen. Und er übte es jetzt in reichlichem Maße aus, und es fehlte nicht an Knüffen und Püffen, wenn die Herren Gefangenen sich trotzig zeigten oder nicht gehorchen wollten. Jeder schrie ihnen eine gute Lehre zu: »Wäret ihr zu Hause geblieben, so brauchtet ihr uns nicht zu gehorchen! Wer hat euch hergerufen? Da ihr uns regieren wolltet, so wollen wir nun euch auch regieren, ihr Spitzbuben! Was bezieht ihr für Gehalt für euer Geschäft, was für Sold für euer Kriegswesen? Wo habt ihr eure Kriegskasse und wo euren General? Pflegt ihr oft auszuziehen ohne Trompeter, so in der Stille? Oder habt ihr den Trompeter heimgeschickt, um euren Sieg zu verkünden? Glaubtet ihr, die Luft in unserm Gebiet sei schlechter als eure, da ihr kamet, sie mit Bleikugeln zu peitschen? Habt ihr schon gefrühstückt, ihr Herren? Oder wollt ihr ins Gras beißen? Verdienen würdet ihr es wohl! Habt ihr geglaubt, wir hätten hier keinen ordentlichen Staat, wir stellten gar nichts vor in unserm Ländchen, daß ihr da rottenweise herumstreicht ohne Erlaubnis? Wolltet ihr Füchse fangen oder Kaninchen? Schöne Bundesgenossen, die uns mit dem Schießprügel in der Hand unser gutes Recht stehlen wollen! Ihr könnt euch bei denen bedanken, die euch hergerufen; denn man wird euch eine schöne Mahlzeit anrichten! Ihr dürfet einstweilen unsere Zuchthauskost versuchen; es ist eine ganz entschiedene Majorität von gesunden Erbsen, gewürzt mit dem Salze eines handlichen Strafgesetzes gegen Hochverrat, und wenn ihr Jahr und Tag gesessen habt, so wird man euch erlauben, zur Feier eures glorreichen Einzuges auch eine kleine Minorität von Speck zu überwältigen, aber beißt euch alsdann die Zähne nicht daran aus! Es geht allerdings nichts über einen gesunden Spaziergang und ist zuträglich für die Gesundheit, insbesondere wenn man keine regelmäßige Arbeit und Bewegung zu haben scheint; aber man muß sich doch immer in acht nehmen, wo man spazierengeht, und es ist unhöflich, mit dem Hut auf dem Kopf in eine Kirche und mit dem Gewehr in der Hand in ein friedfertiges Staatswesen hereinzuspazieren! Oder habt ihr geglaubt, wir stellen keinen Staat vor, weil wir noch Religion haben und unsere Pfaffen zu ehren belieben? Dieses gefällt uns einmal so, und wir wohnen geradesolang im Lande als ihr, ihr Maulaffen, die ihr nun dasteht und euch nicht zu helfen wißt!«

So tönte es unaufhörlich um sie her, und die Beredsamkeit der Sieger war um so unerschöpflicher, als sie das Gleiche, dessen sie ihre Gegner nun anklagten, entweder selbst schon getan oder es jeden Augenblick zu tun bereit waren, wenn die Umstände und die persönliche Rüstigkeit es erlaubten, gleich wie ein Dieb die beredteste Entrüstung verlauten läßt, wenn ein Kleinod, das er selbst gestohlen, ihm abermals entfremdet wird. Denn der Mensch trägt die unbefangene Schamlosigkeit des Tieres geradewegs in das moralische Gebiet hinüber und gebärdet sich da im guten Glauben an das nützliche Recht seiner Willkür so naiv, wie die Hündlein auf den Gassen. Die gefangenen Freischärler mußten indessen alles über sich ergehen lassen und waren nur bedacht, durch keinerlei Herausforderung eine körperliche Mißhandlung zu veranlassen. Dies war das einzige, was sie tun konnten, und die Älteren und Erfahrenern unter ihnen ertrugen das Übel mit möglichstem Humor, da sie voraussahen, daß die Sache nicht so gefährlich abliefe, als es schien.

Der eine oder andere merkte sich ein schimpfendes Bäuerlein, das in seinem Laden etwa eine Sense oder ein Maß Kleesamen gekauft und schuldig geblieben war, und gedachte, demselben seinerzeit seine beißenden Anmerkungen mit Zinsen zurückzugeben, und wenn ein solches Bäuerlein solchen Blick bemerkt und den Absender erkannte, so hörte es darum nicht plötzlich auf zu schelten, aber richtete unvermerkt seine Augen und seine Worte anderswohin in den Haufen und verzog sich allmählich hinter die Front; so gemütlich und seltsam spielen die Menschlichkeiten durcheinander. Fritz Amrain aber war im höchsten Grade niedergeschlagen und trostlos. Zwei oder drei seiner Gefährten waren gefallen und lagen noch da, andere waren verwundet, und er sah den Boden um sich her mit Blut gefärbt; sein Gewehr und seine Taschen waren ihm abgenommen, ringsum erblickte er drohende Gesichter, und so war er plötzlich aus seiner bedachtlosen und fieberhaften Aufregung erwacht, der Sonnenschein des lustigen Kampftages war verwischt und verdunkelt, das lustige Knallen der Schüsse und die angenehme Musik des kurzen Gefechtslärmes verklungen, und als nun gar endlich die Behörden oder Landesautoritäten sich hervortaten aus dem Wirrsal und eine trockene geschäftliche Einteilung und Abführung der Gefangenen begann, war es ihm zumute wie einem Schulknaben, welcher aus einer mutwilligen Herrlichkeit, die ihm für die Ewigkeit gegründet und höchst rechtmäßig schien, unversehens von dem häßlichsten Schulmeister aufgerüttelt und beigesteckt wird und der nun in seinem Gram alles verloren und das Ende der Welt herbeigekommen wähnt. Er schämte sich, ohne zu wissen vor wem, er verachtete seine Feinde und war doch in ihrer Hand. Er war begeistert gewesen, gegen sie auszuziehen, und doch waren sie jetzt in jeder Hinsicht in ihrem Rechte; denn selbst ihre Beschränktheit oder ihre Dummheit war ihr gutes rechtliches Eigentum, und es gab kein Mandat dagegen als dasjenige des Erfolges, der nun leider ausgeblieben war. Die leidenschaftlich erbosten Gesichter aller dieser bejahrten und gefurchten Landleute, welche auf ihren gefundenen Sieg trotzten, traten ihm in seiner helldunklen Trostlosigkeit mit einer seltsamen Deutlichkeit vor die Augen; überall, wo er durchgeführt wurde, gab es neue Gesichter, die er nie gesehen, die er nicht einzeln und nicht mit Willen ansah und die sich ihm dennoch scharf und trefflich beleuchtet einprägten als ebenso viele Vorwürfe, Beleidigungen und Strafgerichte. Je näher der Zug der Gefangenen der Stadt kam, desto lebendiger wurde es; die Stadt selbst war mit Soldaten und bewaffneten Landleuten angefüllt, welche sich um die neu befestigte Regierung scharten, und die Gefangenen wurden im Triumphe durchgeführt. Von der Opposition, welche gestern noch so mächtig gewesen, daß sie um die Herrschaft ringen konnte und sich bewegte, wie es ihr gefiel, war nicht die leiseste Spur mehr zu erblicken; es war eine ganz andere grobe und widerstehende Welt, als sich Fritz gedacht hatte, welche sich für unzweifelhaft und aufs beste begründet ausgab und nur verwundert schien, wie man sie irgend habe in Frage stellen und angreifen können. Denn jeder tanzt, wenn seine Geige gestrichen wird, und wenn viele Menschen zusammen sich was einbilden, so blähet sich eine Unendlichkeit in dieser Einbildung. Endlich aber waren die Gefangenen in Türmen und andern Baulichkeiten untergebracht, alle schon bewohnt von ähnlichen Unternehmungslustigen, und so befand sich auch Fritz hinter Schloß und Riegel und war es erklärlich, daß er nicht mit den Seldwylern zurückgekehrt war.

Diese rächten sich für ihren mißlungenen Zug dadurch, daß sie den sieghaften Gegnern auf der Stelle die abscheulichste und rücksichtsloseste Rachsucht zuschrieben und daß jeder, der entkommen war, es als für gewiß annahm, die Gefangenen würden erschossen werden. Es gab Leute, die sonst nicht ganz unklug waren, welche allen Ernstes glaubten und wiedersagten, daß die fanatisierten Bauern gefangene Freischärler zwischen zwei Bretter gebunden und entzweigesägt oder auch etliche derselben gekreuzigt hätten.

Sobald Frau Regula diese Übertreibungen und dies unmäßige Mißtrauen vernahm, verlor sie die Hälfte des Schreckens, welchen sie zuerst empfunden, da die Torheit der Leute ihren Einfluß auf die Wohlbestellten immer selbst reguliert und unschädlich macht. Denn hätten die Seldwyler nur etwa die Befürchtung ausgesprochen, die Gefangenen könnten vielleicht wohl erschossen werden nach dem Standrecht, so wäre sie in tödlicher Besorgnis geblieben; als man aber sagte, sie seien entzweigesägt und gekreuzigt, glaubte sie auch jenes nicht mehr. Dagegen erhielt sie bald einen kurzen Brief von ihrem Sohne, laut welchem er wirklich eingetürmt war und sie um die sofortige Erlegung einer Geldbürgschaft bat, gegen welche er entlassen würde. Mehrere Kameraden seien schon auf diese Weise freigegeben worden. Denn die sieghafte Regierung war in großen Geldnöten und verschaffte sich auf diese Weise einige willkommene außerordentliche Einkünfte, da sie nachher nur die hinterlegten Summen in ebenso viele Geldbußen zu verwandeln brauchte. Frau Amrain steckte den Brief ganz vergnügt in ihren Busen und begann gemächlich, und ohne sich zu übereilen, die erforderlichen Geldmittel beizubringen und zurechtzulegen, so daß wohl acht Tage vergingen, ehe sie Anstalt machte, damit abzureisen. Da kam ein zweiter Brief, welchen der Sohn Gelegenheit gefunden heimlich abzuschicken und worin er sie beschwor, sich ja zu eilen, da es ganz unerträglich sei, seinen Leib dergestalt in der Gewalt verhaßter Menschen zu sehen. Sie wären eingesperrt wie wilde Tiere, ohne frische Luft und Bewegung, und müßten Habermus und Erbsenkost aus einer hölzernen Bütte gemeinschaftlich essen mit hölzernen Löffeln. Da schob sie lächelnd ihre Abreise noch um einige Tage auf, und erst als der eingepferchte Tatkräftige volle vierzehn Tage gesessen, nahm sie ein Gefährt, packte die Erlösungsgelder nebst frischer Wäsche und guten Kleidern und begab sich auf den Weg. Als sie aber ankam, vernahm sie, daß ehestens eine Amnestie ausgesprochen würde über alle, die nicht ausgezeichnete Rädelsführer seien, und besonders über die Fremden, da man diese nicht unnütz zu füttern gedachte und jetzt keine eingehenden Gelder mehr erwartete. Da blieb sie noch zwei oder drei Tage in einem Gasthofe, bereit, ihren Sohn jeden Augenblick zu erlösen, der übrigens seiner Jugend wegen nicht sehr beachtet wurde. Die Amnestie wurde auch wirklich verkündet, da diesmal die siegende Partei aus Sparsamkeit die wahre Weise befolgte, im Siege selbst und nicht in der Rache oder Strafe ihr Bewußtsein und ihre Genugtuung zu finden. So fand denn der verzweifelte Fritz seine Mutter an der Pforte des Gefängnisses seiner harrend. Sie speiste und tränkte ihn, gab ihm neue Kleider und fuhr mit ihm nebst der geretteten Bürgschaft von dannen.

Als er sich nun wohlgeborgen und gestärkt neben seiner Mutter sah, fragte er sie, warum sie ihn denn so lange habe sitzenlassen? Sie erwiderte kurz und ziemlich vergnügt, wie ihm schien, daß das Geld eben nicht früher wäre aufzutreiben gewesen. Er kannte aber den Stand ihrer Angelegenheiten nur zu wohl und wußte genau, wo die Mittel zu suchen und zu beziehen waren. Er ließ also diese Ausflucht nicht gelten und fragte abermals. Sie meinte, er möchte sich nur zufriedengeben, da er durch sein Sitzen in dem Turme ein gutes Stück Geld verdient und überdies Gelegenheit erhalten, eine schöne Erfahrung zu machen. Gewiß habe er diesen oder jenen vernünftigen Gedanken zu fassen die Muße gehabt. »Du hast mich am Ende absichtlich steckenlassen«, erwiderte er und sah sie groß an, »und hast mir in deinem mütterlichen Sinne das Gefängnis förmlich zuerkannt!« Hierauf antwortete sie nichts, sondern lachte laut und lustig in dem rollenden Wagen, wie er sie noch nie lachen gesehen. Als er hierauf nicht wußte, welches Gesicht er machen sollte, und seltsam die Nase rümpfte, umhalste sie ihn noch lauter lachend und gab ihm einen Kuß. Er sagte aber kein Wort mehr, und es zeigte sich von nun an, daß er in dem Gefängnis in der Tat etwas gelernt habe.

Denn er hielt sich in seinem Wesen jetzt viel ernster und geschlossener zusammen und geriet nie wieder in Versuchung, durch eine unrechtmäßige oder leichtsinnige Tatlust eine Gewalt herauszufordern und seine Person in ihre Hand zu geben zu seiner Schmach und niemand zum Nutzen. Er nahm sich nicht gerade vor, nie mehr auszuziehen, da die Ereignisse nicht zum voraus gezählt werden können und niemand seinem Blut gebieten kann, stille zu stehn, wenn es rascher fließt; aber er war nun sicher vor jeder nur äußerlichen und unbedachten Kampflust. Diese Erfahrung wirkte überhaupt dermaßen auf den jungen Mann, daß er mit verdoppeltem Fortschritt an Tüchtigkeit in allen Dingen zuzunehmen schien und den Sachen schon mit voller Männlichkeit vorstand, als er kaum zwanzig Jahre alt war. Frau Amrain gab ihm deswegen nun die junge Frau, welche er wünschte, und nach Verlauf eines Jahres, als er bereits ein kleines hübsches Söhnchen besaß, war er zwar immer wohlgemut, aber um so ernsthafter und gemessener in seinen fleißigen Geschäften, als seine Frau lustig, voll Gelächter und guter Dinge war; denn es gefiel ihr über die Maßen in diesem Hause, und sie kam vortrefflich mit ihrer Schwiegermutter aus, obgleich sie von dieser verschieden und wieder eine andere Art von gutem Charakter war.

So schien nun das Erziehungswerk der Frau Regula auf das beste gekrönt, um der Zukunft mit Ruhe entgegenzusehen; denn auch die beiden älteren Söhne, welche zwar trägen Wesens, aber sonst gutartig waren, hatte sie hinter dem wackeren Fritz her leidlich durchgeschleppt, und als dieselben herangewachsen, die Vorsicht gebraucht, sie in anderen Städten in die Lehre zu geben, wo sie denn auch blieben und ihr ferneres Leben begründeten als ziemlich bequemliche, aber sonst ordentliche Menschen, von denen nachher so wenig zu sagen war wie vorher.

Fritz aber, da er bereits ein würdiger Familienvater war, mußte doch noch einmal in die Schule genommen werden von der Mutter, und zwar in einer Sache, um die sich manche Mutter vom gemeinen Schlage wenig bekümmert hätte. Der Sohn war ungefähr zwei Jahre schon verheiratet, als das Ländchen, welchem Seldwyla angehörte, seinen obersten maßgebenden Rat neu zu bestellen und deshalben die vierjährigen Wahlen vorzunehmen hatte, infolge deren denn auch die verwaltenden und richterlichen Behörden bestellt wurden. Bei den letzten Hauptwahlen war Fritz noch nicht stimmfähig gewesen, und es war jetzt das erstemal, wo er dergleichen beiwohnen sollte. Es war aber eine große Stille im Lande. Die Gegensätze hatten sich einigermaßen ausgeglichen und die Parteien aneinander abgeschliffen; es wurde in allen Ecken fleißig gearbeitet, man lichtete die alten Winkeleien in der Gesetzsammlung und machte fleißig neue, gute und schlechte, bauete öffentliche Werke, übte sich in einer geschickten Verwaltung ohne Unbesonnenheit, doch auch ohne Zopf, und ging darauf aus, jeden an seiner Stelle zu verwenden, die er verstand und treulich versah, und endlich gegen jedermann artig und gerecht zu sein, der es in seiner Weise gut meinte und selbst kein Zwinger und Hasser war. Dies alles war nun den Seldwylern höchst langweilig, da bei solcher still gewordenen Entwicklung keine Aufregung stattfand. Denn Wahlen ohne Aufregung, ohne Vorversammlungen, Zechgelage, Reden, Aufrufe, ohne Umtriebe und heftige schwankende Krisen, waren ihnen so gut wie gar keine Wahlen, und so war es diesmal entschieden schlechter Ton zu Seldwyla, von den Wahlen nur zu sprechen, wogegen sie sehr beschäftigt taten mit Errichtung einer großen Aktienbierbrauerei und Anlegung einer Aktienhopfenpflanzung, da sie plötzlich auf den Gedanken gekommen waren, eine solche stattliche Bieranstalt mit weitläufigen guten Kellereien, Trinkhallen und Terrassen würde der Stadt einen neuen Aufschwung geben und dieselbe berühmt und vielbesucht machen. Fritz Amrain nahm an diesen Bestrebungen eben keinen Anteil, allein er kümmerte sich auch wenig um die Wahlen, sosehr er sich vor vier Jahren gesehnt hatte, daran teilzunehmen. Er dachte sich, da alles gut ginge im Lande, so sei kein Grund, den öffentlichen Dingen nachzugehen, und die Maschine würde deswegen nicht stillstehen, wenn er schon nicht wähle. Es war ihm unbequem, an dem schönen Tage in der Kirche zu sitzen mit einigen alten Leuten; und wenn man es recht betrachtete, schien sogar ein Anflug von philisterhafter Lächerlichkeit zu kleben an den diesjährigen Wahlen, da sie eine gar so stille und regelmäßige Pflichterfüllung waren. Fritz scheuete die Pflicht nicht; wohl aber haßte er nach Art aller jungen Leute kleinere Pflichten, welche uns zwingen, zu ungelegener Stunde den guten Rock anzuziehen, den besseren Hut zu nehmen und uns an einen höchst langweiligen oder trübseligen Ort hinzubegeben, als wie ein Taufstein, ein Kirchhof oder ein Gerichtszimmer. Frau Amrain jedoch hielt gerade diese Weise der Seldwyler, die sie nun angenommen, für unerträglich und unverschämt, und weil eben niemand hinging, so wünschte sie doppelt, daß ihr Sohn es täte. Sie steckte es daher hinter seine Frau und trug dieser auf, ihn zu überreden, daß er am Wahltage ordentlich in die Versammlung ginge und einem tüchtigen Manne seine Stimme gäbe, und wenn er auch ganz allein stände mit derselben. Allein mochte nun das junge Weibchen nicht die nötige Beredsamkeit besitzen in einer Sache, die es selber nicht viel kümmerte, oder mochte der junge Mann nicht gesonnen sein, sich in ihr eine neue Erzieherin zu nähren und großzuziehen, genug, er ging an dem betreffenden Morgen in aller Frühe in seinen Steinbruch hinaus und schaffte dort in der warmen Maisonne so eifrig und ernsthaft herum, als ob an diesem einen Tage noch alle Arbeit der Welt abgetan werden müßte und nie wieder die Sonne aufginge hernach. Da ward seine Mutter ungehalten und setzte ihren Kopf darauf, daß er dennoch in die Kirche gehen solle; und sie band ihre immer noch glänzendschwarzen Zöpfe auf, nahm einen breiten Strohhut darüber und Fritzens Rock und Hut an den Arm und wanderte rasch hinter das Städtchen hinaus, wo der weitläufige Steinbruch an der Höhe lag. Als sie den langen krummen Fahrweg hinaufstieg, auf welchem die Steinlasten herabgebracht wurden, bemerkte sie, wie tief der Bruch seit zwanzig Jahren in den Berg hineingegangen, und überschlug das unzweifelhafte gute Erbtum, das sie erworben und zusammengehalten. Auf verschiedenen Abstufungen hämmerten zahlreiche Arbeiter, welchen Fritz längst ohne Werkführer vorstand, und zuoberst, wo grünes Buchenholz die frischen weißen Brüche krönte, erkannte sie ihn jetzt selbst an seinem weißeren Hemde, da er Weste und Jacke weggeworfen, wie er mit einem Trüppchen Leute die Köpfe zusammensteckte über einem Punkte. Gleichzeitig aber sah man sie und rief ihr zu, sich in acht zu nehmen. Sie duckte sich unter einen Felsen, worauf in der Höhe nach einer kleinen Stille ein starker Schlag erfolgte und eine Menge kleiner Steine und Erde rings herniederregneten. »Da glaubt er nun«, sagte sie zu sich selbst, »was er für Heldenwerk verrichtet, wenn er hier Steine gen Himmel sprengt, statt seine Pflicht als Bürger zu tun!« Als sie oben ankam und verschnaufte, schien er, nachdem er flüchtig auf den Rock und Hut geschielt, den sie trug, sie nicht zu bemerken, sondern untersuchte eifrig die Löcher, die er eben gesprengt, und fuhr mit dem Zollstock an den Steinen herum. Als er sie aber nicht mehr vermeiden konnte, sagte er: »Guten Tag, Mutter! Spazierst ein wenig? Schön ist das Wetter dazu!« und wollte sich wieder wegmachen. Sie ergriff ihn aber bei der Hand und führte ihn etwas zur Seite, indem sie sagte: »Hier habe ich dir Rock und Hut gebracht, nun tu mir den Gefallen und geh zu den Wahlen! Es ist eine wahre Schande, wenn niemand geht aus der Stadt!«

»Das fehlt auch noch«, erwiderte Fritz ungeduldig, »jetzt abermals bei diesem Wetter in der langweiligen Kirche zu sitzen und Stimmzettel umherzubieten. Natürlich wirst du dann für den Nachmittag schon irgendein Leichenbegängnis in Bereitschaft haben, wo ich wieder mithumpeln soll, damit der Tag ja ganz verschleudert werde! Daß ihr Weibsleute unsereinen immer an Begräbnisse und Kindertaufen hinspediert, ist begreiflich; daß ihr euch aber so sehr um die Politik bekümmert, ist mir ganz etwas Neues!«

»Schande genug«, sagte sie, »daß die Frauen euch vermahnen sollen, zu tun, was sich gebührt und was eine verschworene Pflicht und Schuldigkeit ist!«

»Ei, so tue doch nicht so«, erwiderte Fritz, »seit wann wird denn der Staat stillestehn, wenn einer mehr oder weniger mitgeht, und seit wann ist es denn nötig, daß ich gerade überall dabei bin?«

»Dies ist keine Bescheidenheit, die dies sagt«, antwortete die Mutter, »dies ist vielmehr verborgener Hochmut! Denn ihr glaubt wohl, daß ihr müßt dabeisein, wenn es irgend darauf ankäme, und nur weil ihr den gewohnten stillen Gang der Dinge verachtet, so haltet ihr euch für zu gut, dabeizusein!«

»Es ist aber in der Tat lächerlich, allein dahin zu gehen«, sagte Fritz, »jedermann sieht einen hingehen, wo dann niemand als die Kirchenmaus zu sehen ist.«

Frau Amrain ließ aber nicht nach und erwiderte: »Es genügt nicht, daß du unterlassest, was du an den Seldwylern lächerlich findest! Du mußt außerdem noch tun grade, was sie für lächerlich halten; denn was diesen Eseln so vorkommt, ist gewiß etwas Gutes und Vernünftiges! Man kennt die Vögel an den Federn, so die Seldwyler an dem, was sie für lächerlich halten. Bei allen kleinen Angelegenheiten, bei allen schlechten Geschichten, eitlen Vergnügungen und Dummheiten, bei allem Gevatter- und Geschnatterwesen befleißigt man sich der größten Pünktlichkeit; aber alle vier Jahre einmal sich pünktlich und vollzählig zu einer Wahlhandlung einzufinden, welche die Grundlage unseres ganzen öffentlichen Wesens und Regimentes ist, das soll langweilig, unausstehlich und lächerlich sein! Das soll in dem Beliebten und in der Bequemlichkeit jedes einzelnen stehen, der immer nach seinem Rechte schreit, aber sobald dies Recht nur ein bißchen auch nach Pflicht riecht, sein Recht darin sucht, keines zu üben! Wie, ihr wollt einen freien Staat vorstellen und seid zu faul, alle vier Jahre einen halben Tag zu opfern, einige Aufmerksamkeit zu bezeigen und eure Zufriedenheit oder Unzufriedenheit mit dem Regiment, das ihr vertragsmäßig eingesetzt, zu offenbaren? Sagt nicht, daß ihr immer da wäret, wenn es sein müßte! Wer nur da ist, wenn es ihn belustigt und seine Leidenschaft kitzelt, der wird einmal ausbleiben und sich eine Nase drehen lassen, gerade wenn er am wenigsten daran denkt.

Jeder Arbeiter ist seines Lohnes wert, und so auch der, welcher für das Wohl des Landes arbeitet und dessen öffentliche Dinge besorgt, die in jedem Hause in Einrichtungen und Gesetzen auf das tiefste eingreifen. Schon die alleräußerlichste Artigkeit und Höflichkeit gegen die betrauten Männer erforderte es, wenigstens an diesem Tage sich vollzählig einzufinden, damit sie sehen, daß sie nicht in der Luft stehen. Der Anstand vor den Nachbaren und das Beispiel für die Kinder verlangen es ebenfalls, daß diese Handlung mit Kraft und Würde begangen wird, und da finden es diese Helden unbequem und lächerlich, die gleichen, welche täglich die größte Pünktlichkeit innehalten, um einer Kegelpartie oder einer nichtssagenden aberwitzigen Geschichte beizuwohnen.

Wie, wenn nun die sämtlichen Behörden, über solche Unhöflichkeit erbittert, euch den Sack vor die Tür würfen und auf einmal abtreten würden? Sag nicht, daß dies nie geschehen werde! Es wäre doch immer möglich, und alsdann würde eure Selbstherrlichkeit dastehen wie die Butter an der Sonne; denn nur durch gute Gewöhnung, Ordnung und regelrechte Ablösung oder kräftige Bestätigung ist in Friedenszeiten diese Selbstherrlichkeit zu brauchen und bemerklich zu machen. Wenigstens ist es die allerverkehrteste Anwendung oder Offenbarung derselben, sich gar nicht zu zeigen! Warum? Weil es ihr so beliebt!

Nimm mir nicht übel, das sind Kindesgedanken und Weibernükken; wenn ihr glaubt, daß solche Aufführung euch wohl anstehe, so seid ihr im Irrtum. Aber ihr beneidet euch selbst um die Ruhe und um den Frieden, und damit die Dinge, obgleich ihr nichts dagegen einzuwenden wißt, und nur auf alle Fälle hin so ins Blaue hinein schlecht begründet erscheinen, so wählt ihr nicht oder überlaßt die Handlung den Nachtwächtern, damit, wie gesagt, vorkommendenfalls von eurem Neste Seldwyl ausgeschrien werden könne, die öffentliche Gewalt habe keinen festen Fuß im Volke. Bübisch ist aber dieses, und es ist gut, daß eure Macht nicht weiter reicht als eure lotterige Stadtmauer!«

»Ihr und immer ihr!« sagte Fritz ungehalten. »Was hab' ich denn mit diesen Leuten zu schaffen? Wenn dieselben solche elende Launen und Beweggründe haben, was geht das mich an?«

»Gut denn«, rief Frau Regel, »so benimm dich auch anders als sie in dieser Sache und geh zu den Wahlen!«

»Damit«, wandte ihr Sohn lächelnd ein, »man außerhalb sage,

der einzige Seldwyler, welcher denselben beigewohnt, sei noch von den Weibern hingeschickt worden?«

Frau Amrain legte ihre Hand auf seine Schulter und sagte: »Wenn es heißt, daß deine Mutter dich hingeschickt habe, so bringt dir dies keine Schande, und mir bringt es Ehre, wenn ein solcher tüchtiger Gesell sich von seiner Mutter schicken läßt! Ich würde wahrhaftig stolz darauf sein, und du kannst mir am Ende den kleinen Gefallen zu meinem Vergnügen erweisen, nicht so?«

Fritz wußte hingegen nichts mehr vorzubringen und zog den Rock an und setzte den Bürgerhut auf. Als er mit der trefflichen Frau den Berg hinunterging, sagte er: »Ich habe dich in meinem Leben nie so viel politisieren hören wie soeben, Mutter! Ich habe dir so lange Reden gar nicht zugetraut!«

Sie lachte, erwiderte dann aber ernsthaft: »Was ich gesagt, ist eigentlich weniger politisch gemeint als gut hausmütterlich. Wenn du nicht bereits Frau und Kind hättest, so würde es mir vielleicht nicht eingefallen sein, dich zu überreden; so aber, da ich ein wohlerhaltenes Haus von meinem Geblüte in Aussicht sehe, so halte ich es für ein gutes Erbteil solchen Hauses, wenn darin in allen Dingen das rechte Maß gehalten wird. Wenn die Söhne eines Hauses beizeiten sehen und lernen, wie die öffentlichen Dinge auf rechte Weise zu ehren sind, so bewahrt sie vielleicht grade dies vor unrechten und unbesonnenen Streichen. Ferner, wenn sie das eine ehren und zuverlässig tun, so werden sie es auch mit dem andern so halten, und so, siehst du, habe ich am Ende nur als fürsichtige häusliche Großmutter gehandelt, während man sagen wird, ich sei die ärgste alte Kannegießerin!«

In der Kirche fand Fritz statt einer Zahl von sechs- oder siebenhundert Männern kaum deren vier Dutzend, und diese waren beinahe ausschließlich Landleute aus umliegenden Gehöften, welche mit den Seldwylern zu wählen hatten. Diese Landleute hätten zwar auch eine sechsmal stärkere Zahl zu stellen gehabt; aber da die Ausgebliebenen wirklich im Schweiße ihres Angesichts auf den Feldern arbeiteten, so war ihr Wegbleiben mehr eine harmlose Gedankenlosigkeit und bäuerlicher Geiz mit dem schönen Wetter, und weil sie einen weiten Weg zu machen hatten, erschien das Dasein der Anwesenden um so löblicher. Aus der Stadt selbst war niemand da als der Gemeindepräsident, die Wahlen zu leiten, der Gemeindeschreiber, das Protokoll zu führen, dann der Nachtwächter und zwei oder drei arme Teufel, welche kein Geld hatten, um mit den lachenden Seldwylern den Frühschoppen zu trinken. Der Herr Präsident aber war ein Gastwirt, welcher vor Jahren schon falliert hatte und seither die Wirtschaft auf Rechnung seiner Frau fortbetrieb. Hierin wurde er von seinen Mitbürgern reichlich unterstützt, da er ganz ihr Mann war, das große Wort zu führen wußte und bei allen Händeln als ein erfahrener Wirt auf dem Posten war. Daß er aber in Amt und Würden stand und hier den Wahlen präsidierte, gehörte zu jenen Sünden der Seldwyler, die sich zeitweise so lange anhäuften, bis ihnen die Regierung mit einer Untersuchung auf den Leib rückte. Die Landleute wußten teilweise wohl, daß es nicht ganz richtig war mit diesem Präsidenten, allein sie waren viel zu langsam und zu häcklich, als daß sie etwas gegen ihn unternommen hätten, und so hatte er sich bereits in einem Handumdrehen mit seinen drei oder vier Mitbürgern das Geschäft des Tages zugeeignet, als Fritz ankam. Dieser, als er das Häuflein rechtlicher Landleute sah, freute sich, wenigstens nicht ganz allein dazusein, und es fuhr plötzlich ein unternehmender Geist in ihn, daß er unversehens das Wort verlangte und gegen den Präsidenten protestierte, da derselbe falliert und bürgerlich tot sei.

Dies war ein Donnerschlag aus heiterm Himmel. Der ansehnliche Wirt machte ein Gesicht wie einer, der tausend Jahre begraben lag und wieder auferstanden ist; jedermann sah sich nach dem kühnen Redner um; aber die Sache war so kindlich einfach, daß auch nicht ein Laut dagegen ertönen konnte, in keiner Weise; nicht die leiseste Diskussion ließ sich eröffnen. Je unerhörter und unverhoffter das Ereignis war, um so begreiflicher und natürlicher erschien es jetzt, und je begreiflicher es erschien, um so zorniger und empörter waren die paar Seldwyler grade über diese Begreiflichkeit, über sich selbst, über den jungen Amrain, über die heimtückische Trivialität der Welt, welche das Unscheinbarste und Naheliegendste ergreift, um Große zu stürzen und die Verhältnisse umzukehren. Der Herr Präsident Usurpator sagte nach einer minutenlangen Verblüffung, nach welcher er wieder so klug wie zu Anfang war, gar nichts als: »Wenn – wenn man gegen meine Person Einwendungen – allerdings, ich werde mich nicht aufdringen, so ersuche ich die geehrte Versammlung, zu einer neuen Wahl des Präsidenten zu schreiten, und die Stimmenzähler, die betreffenden Stimmzettel auszuteilen.«

»Ihr habt überhaupt weder etwas vorzuschlagen hier noch den Stimmenzählern etwas aufzutragen!« rief Fritz Amrain, und dem großen Magnaten und Gastwirt blieb nichts anders übrig, als das Unerhörte abermals so begreiflich zu finden, daß es ans Triviale grenzte, und ohne ein Wort weiter zu sagen, verließ er die Kirche, gefolgt von dem bestürzten Nachtwächter und den andern Lumpen.

Nur der Schreiber blieb, um das Protokoll weiterzuführen, und Fritz Amrain begab sich in dessen Nähe und sah ihm auf die Finger. Die Bauern aber erholten sich endlich aus ihrer Verwunderung und benutzten die Gelegenheit, das Wahlgeschäft rasch zu beendigen und statt der bisherigen zwei Mitglieder zwei tüchtige Männer aus ihrer Gegend zu wählen, die sie schon lange gerne im Rate gesehen, wenn die Seldwyler ihnen irgend Raum gegönnt hätten. Dies lag nun am wenigsten im Plane der nicht erschienenen Seldwyler; denn sie hatten sich doch gedacht, daß ihr Präsident und der Nachtwächter unfehlbar die alten zwei Popanze wählen würden, wie es auch ausgemacht war in einer flüchtigen Viertelstunde in irgendeinem Hinterstübchen. Wie erstaunten sie daher, als sie nun, durch den heimgeschickten falschen Präsidenten aufgeschreckt, in hellen Haufen dahergerannt kamen und das Protokoll rechtskräftig geschlossen fanden samt dem Resultat. Ruhig lächelnd gingen die Landleute auseinander; Fritz Amrain aber, welcher nach seiner Behausung schritt, wurde von den Bürgern aufgebracht, verlegen und wild-höhnisch betrachtet, mit halbem Blicke oder weit aufgesperrten Augen. Der eine rief ein abgebrochenes Ha!, der andere ein Ho! Fritz fühlte, daß er jetzt zum ersten Male wirkliche Feinde habe, und zwar gefährlicher als jene, gegen welche er einst mit Blei und Pulver ausgezogen. Auch wußte er, da er so unerbittlich über einen Mann gerichtet, der zwanzig Jahre älter war als er, daß er sich nun doppelt wehren müsse, selber nicht in die Grube zu fallen, und so hatte das Leben nun wieder ein ganz anderes Gesicht für ihn als noch vor kaum zwei Stunden. Mit ernsten Gedanken trat er in sein Haus und gedachte, um sich aufzuheitern, seine Mutter zu prüfen, ob ihr diese Wendung der Dinge auch genehm sei, da sie ihn allein veranlaßt hatte, sich in die Gefahr zu begeben.

Allein da er den Hausflur betrat, kam ihm seine Mutter entgegen, fiel ihm weinend um den Hals und sagte nichts als: »Dein Vater ist wiedergekommen!« Da sie aber sah, daß ihn dieser Bericht noch verlegener und ungewisser machte, als sie selbst war, faßte sie sich, nachdem sie den Sohn an sich gedrückt, und sagte: »Nun, er soll uns nichts anhaben! Sei nur freundlich gegen ihn, wie es einem Kinde zukommt!« So hatten sich in der Tat die Dinge abermals verändert; noch vor wenig Augenblicken, da er auf der Straße ging, schien es ihm höchst bedenklich, sich eine ganze Stadt verfeindet zu wissen, und jetzt, was war dies Bedenken gegen die Lage, urplötzlich sich einem Vater gegenüberzusehen, den er nie gekannt, von dem er nur wußte, daß er ein eitler, wilder und leichtsinniger Mann war, der zudem die ganze Welt durchzogen während zwanzig Jahren und nun weiß der Himmel welch ein fremdartiger und erschrecklicher Kumpan sein mochte. »Wo kommt er denn her, was will er, wie sieht er denn aus, was will er denn?« sagte Fritz, und die Mutter erwiderte: »Er scheint irgendein Glück gemacht und was erschnappt zu haben, und nun kommt er mit Gebärden dahergefahren, als ob er uns in Gnaden auffressen wollte! Fremd und wild sieht er aus, aber er ist der alte, das hab' ich gleich gesehen.« Fritz war aber jetzt doch neugierig und ging festen Schrittes die Treppe hinauf und auf die Wohnstube zu, während die Mutter in die Küche huschte und auf einem andern Wege fast gleichzeitig in die Stube trat; denn das dünkte sie nun der beste Lohn und Triumph für alle Mühsal, zu sehen, wie ihrem Manne der eigene Sohn, den sie erzogen, entgegentrat. Als Fritz die Türe öffnete und eintrat, sah er den großen schweren Mann am Tische sitzen, der ihm wohl er selbst zu sein schien, wenn er zwanzig Jahre älter wäre. Der Fremde war fein, aber unordentlich gekleidet, hatte etwas Ruhig-Trotziges in seinem Wesen und doch etwas Unstetes in seinem Blick, als er jetzt aufstand und ganz erschrocken sein junges Ebenbild eintreten sah, hoch aufgerichtet und nicht um eine Linie kürzer als er selbst. Aber um das Haupt des Jungen wehten starke goldene Locken, und während sein Angesicht ebenso ruhig-trotzig dreinsah wie das des Alten, errötete er bei aller Kraft doch in Unschuld und Bescheidenheit. Als der Alte ihn mit der verlegenen Unverschämtheit der Zerfahrenen ansah und sagte: »So wirst du also mein Sohn sein?«, schlug der Junge die Augen nieder und sagte: »Ja, und Ihr seid also mein Vater? Es freut mich, Euch endlich zu sehen!« Dann schaute er neugierig empor und betrachtete gutmütig den Alten; als dieser aber ihm nun die Hand gab und die seinige mit einem prahlerischen Druck schüttelte, um ihm seine große Kraft und Gewalt anzukünden, erwiderte der Sohn unverweilt diesen Druck, so daß die Gewalt wie ein Blitz in den Arm des Alten zurückströmte und den ganzen Mann gelinde erschütterte. Als aber vollends der Junge nun mit ruhigem Anstand den Alten zu seinem Stuhle zurückführte und ihn mit freundlicher Bestimmtheit zu sitzen nötigte, da ward es dem Zurückgekehrten ganz wunderlich zumut, ein solch wohlgeratenes Ebenbild vor sich zu sehen, das er selbst und doch wieder ganz ein anderer war. Frau Regula sprach beinahe kein Wort und ergriff den klugen Ausweg, den Mann auf seine Weise zu ehren, indem sie ihn reichlich bewirtete und sich mit dem Vorweisen und Einschenken ihres besten Weines zu schaffen machte. Dadurch wurde seine Verlegenheit, als er so zwischen seiner Frau und seinem Sohne saß, etwas gemildert, und das Loben des guten Weines gab ihm Veranlassung, die Vermutung auszusprechen, daß es also mit ihnen gut stehen müsse, wie er zu seiner Befriedigung ersehe, was denn den besten Übergang gab zu der Auseinandersetzung ihrer Verhältnisse. Frau und Sohn suchten nun nicht ängstlich zurückzuhalten und heimlich zu tun, sondern sie legten ihm offen den Stand ihres Hauses und ihres Vermögens dar; Fritz holte die Bücher und Papiere herbei und wies ihm die Dinge mit solchem Verstand und Klarheit nach, daß er erstaunt die Augen aufsperrte über die gute Geschäftsführung und über die Wohlhabenheit seiner Familie. Indessen reckte er sich empor und sprach: »Da steht ihr ja herrlich im Zeuge und habt euch gut gehalten, was mir lieb ist. Ich komme aber auch nicht mit leeren Händen und habe mir einen Pfennig erworben, durch Fleiß und Rührigkeit!« Und er zog einige Wechselbriefe hervor sowie einen mit Gold angefüllten Gurt, was er alles auf den Tisch warf, und es waren allerdings einige tausend Gulden oder Taler. Allein er hatte sie nicht nach und nach erworben und verschwieg weislich, daß er diese Habe auf einmal durch irgendeinen Glücksfall erwischt, nachdem er sich lange genug ärmlich herumgetrieben in allen nordamerikanischen Staaten. »Dies wollen wir«, sagte er, »nun sogleich in das Geschäft stecken und mit vereinten Kräften weiterschaffen; denn ich habe eine ordentliche Lust, hier, da es nun geht, wieder ans Zeug zu gehen und den Hunden etwas vorzuspielen, die mich damals forgetrieben.« Sein Sohn schenkte ihm aber ruhig ein anderes Glas Wein ein und sagte: »Vater, ich wollte Euch raten, daß Ihr vorderhand Euch ausruhet und es Euch wohl sein lasset. Eure Schulden sind längst bezahlt, und so könnt Ihr Euer Geldchen gebrauchen, wie es Euch gut dünkt, und ohnedies soll es Euch an nichts bei uns fehlen! Was aber das Geschäft betrifft, so habe ich selbiges von Jugend auf gelernt und weiß nun, woran es lag, daß es Euch damals mißlang. Ich muß aber freie Hand darin haben, wenn es nicht abermals rückwärtsgehen soll. Wenn es Euch Lust macht, hie und da ein wenig mitzuhelfen und Euch die Sache anzusehen, so ist es zu Eurem Zeitvertreib hinreichend, daß Ihr es tut. Wenn Ihr aber nicht nur mein Vater, sondern sogar ein Engel vom Himmel wäret, so würde ich Euch nicht zum förmlichen Anteilhaber annehmen, weil Ihr das Werk nicht gelernt habt und, verzeiht mir meine Unhöflichkeit, nicht versteht!« Der Alte wurde durch diese Rede höchst verstimmt und verlegen, wußte aber nichts darauf zu erwidern, da sie mit großer Entschiedenheit gesprochen war und er sah, daß sein Sohn wußte, was er wollte. Er packte seine Reichtümer zusammen und ging aus, sich in der Stadt umzusehen. Er trat in verschiedene Wirtshäuser; allein er fand da ein neues Geschlecht an der Tagesordnung, und seine alten Genossen waren alle längst in die Dunkelheit verschwunden. Zudem hatte er in Amerika doch etwas andere Manieren bekommen. Er hatte sich gewöhnen müssen, sein Gläschen stehend zu trinken, um unverweilt dem Drange und der einsilbigen Jagd des Lebens wieder nachzugehen; er hatte ein tüchtiges rastloses Arbeiten wenigstens mit angesehen und sich unter den Amerikanern ein wenig abgerieben, so daß ihm diese ewige Sitzerei und Schwätzerei nun selbst nicht mehr zusagte. Er fühlte, daß er in seinem wohlbestellten Hause doch besser aufgehoben wäre als in diesen Wirtshäusern, und kehrte unwillkürlich dahin zurück, ohne zu wissen, ob er dort bleiben oder wieder fortgehen solle. So ging er in die Stube, die man ihm eingeräumt; dort warf der alternde Mann seine Barschaft unmutig in einen Winkel, setzte sich rittlings auf einen Stuhl, senkte den großen betrübten Kopf auf die Lehne und fing ganz bitterlich an zu weinen. Da trat seine Frau herein, sah, daß er sich elend fühlte, und mußte sein Elend achten. Sowie sie aber wieder etwas an ihm achten konnte, kehrte ihre Liebe augenblicklich zurück. Sie sprach nicht mit ihm, blieb aber den übrigen Teil des Tages in der Kammer, ordnete erst dies und jenes zu seiner Bequemlichkeit und setzte sich endlich mit ihrem Strickzeug schweigend ans Fenster, indem sich erst nach und nach ein Gespräch zwischen den lange getrennten Eheleuten entwickelte. Was sie gesprochen, wäre schwer zu schildern, aber es ward beiden wohler zumut, und der alte Herr ließ sich von da an von seinem wohlerzogenen Sohne nachträglich noch ein bißchen erziehen und leiten ohne Widerrrede, und ohne daß der Sohn sich eine Unkindlichkeit zuschulden kommen ließ. Aber der seltsame Kursus dauert nicht einmal sehr lange, und der Alte ward doch noch ein gelassener und zuverlässiger Teilnehmer an der Arbeit, mit manchen Ruhepunkten und kleinen Abschweifungen, aber ohne dem blühenden Hausstande Nachteile oder Unehre zu bringen. Sie lebten alle zufrieden und wohlbegütert, und das Geblüt der Frau Regula Amrain wucherte so kräftig in diesem Hause, daß auch die zahlreichen Kinder des Fritz vor dem Untergang gesichert blieben. Sie streckte sich, als sie starb, im Tode noch stolz aus, und noch nie ward ein so langer Frauensarg in die Kirche getragen und der eine so edle Leiche barg zu Seldwyla.

Die drei gerechten Kammacher

Die Leute von Seldwyla haben bewiesen, daß eine ganze Stadt von Ungerechten oder Leichtsinnigen zur Not fortbestehen kann im Wechsel der Zeiten und des Verkehrs; die drei Kammacher aber, daß nicht drei Gerechte lang unter einem Dache leben können, ohne sich in die Haare zu geraten. Es ist hier aber nicht die himmlische Gerechtigkeit gemeint oder die natürliche Gerechtigkeit des menschlichen Gewissens, sondern jene blutlose Gerechtigkeit, welche aus dem Vaterunser die Bitte gestrichen hat: Und vergib uns unsere Schulden, wie auch wir vergeben unsern Schuldigern!, weil sie keine Schulden macht und auch keine ausstehen hat; welche niemandem zuleid lebt, aber auch niemandem zu Gefallen, wohl arbeiten und erwerben, aber nichts ausgeben will und an der Arbeitstreue nur einen Nutzen, aber keine Freude findet. Solche Gerechte werfen keine Laternen ein, aber sie zünden auch keine an, und kein Licht geht von ihnen aus; sie treiben allerlei Hantierungen, und eine ist ihnen so gut wie die andere, wenn sie nur mit keiner Fährlichkeit verbunden ist; am liebsten siedeln sie sich dort an, wo recht viele Ungerechte in ihrem Sinne sind; denn sie untereinander, wenn keine solche zwischen ihnen wären, würden sich bald abreiben wie Mühlsteine, zwischen denen kein Korn liegt. Wenn diese ein Unglück betrifft, so sind sie höchst verwundert und jammern, als ob sie am Spieße stäken, da sie doch niemandem was zuleid getan haben; denn sie betrachten die Welt als eine große wohlgesicherte Polizeianstalt, wo keiner eine Kontraventionsbuße zu fürchten braucht, wenn er vor seiner Türe fleißig kehrt, keine Blumentöpfe unverwahrt vor das Fenster stellt und kein Wasser aus demselben gießt.

Zu Seldwyl bestand ein Kammachergeschäft, dessen Inhaber gewohnterweise alle fünf bis sechs Jahre wechselten, obgleich es ein gutes Geschäft war, wenn es fleißig betrieben wurde; denn die Krämer, welche die umliegenden Jahrmärkte besuchten, holten da ihre Kammwaren. Außer den notwendigen Hornstriegeln aller Art wurden auch die wunderbarsten Schmuckkämme für die Dorfschönen und Dienstmägde verfertigt aus schönem, durchsichtigem Ochsenhorn, in welches die Kunst der Gesellen (denn die Meister arbeiteten nie) ein tüchtiges braunrotes Schildpattgewölbe beizte, je nach ihrer Phantasie, so daß, wenn man die Kämme gegen das Licht hielt, man die herrlichsten Sonnenauf- und -niedergänge zu sehen glaubte, rote Schäfchenhimmel, Gewitterstürme und andere gesprenkelte Naturerscheinungen. Im Sommer, wenn die Gesellen gerne wanderten und rar waren, wurden sie mit Höflichkeit behandelt und bekamen guten Lohn und gutes Essen; im Winter aber, wenn sie ein Unterkommen suchten und häufig zu haben waren, mußten sie sich ducken, Kämme machen, was das Zeug halten wollte, für geringen Lohn; die Meisterin stellte einen Tag wie den andern eine Schüssel Sauerkraut auf den Tisch, und der Meister sagte: »Das sind Fische!« Wenn dann ein Geselle zu sagen wagte: »Bitt' um Verzeihung, es ist Sauerkraut!«, so bekam er auf der Stelle den Abschied und mußte wandern in den Winter hinaus. Sobald aber die Wiesen grün wurden und die Wege gangbar, sagten sie: »Es ist doch Sauerkraut!« und schnürten ihr Bündel. Denn wenn dann auch die Meisterin auf der Stelle einen Schinken auf das Kraut warf und der Meister sagte: »Meiner Seel'! Ich glaubte, es wären Fische! Nun, dieses ist doch gewiß ein Schinken!«, so sehnten sie sich doch hinaus, da alle drei Gesellen in einem zweispännigen Bett schlafen mußten und sich den Winter durch herzlich satt bekamen wegen der Rippenstöße und erfrorenen Seiten.

Einsmals aber kam ein ordentlicher und sanfter Geselle angereist aus irgendeinem der sächsischen Lande, der fügte sich in alles, arbeitete wie ein Tierlein und war nicht zu vertreiben, so daß er zuletzt ein bleibender Hausrat wurde in dem Geschäft und mehrmals den Meister wechseln sah, da es die Jahre her gerade etwas stürmischer herging als sonst. Jobst streckte sich in dem Bette, so steif er konnte, und behauptete seinen Platz zunächst der Wand Winter und Sommer; er nahm das Sauerkraut willig für Fische und im Frühjahr mit bescheidenem Dank ein Stückchen von dem Schinken. Den kleineren Lohn legte er so gut zur Seite wie den größeren; denn er gab nichts aus, sondern sparte sich alles auf. Er lebte nicht wie andere Handwerksgesellen, trank nie einen Schoppen, verkehrte mit keinem Landsmann noch mit anderen jungen Gesellen, sondern stellte sich des Abends unter die Haustüre und schäkerte mit den alten Weibern, hob ihnen die Wassereimer auf den Kopf, wenn er besonders freigebiger Laune war, und ging mit den Hühnern zu Bett, wenn nicht reichliche Arbeit da war, daß er für besondere Rechnung die Nacht durcharbeiten konnte. Am Sonntag arbeitete er ebenfalls bis in den Nachmittag hinein, und wenn es das herrlichste Wetter war; man denke aber nicht, daß er dies mit Frohsinn und Vergnügen tat, wie Johann der muntere Seifensieder; vielmehr war er bei dieser freiwilligen Mühe niedergeschlagen und beklagte sich fortwährend über die Mühseligkeiten des Lebens. War dann der Sonntagnachmittag gekommen, so ging er in seinem

Arbeitsschurz und in den klappernden Pantoffeln über die Gasse und holte sich bei der Wäscherin das frische Hemd und das geglättete Vorhemdchen, den Vatermörder oder das bessere Schnupftuch und trug diese Herrlichkeiten auf der flachen Hand mit elegantem Gesellenschritt vor sich her nach Hause. Denn im Arbeitsschurz und in den Schlappschuhen beobachten manche Gesellen immer einen eigentümlich gezierten Gang, als ob sie in höheren Sphären schwebten, besonders die gebildeten Buchbinder, die lustigen Schuhmacher und die seltenen sonderbaren Kammacher. In seiner Kammer bedachte sich Jobst aber noch wohl, ob er das Hemd oder das Vorhemdchen auch wirklich anziehen wolle, denn er war bei aller Sanftmut und Gerechtigkeit ein kleiner Schweinigel, oder ob es die alte Wäsche noch für eine Woche tun müsse und er bei Hause bleiben und noch ein bißchen arbeiten wolle. In diesem Falle setzte er sich mit einem Seufzer über die Schwierigkeiten und Mühsal der Welt von neuem dahinter und schnitt verdrossen seine Zähne in die Kämme, oder er wandelte das Horn in Schildkrötenschalen um, wobei er aber so nüchtern und phantasielos verfuhr, daß er immer die gleichen drei trostlosen Kleckse daraufschmierte; denn wenn es nicht unzweifelhaft vorgeschrieben war, so wandte er nicht die kleinste Mühe an eine Sache. Entschloß er sich aber zu einem Spaziergang, so putzte er sich eine oder zwei Stunden lang peinlich heraus, nahm sein Spazierstöckchen und wandelte steif ein wenig vors Tor, wo er demütig und langweilig herumstand und langweilige Gespräche führte mit andern Herumständern, die auch nichts Besseres zu tun wußten, etwa alte arme Seldwyler, welche nicht mehr ins Wirthaus gehen konnten. Mit solchen stellte er sich dann gern vor ein im Bau begriffenes Haus, vor ein Saatfeld, vor einen wetterbeschädigten Apfelbaum oder vor eine neue Zwirnfabrik und tüftelte auf das angelegentlichste über diese Dinge, deren Zweckmäßigkeit und den Kostenpunkt, über die Jahrshoffnungen und den Stand der Feldfrüchte, von was allem er nicht den Teufel verstand. Es war ihm auch nicht darum zu tun; aber die Zeit verging ihm so auf die billigste und kurzweiligste Weise nach seiner Art, und die alten Leute nannten ihn nur den artigen und vernünftigen Sachsen, denn sie verstanden auch nichts. Als die Seldwyler eine große Aktienbrauerei anlegten, von der sie sich ein gewaltiges Leben versprachen, und die weitläufigen Fundamente aus dem Boden ragten, stöckerte er manchen Sonntagabend darin herum, mit Kennerblicken und mit dem scheinbar lebendigsten Interesse die Fortschritte des Baues untersuchend, wie wenn er ein alter Bauverständiger und der größte Biertrinker wäre. »Aber nein!« rief er ein Mal um das andere. »Des is ein fameses Wergg! Des gibt eine großartigte Anstalt! Aber Geld kosten duht's, na, das Geld! Aber schade, hier mißte mir des Gewehlbe doch en bißgen diefer sein und die Mauer um eine Idee stärger!« Bei alledem dachte er sich gar nichts, als daß er noch rechtzeitig zum Abendessen wolle, eh' es dunkel werde; denn dieses war der einzige Tort, den er seiner Frau Meisterin antat, daß er nie das Abendbrot versäumte am Sonntag, wie etwa die anderen Gesellen, sondern daß sie seinetwegen allein zu Hause bleiben oder sonstwie Bedacht auf ihn nehmen mußte. Hatte er sein Stückchen Braten oder Wurst versorgt, so wurmisierte er noch ein Weilchen in der Kammer herum und ging dann zu Bett; dies war dann ein vergnügter Sonntag für ihn gewesen.

Bei all diesem anspruchslosen, sanften und ehrbaren Wesen ging ihm aber nicht ein leiser Zug von innerlicher Ironie ab, wie wenn er sich heimlich über die Leichtsinnigkeit und Eitelkeit der Welt lustig machte, und er schien die Größe und Erheblichkeit der Dinge nicht undeutlich zu bezweifeln und sich eines viel tieferen Gedankenplanes bewußt zu sein. In der Tat machte er auch zuweilen ein so kluges Gesicht, besonders wenn er die sachverständigen sonntäglichen Reden führte, daß man ihm wohl ansah, wie er heimlich viel wichtigere Dinge im Sinne trage, wogegen alles, was andere unternahmen, bauten und aufrichteten, nur ein Kinderspiel wäre. Der große Plan, welchen er Tag und Nacht mit sich herumtrug und welcher sein stiller Leitstern war die ganzen Jahre lang, während er in Seldwyl Geselle war, bestand darin, sich so lange seinen Arbeitslohn aufzusparen, bis er hinreiche, eines schönen Morgens das Geschäft, wenn es gerade vakant würde, anzukaufen und ihn selbst zum Inhaber und Meister zu machen. Dies lag all seinem Tun und Trachten zugrunde, da er wohl bemerkt hatte, wie ein fleißiger und sparsamer Mann allhier wohl gedeihen müßte, ein Mann, welcher seinen eigenen stillen Weg ginge und von der Sorglosigkeit der andern nur den Nutzen, aber nicht die Nachteile zu ziehen wüßte. Wenn er aber erst Meister wäre, dann wollte er bald so viel erworben haben, um sich auch einzubürgern, und dann erst gedachte er so klug und zweckmäßig zu leben wie noch nie ein Bürger in Seldwyl, sich um gar nichts zu kümmern, was nicht seinen Wohlstand mehre, nicht einen Deut auszugeben, aber deren so viele als möglich an sich zu ziehen in dem leichtsinnigen Strudel dieser Stadt. Dieser Plan war ebenso einfach als richtig und begreiflich, besonders da er ihn auch ganz gut und ausdauernd durchführte; denn er hatte schon ein hübsches Sümmchen zurückgelegt, welches er sorgfältig verwahrte und sicherer Berechnung nach mit der Zeit groß genug werden mußte zur Erreichung dieses Zieles. Aber das Unmenschliche an diesem so stillen und friedfertigen Plane war nun, daß Jobst ihn überhaupt gefaßt hatte; denn nichts in seinem Herzen zwang ihn, gerade in Seldwyla zu bleiben, weder eine Vorliebe für die Gegend noch für die Leute, weder für die politische Verfassung dieses Landes noch für seine Sitten. Dies alles war ihm so gleichgültig wie seine eigene Heimat, nach welcher er sich gar nicht zurücksehnte; an hundert Orten in der Welt konnte er sich mit seinem Fleiß und mit seiner Gerechtigkeit ebensowohl festhalten wie hier; aber er hatte keine freie Wahl und ergriff in seinem öden Sinne die erste zufällige Hoffnungsfaser, die sich ihm bot, um sich daran zu hängen und sich daran großzusaugen. Wo es mir wohl geht, da ist mein Vaterland! heißt es sonst, und dieses Sprichwort soll unangetastet bleiben für diejenigen, welche auch wirklich eine bessere und notwendige Ursache ihres Wohlergehens im neuen Vaterlande aufzuweisen haben, welche in freiem Entschlusse in die Welt hinausgegangen, um sich rüstig einen Vorteil zu erringen, und als geborgene Leute zurückkehren, oder welche einem unwohnlichen Zustande in Scharen entfliehen und, dem Zuge der Zeit gehorchend, die neue Völkerwanderung über die Meere mitwandern; oder welche irgendwo treuere Freunde gefunden haben als daheim oder ihren eigensten Neigungen mehr entsprechende Verhältnisse oder durch irgendein schöneres menschliches Band festgebunden wurden. Aber auch das neue Land ihres Wohlergehens werden alle diese wenigstens lieben müssen, wo sie immerhin sind, und auch da zur Not einen Menschen vorstellen. Aber Jobst wußte kaum, wo er war; die Einrichtungen und Gebräuche der Schweizer waren ihm unverständlich, und er sagte bloß zuweilen: »Ja, ja, die Schweizer sind politische Leute! Es ist gewißlich, wie ich glaube, eine schöne Sache um die Politik, wenn man Liebhaber davon ist! Ich für meinen Teil bin kein Kenner davon; wo ich zu Haus bin, da ist es nicht der Brauch gewesen.« Die Sitten der Seldwyler waren ihm zuwider und machten ihn ängstlich, und wenn sie einen Tumult oder Zug vorhatten, hockte er zitternd zuhinterst in der Werkstatt und fürchtete Mord und Totschlag. Und dennoch war es sein einziges Denken und sein großes Geheimnis, hierzubleiben bis an das Ende seiner Tage. Auf alle Punkte der Erde sind solche Gerechte hingestreut, die aus keinem anderen Grunde sich dahin verkrümelten, als weil sie zufällig an ein Saugeröhrchen des guten Auskommens gerieten, und sie saugen still daran ohne Heimweh nach dem alten, ohne Liebe zu dem neuen Lande, ohne einen Blick in die Weite und ohne einen für die Nähe, und gleichen daher weniger dem freien

Menschen als jenen niederen Organismen, wunderlichen Tierchen und Pflanzensamen, die durch Luft und Wasser an die zufällige Stätte ihres Gedeihens getragen worden.

So lebte er ein Jährchen um das andere in Seldwyla und äufnete seinen heimlichen Schatz, welchen er unter einer Fliese seines Kammerbodens vergraben hielt. Noch konnte sich kein Schneider rühmen, einen Batzen an ihm verdient zu haben, denn noch war der Sonntagsrock, mit dem er angereist, im gleichen Zustande wie damals. Noch hatte kein Schuster einen Pfennig von ihm gelöst, denn noch waren nicht einmal die Stiefelsohlen durchgelaufen, die bei seiner Ankunft das Äußere seines Felleisens geziert; denn das Jahr hat nur zweiundfünfzig Sonntage, und von diesen wurde nur die Hälfte zu einem kleinen Spaziergang verwandt. Niemand konnte sich rühmen, je ein kleines oder großes Stück Geld in seiner Hand gesehen zu haben; denn wenn er seinen Lohn empfing, verschwand dieser auf der Stelle auf die geheimnisvollste Weise, und selbst wenn er vor das Tor ging, steckte er nicht einen Deut zu sich, so daß es ihm gar nicht möglich war, etwas auszugeben. Wenn Weiber mit Kirschen, Pflaumen oder Birnen in die Werkstatt kamen und die anderen Arbeiter ihre Gelüste befriedigten, hatte er auch tausendundein Gelüste, welche er dadurch zu beruhigen wußte, daß er mit der größten Aufmerksamkeit die Verhandlung mitführte, die hübschen Kirschen und Pflaumen streichelte und betastete und zuletzt die Weiber, welche ihn für den eifrigsten Käufer genommen, verblüfft abziehen ließ, sich seiner Enthaltsamkeit freuend; und mit zufriedenem Vergnügen, mit tausend kleinen Ratschlägen, wie sie die gekauften Äpfel braten oder schälen sollten, sah er seine Mitgesellen essen. Aber sowenig jemand eine Münze von ihm zu besehen kriegte, ebensowenig erhielt jemand von ihm je ein barsches Wort, eine unbillige Zumutung oder ein schiefes Gesicht; er wich vielmehr allen Händeln auf das sorgfältigste aus und nahm keinen Scherz übel, den man sich mit ihm erlaubte; und so neugierig er war, den Verlauf von allerlei Klatschereien und Streitigkeiten zu betrachten und zu beurteilen, da solche jederzeit einen kostenfreien Zeitvertreib gewährten, während andere Gesellen ihren rohen Gelagen nachgingen, so hütete er sich wohl, sich in etwas zu mischen und über einer Unvorsichtigkeit betreffen zu lassen. Kurz, er war die merkwürdigste Mischung von wahrhaft heroischer Weisheit und Ausdauer und von sanfter, schnöder Herz- und Gefühllosigkeit.

Einst war er schon seit vielen Wochen der einzige Geselle in dem Geschäft, und es ging ihm so wohl in dieser Ungestörtheit wie einem Fisch im Wasser. Besonders des Nachts freute er sich des breiten Raumes im Bette und benutzte sehr ökonomisch diese schöne Zeit, sich für die kommenden Tage zu entschädigen und seine Person gleichsam zu verdreifachen, indem er unaufhörlich die Lage wechselte und sich vorstellte, als ob drei zumal im Bette lägen, von denen zwei den dritten ersuchten, sich doch nicht zu genieren und es sich bequem zu machen. Dieser dritte war er selbst, und er wickelte sich auf die Einladung hin wollüstig in die ganze Decke oder spreizte die Beine weit auseinander, legte sich quer über das Bett oder schlug in harmloser Lust Purzelbäume darin. Eines Tages aber, als er noch beim Abendscheine schon im Bette lag, kam unverhofft noch ein fremder Geselle zugesprochen und wurde von der Meisterin in die Schlafkammer gewiesen. Jobst lag eben in wähligem Behagen mit dem Kopfe am Fußende und mit den Füßen auf den Pfülmen, als der Fremde eintrat, sein schweres Felleisen abstellte und unverweilt anfing, sich auszuziehen, da er müde war. Jobst schnellte blitzschnell herum und streckte sich steif an seinen ursprünglichen Platz an der Wand, und er dachte: »Der wird bald wieder ausreißen, da es Sommer ist und lieblich zu wandern!« In dieser Hoffnung ergab er sich mit stillen Seufzern in sein Schicksal und war der nächtlichen Rippenstöße und des Streites um die Decke gewärtig, die es nun absetzen würde. Aber wie erstaunt war er, als der Neuangekommene, obgleich es ein Bayer war, sich mit höflichem Gruße zu ihm ins Bett legte, sich ebenso friedlich und manierlich, wie er selbst, am andern Ende des Bettes verhielt und ihn während der ganzen Nacht nicht im mindesten belästigte. Dies unerhörte Abenteuer brachte ihn so um alle Ruhe, daß er, während der Bayer wohlgemut schlief, diese Nacht kein Auge zutat. Am Morgen betrachtete er den wundersamen Schlafgefährten mit äußerst aufmerksamen Mienen und sah, daß es ein ebenfalls nicht mehr junger Geselle war, der sich mit anständigen Worten nach den Umständen und dem Leben hier erkundigte, ganz in der Weise, wie er es etwa selbst getan haben würde. Sobald er dies nur bemerkte, hielt er an sich und verschwieg die einfachsten Dinge wie ein großes Geheimnis, trachtete aber dagegen das Geheimnis des Bayers zu ergründen; denn daß derselbe ebenfalls eines besaß, war ihm von weitem anzusehen; wozu sollte er sonst ein so verständiger, sanftmütiger und gewiegter Mensch sein, wenn er nicht irgend etwas Heimliches, sehr Vorteilhaftes vorhatte? Nun suchten sie sich gegenseitig die Würmer aus der Nase zu ziehen, mit der größten Vorsicht und Friedfertigkeit, in halben Worten und auf anmutigen Umwegen. Keiner gab eine vernünftige, klare Antwort, und doch wußte nach Verlauf einiger Stunden jeder, daß der andere nichts mehr oder minder als sein vollkommener Doppelgänger sei. Als im Laufe des Tages Fridolin, der Bayer, mehrmals nach der Kammer lief und sich dort zu schaffen machte, nahm Jobst die Gelegenheit wahr, auch einmal hinzuschleichen, als jener bei der Arbeit saß, und durchmusterte im Fluge die Habseligkeiten Fridolins; er entdeckte aber nichts weiter als fast die gleichen Siebensächelchen, die er selbst besaß, bis auf die hölzerne Nadelbüchse, welche aber hier einen Fisch vorstellte, während Jobst scherzhafterweise ein kleines Wickelkindchen besaß, und statt einer zerrissenen französischen Sprachlehre für das Volk, welche Jobst bisweilen durchblätterte, war bei dem Bayer ein gut gebundenes Büchlein zu finden, betitelt: Die kalte und warme Küpe, ein unentbehrliches Handbuch für Blaufärber. Darin war aber mit Bleistift geschrieben: Unterfand für die 3 Kreizer, welche ich dem Nassauer geborgt. Hieraus schloß er, daß es ein Mann war, der das Seinige zusammenhielt, und spähete unwillkürlich am Boden herum, und bald entdeckte er eine Fliese, die ihm gerade so vorkam, als ob sie kürzlich herausgenommen wäre, und unter derselben lag auch richtig ein Schatz in ein altes halbes Schnupftuch und mit Zwirn umwikkelt, fast ganz so schwer wie der seinige, welcher zum Unterschied in einem zugebundenen Socken steckte. Zitternd drückte er die Backsteinplatte wieder zurecht, zitternd aus Aufregung und Bewunderung der fremden Größe und aus tiefer Sorge um sein Geheimnis. Stracks lief er hinunter in die Werkstatt und arbeitete, als ob es gälte, die Welt mit Kämmen zu versehen, und der Bayer arbeitete, als ob der Himmel noch dazu gekämmt werden müßte. Die nächsten acht Tage bestätigten durchaus diese erste gegenseitige Auffassung; denn war Jobst fleißig und genügsam, so war Fridolin tätig und enthaltsam mit den gleichen bedenklichen Seufzern über das Schwierige solcher Tugend; war aber Jobst heiter und weise, so zeigte sich Fridolin spaßhaft und klug; war jener bescheiden, so war dieser demütig, jener schlau und ironisch, dieser durchtrieben und beinahe satirisch, und machte Jobst ein friedlich einfältiges Gesicht zu einer Sache, die ihn ängstigte, so sah Fridolin unübertrefflich wie ein Esel aus. Es war nicht sowohl ein Wettkampf als die Übung wohlbewußter Meisterschaft, die sie beseelte, wobei keiner verschmähte, sich den andern zum Vorbild zu nehmen und ihm die feinsten Züge eines vollkommenen Lebenswandels, die ihm etwa noch fehlten, nachzuahmen. Sie sahen sogar so einträchtig und verständnisinnig aus, daß sie eine gemeinsame Sache zu machen schienen, und glichen so zwei tüchtigen Helden, die sich ritterlich vertragen und gegenseitig stählen, ehe sie sich befehden. Aber nach kaum acht Tagen kam abermals einer zugereist, ein Schwabe, namens Dietrich, worüber die beiden eine stillschweigende Freude empfanden, wie über einen lustigen Maßstab, an welchem ihre stille Größe sich messen konnte, und sie gedachten, das arme Schwäbchen, welches gewiß ein rechter Taugenichts war, in die Mitte zwischen ihre Tugenden zu nehmen, wie zwei Löwen ein Äffchen, mit dem sie spielen.

Aber wer beschreibt ihr Erstaunen, als der Schwabe sich gerade so benahm wie sie selbst, und sich die Erkennung, die zwischen ihnen vorgegangen, noch einmal wiederholte zu dritt, wodurch sie nicht nur dem dritten gegenüber in eine unverhoffte Stellung gerieten, sondern sie selbst unter sich in eine ganz veränderte Lage kamen.

Schon als sie ihn im Bette zwischen sich nahmen, zeigte sich der Schwabe als vollkommen ebenbürtig und lag wie ein Schwefelholz so strack und ruhig, so daß immer noch ein bißchen Raum zwischen jedem der Gesellen blieb und das Deckbett auf ihnen lag, wie ein Papier auf drei Heringen. Die Lage wurde nun ernster, und indem alle drei gleichmäßig sich gegenüberstanden, wie die Winkel eines gleichseitigen Dreiecks, und kein vertrauliches Verhältnis mehr zwischen zweien möglich war, kein Waffenstillstand oder anmutiger Wettstreit, waren sie allen Ernstes beflissen, einander aus dem Bett und dem Haus hinaus zu dulden. Als der Meister sah, daß diese drei Käuze sich alles gefallen ließen, um nur dazubleiben, brach er ihnen am Lohn ab und gab ihnen geringere Kost; aber desto fleißiger arbeiteten sie und setzten ihn in den Stand, große Vorräte von billigen Waren in Umlauf zu bringen und vermehrten Bestellungen zu genügen, also daß er ein Heidengeld durch die stillen Gesellen verdiente und eine wahre Goldgrube an ihnen besaß. Er schnallte sich den Gurt um einige Löcher weiter und spielte eine große Rolle in der Stadt, während die törichten Arbeiter in der dunkeln Werkstatt Tag und Nacht sich abmühten und sich gegenseitig hinausarbeiten wollten. Dietrich, der Schwabe, welcher der jüngste war, erwies sich als ganz vom gleichen Holze geschnitten wie die zwei andern, nur besaß er noch keine Ersparnis, denn er war noch zuwenig gereist. Dies wäre ein bedenklicher Umstand für ihn gewesen, da Jobst und Fridolin einen zu großen Vorsprung gewannen, wenn er nicht als ein erfindungsreiches Schwäblein eine neue Zaubermacht heraufbeschworen hätte, um den Vorteil der andern aufzuwiegen. Da sein Gemüt nämlich von jeglicher Leidenschaft frei war, so frei wie dasjenige seiner Nebengesellen, außer von der Leidenschaft, gerade hier und nirgends anders sich anzusiedeln und den Vorteil wahrzunehmen, so erfand er den Gedanken, sich zu verlieben und um die Hand einer Person zu werben, welche ungefähr so viel besaß, als der Sachse und der Bayer unter den Fliesen liegen hatten. Es gehörte zu den besseren Eigentümlichkeiten der Seldwyler, daß sie um einiger Mittel willen keine häßlichen oder unliebenswürdigen Frauen nahmen; in große Versuchung gerieten sie ohnehin nicht, da es in ihrer Stadt keine reichen Erbinnen gab, weder schöne noch unschöne, und so behaupteten sie wenigstens die Tapferkeit, auch die kleineren Brocken zu verschmähen und sich lieber mit lustigen und hübschen Wesen zu verbinden, mit welchen sie einige Jahre Staat machen konnten. Daher wurde es dem ausspähenden Schwaben nicht schwer, sich den Weg zu einer tugendhaften Jungfrau zu bahnen, welche in derselben Straße wohnte und von der er, im klugen Gespräche mit alten Weibern, in Erfahrung gebracht, daß sie einen Gültbrief von siebenhundert Gulden ihr Eigentum nenne. Dies war Züs Bünzlin, eine Tochter von achtundzwanzig Jahren, welche mit ihrer Mutter, der Wäscherin, zusammen lebte, aber über jenes väterliche Erbteil unbeschränkt herrschte. Sie hatte den Brief in einer kleinen lackierten Lade liegen, wo sie auch die Zinsen davon, ihren Taufzettel, ihren Konfirmationsschein und ein bemaltes und vergoldetes Osterei bewahrte; ferner ein halbes Dutzend silberne Teelöffel, ein Vaterunser mit Gold auf einen roten durchsichtigen Glasstoff gedruckt, den sie Menschenhaut nannte, einen Kirschkern, in welchen das Leiden Christi geschnitten war, und eine Büchse aus durchbrochenem und mit rotem Taft unterlegten Elfenbein, in welcher ein Spiegelchen war und ein silberner Fingerhut; ferner war darin ein anderer Kirschkern, in welchem ein winziges Kegelspiel klapperte, eine Nuß, worin eine kleine Muttergottes hinter Glas lag, wenn man sie öffnete, ein silbernes Herz, worin ein Riechschwämmchen steckte, und eine Bonbonbüchse aus Zitronenschale, auf deren Deckel eine Erdbeere gemalt war und in welcher eine goldene Stecknadel auf Baumwolle lag, die ein Vergißmeinnicht vorstellte, und ein Medaillon mit einem Monument von Haaren; ferner ein Bündel vergilbter Papiere mit Rezepten und Geheimnissen, ein Fläschchen mit Hoffmannstropfen, ein anderes mit Kölnischem Wasser und eine Büchse mit Moschus; eine andere, worin ein Endchen Marderdreck lag, und ein Körbchen, aus wohlriechenden Halmen geflochten, sowie eines, aus Glasperlen und Gewürznägelein zusammengesetzt; endlich ein kleines Buch, in himmelblaues geripptes Papier gebunden mit silbernem Schnitt, betitelt: Goldene Lebensregeln für die

Jungfrau als Braut, Gattin und Mutter; und ein Traumbüchlein, ein Briefsteller, fünf oder sechs Liebesbriefe und ein Schnepper zum Aderlassen; denn einst hatte sie ein Verhältnis mit einem Barbiergesellen oder Chirurgiegehilfen gepflogen, welchen sie zu ehelichen gedachte; und da sie eine geschickte und überaus verständige Person war, so hatte sie von ihrem Liebhaber gelernt, die Ader zu schlagen, Blutegel und Schröpfköpfe anzusetzen und dergleichen mehr und konnte ihn selbst sogar schon rasieren. Allein er hatte sich als ein unwürdiger Mensch gezeigt, bei welchem leichtlich ihr ganzes Lebensglück aufs Spiel gesetzt war, und so hatte sie mit trauriger, aber weiser Entschlossenheit das Verhältnis gelöst. Die Geschenke wurden von beiden Seiten zurückgegeben mit Ausnahme des Schneppers; diesen vorenthielt sie als ein Unterpfand für einen Gulden und achtundvierzig Kreuzer, welche sie ihm einst bar geliehen; der Unwürdige behauptete aber, solche nicht schuldig zu sein, da sie das Geld ihm bei Gelegenheit eines Balles in die Hand gegeben, um die Auslagen zu bestreiten, und sie hätte zweimal soviel verzehrt als er. So behielt er den Gulden und die achtundvierzig Kreuzer und sie den Schnepper, mit welchem sie unter der Hand allen Frauen ihrer Bekanntschaft Ader ließ und manchen schönen Batzen verdiente. Aber jedesmal, wenn sie das Instrument gebrauchte, mußte sie mit Schmerzen der niedrigen Gesinnungsart dessen gedenken, der ihr so nahegestanden und beinahe ihr Gemahl geworden wäre!

Dies alles war in der lackierten Lade enthalten, wohl verschlossen, und diese war wiederum in einem alten Nußbaumschrank aufgehoben, dessen Schlüssel die Züs Bünzlin allfort in der Tasche trug. Die Person selbst hatte dünne rötliche Haare und wasserblaue Augen, welche nicht ohne Reiz waren und zuweilen sanft und weise zu blicken wußten; sie besaß eine große Menge Kleider, von denen sie nur wenige und stets die ältesten trug, aber immer war sie sorgsam und reinlich angezogen, und ebenso sauber und aufgeräumt sah es in der Stube aus. Sie war sehr fleißig und half ihrer Mutter bei ihrer Wäscherei, indem sie die feineren Sachen plättete und die Hauben und Manschetten der Seldwylerinnen wusch, womit sie einen schönen Pfennig gewann; von dieser Tätigkeit mochte es auch kommen, daß sie allwöchentlich die Tage hindurch, wo gewaschen wurde, jene strenge und gemessene Stimmung innehielt, welche die Weiber immer während einer Wäsche befällt, und daß diese Stimmung sich in ihr festsetzte ein für allemal an diesen Tagen; erst wenn das Glätten anging, griff eine größere Heiterkeit Platz, welche bei Züsi aber jederzeit mit

Weisheit gewürzt war. Den gemessenen Geist beurkundete auch die Hauptzierde der Wohnung, ein Kranz von viereckigen, genau abgezirkelten Seifenstücken, welche rings auf das Gesimse des Tannengetäfels gelegt waren zum Hartwerden, behufs besserer Nutznießung. Diese Stücke zirkelte ab und schnitt aus den frischen Tafeln mittelst eines Messingdrahtes jederzeit Züs selbst. Der Draht hatte zwei Querhölzchen an den Enden zum bequemen Anfassen und Durchschneiden der weichen Seife; einen schönen Zirkel aber zum Einteilen hatte ihr ein Zeugschmiedgesell verfertigt und geschenkt, mit welchem sie einst so gut wie versprochen war. Von demselben rührte auch ein blanker kleiner Gewürzmörser her, welcher das Gesimse ihres Schrankes zierte zwischen der blauen Teekanne und dem bemalten Blumenglas; schon lange war ein solches artiges Mörserchen ihr Wunsch gewesen, und der aufmerksame Zeugschmied kam daher wie gerufen, als er an ihrem Namenstage damit erschien und auch was zum Stoßen mitbrachte: eine Schachtel voll Zimmet, Zucker, Nägelein und Pfeffer. Den Mörser hing er dazumal vor der Stubentüre, ehe er eintrat, mit dem einen Henkel an den kleinen Finger, und hub mit dem Stößel ein schönes Geläute an, wie mit einer Glocke, so daß es ein fröhlicher Morgen ward. Aber kurz darauf entfloh der falsche Mensch aus der Gegend und ließ nie wieder von sich hören. Sein Meister verlangte obenein noch den Mörser zurück, da der Entflohene ihn seinem Laden entnommen, aber nicht bezahlt habe. Aber Züs Bünzlin gab das werte Andenken nicht heraus, sondern führte einen tapfern und heftigen kleinen Prozeß darum, den sie selbst vor Gericht verteidigte auf Grundlage einer Rechnung für gewaschene Vorhemden des Entwichenen. Dies waren, als sie den Streit um den Mörser führen mußte, die bedeutsamsten und schmerzhaftesten Tage ihres Lebens, da sie mit ihrem tiefen Verstande die Dinge und besonders das Erscheinen vor Gericht um solch zarter Sache willen viel lebendiger begriff und empfand als andere leichtere Leute. Doch erstritt sie den Sieg und behielt den Mörser.

Wenn aber die zierliche Seifengalerie ihre Werktätigkeit und ihren exakten Sinn verkündete, so pries nicht minder ihren erbaulichen und geschulten Geist ein Häufchen unterschiedlicher Bücher, welches am Fenster ordentlich aufgeschichtet lag und in denen sie des Sonntags fleißig las. Sie besaß noch alle ihre Schulbücher seit vielen Jahren her und hatte auch nicht eines verloren, sowie sie auch noch die ganze kleine Gelehrsamkeit im Gedächtnis trug, und sie wußte noch den Katechismus auswendig wie das Deklinierbuch, das Rechenbuch wie das Geographiebuch, die biblische Geschichte und die weltlichen Lesebücher; auch besaß sie einige der hübschen Geschichten von Christoph Schmid und dessen kleine Erzählungen mit den artigen Spruchversen am Ende, wenigstens ein halbes Dutzend verschiedene Schatzkästlein und Rosengärtchen zum Aufschlagen, eine Sammlung Kalender voll bewährter mannigfacher Erfahrung und Weisheit, einige merkwürdige Prophezeiungen, eine Anleitung zum Kartenschlagen, ein Erbauungsbuch auf alle Tage des Jahres für denkende Jungfrauen und ein altes Exemplar von Schillers Räubern, welches sie so oft las, als sie glaubte, es genugsam vergessen zu haben, und jedesmal wurde sie von neuem gerührt, hielt aber sehr verständige und sichtende Reden darüber. Alles, was in diesen Büchern stand, hatte sie auch im Kopfe und wußte auf das schönste darüber und über noch viel mehr zu sprechen. Wenn sie zufrieden und nicht zu sehr beschäftigt war, so ertönten unaufhörliche Reden aus ihrem Munde, und alle Dinge wußte sie heimzuweisen und zu beurteilen, und jung und alt, hoch und niedrig, gelehrt und ungelehrt mußte von ihr lernen und sich ihrem Urteile unterziehen, wenn sie lächelnd oder sinnig erst ein Weilchen aufgemerkt hatte, worum es sich handle; sie sprach zuweilen so viel und salbungsvoll wie eine gelehrte Blinde, die nichts von der Welt sieht und deren einziger Genuß ist, sich selbst reden zu hören. Von der Stadtschule her und aus dem Konfirmationsunterrichte hatte sie die Übung ununterbrochen beibehalten, Aufsätze und geistliche Memorierungen und allerhand spruchweise Schemata zu schreiben, und so verfertigte sie zuweilen an stillen Sonntagen die wunderbarsten Aufsätze, indem sie an irgendeinen wohlklingenden Titel, den sie gehört oder gelesen, die sonderbarsten und unsinnigsten Sätze anreihte, ganze Bogen voll, wie sie ihrem seltsamen Gehirn entsprangen, wie z. B. über das Nutzbringende eines Krankenbettes, über den Tod, über die Heilsamkeit des Entsagens, über die Größe der sichtbaren Welt und das Geheimnisvolle der unsichtbaren, über das Landleben und dessen Freuden, über die Natur, über die Träume, über die Liebe, einiges über das Erlösungswerk Christi, drei Punkte über die Selbstgerechtigkeit, Gedanken über die Unsterblichkeit. Sie las ihren Freunden und Anbetern diese Arbeiten laut vor, und wem sie recht wohlwollte, dem schenkte sie einen oder zwei solcher Aufsätze und der mußte sie in die Bibel legen, wenn er eine hatte. Diese ihre geistige Seite hatte ihr einst die tiefe und aufrichtige Neigung eines jungen Buchbindergesellen zugezogen, welcher alle Bücher las, die er einband, und ein strebsamer, gefühlvoller und unerfahrener Mensch war. Wenn er sein Waschbündel zu Züsis Mutter brachte, dünkte er im Himmel zu sein, so wohl gefiel es ihm, solche herrliche Reden zu hören, die er sich selbst schon so oft idealisch gedacht, aber nicht auszustoßen getraut hatte. Schüchtern und ehrerbietig näherte er sich der abwechselnd strengen und beredten Jungfrau, und sie gewährte ihm ihren Umgang und band ihn an sich während eines Jahres, aber nicht ohne ihn ganz in den Schranken klarer Hoffnungslosigkeit zu halten, die sie mit sanfter, aber unerbittlicher Hand vorzeichnete. Denn da er neun Jahre jünger war als sie, arm wie eine Maus und ungeschickt zum Erwerb, der für einen Buchbinder in Seldwyla ohnehin nicht erheblich war, weil die Leute da nicht lasen und wenig Bücher binden ließen, so verbarg sie sich keinen Augenblick die Unmöglichkeit einer Vereinigung und suchte nur seinen Geist auf alle Weise an ihrer eigenen Entsagungsfähigkeit heranzubilden und in einer Wolke von buntscheckigen Phrasen einzubalsamieren. Er hörte ihr andächtig zu und wagte zuweilen selbst einen schönen Ausspruch, den sie ihm aber, kaum geboren, totmachte mit einem noch schöneren; dies war das geistigste und edelste ihrer Jahre, durch keinen gröberen Hauch getrübt, und der junge Mensch band ihr während desselben alle ihre Bücher neu ein, und bauete überdies während vieler Nächte und vieler Feiertage ein kunstreiches und kostbares Denkmal seiner Verehrung. Es war ein großer chinesischer Tempel aus Papparbeit mit unzähligen Behältern und geheimen Fächern, den man in vielen Stücken auseinandernehmen konnte. Mit den feinsten farbigen und gepreßten Papieren war er beklebt und überall mit Goldbörtchen geziert. Spiegelwände und Säulen wechselten ab, und hob man ein Stück ab oder öffnete ein Gelaß, so erblickte man neue Spiegel und verborgene Bilderchen, Blumenbuketts und liebende Pärchen; an den ausgeschweiften Spitzen der Dächer hingen allwärts kleine Glöcklein. Auch ein Uhrgehäuse für eine Damenuhr war angebracht mit schönen Häkchen an den Säulen, um die goldene Kette daranzuhenken und an dem Gebäude hin und her zu schlängeln; aber bis jetzt hatte sich noch kein Uhrmacher genähert, welcher eine Uhr, und kein Goldschmied, welcher eine Kette auf diesen Altar gelegt hätte. Eine unendliche Mühe und Kunstfertigkeit war an diesem sinnreichen Tempel verschwendet und der geometrische Plan nicht minder mühevoll als die saubere genaue Arbeit. Als das Denkmal eines schön verlebten Jahres fertig war, ermunterte Züs Bünzlin den guten Buchbinder, mit Bezwingung ihrer selbst, sich nun loszureißen und seinen Stab weiterzusetzen, da ihm die Welt offenstehe und ihm, nachdem er in ihrem Umgange, in ihrer Schule so sehr sein Herz veredelt habe, gewiß noch das schönste Glück lachen werde, während sie ihn nie vergessen und sich der Einsamkeit ergeben wolle. Er weinte wahrhaftige Tränen, als er sich so schicken ließ und aus dem Städtlein zog. Sein Werk dagegen thronte seitdem auf Züsis altväterischer Kommode, von einem meergrünen Gazeschleier bedeckt, dem Staub und allen unwürdigen Blicken entzogen. Sie hielt es so heilig, daß sie es ungebraucht und neu erhielt und gar nichts in die Behältnisse steckte, auch nannte sie den Urheber desselben in der Erinnerung Emanuel, während er Veit geheißen, und sagte jedermann, nur Emanuel habe sie verstanden und ihr Wesen erfaßt. Nur ihm selber hatte sie das selten zugestanden, sondern ihn in ihrem strengen Sinne kurzgehalten und zur höheren Anspornung ihm häufig gezeigt, daß er sie am wenigsten verstehe, wenn er sich am meisten einbilde, es zu tun. Dagegen spielte er ihr auch einen Streich und legte in einen doppelten Boden, auf dem innersten Grunde des Tempels, den allerschönsten Brief, von Tränen benetzt, worin er eine unsägliche Betrübnis, Liebe, Verehrung und ewige Treue aussprach, und in so hübschen und unbefangenen Worten, wie sie nur das wahre Gefühl findet, welches sich in eine Vexiergasse verrannt hat. So schöne Dinge hatte er gar nie ausgesprochen, weil sie ihn niemals zu Worte kommen ließ. Da sie aber keine Ahnung hatte von dem verborgenen Schatze, so geschah es hier, daß das Schicksal gerecht war und eine falsche Schöne nicht das zu Gesicht bekam, was sie nicht zu sehen verdiente. Auch war es ein Symbol, daß sie es war, welche das törichte, aber innige und aufrichtig gemeinte Wesen des Buchbinders nicht verstanden.

Schon lange hatte sie das Leben der drei Kammacher gelobt und dieselben drei gerechte und verständige Männer genannt; denn sie hatte sie wohl beobachtet. Als daher Dietrich der Schwabe begann, sich länger bei ihr aufzuhalten, wenn er sein Hemde brachte oder holte, und ihr den Hof zu machen, benahm sie sich freundschaftlich gegen ihn und hielt ihn mit trefflichen Gesprächen stundenlang bei sich fest, und Dietrich redete ihr voll Bewunderung nach dem Munde, so stark er konnte; und sie vermochte ein tüchtiges Lob zu ertragen, ja sie liebte den Pfeffer desselben um so mehr, je stärker er war, und wenn man ihre Weisheit pries, hielt sie sich möglichst still, bis man das Herz geleert, worauf sie mit erhöhter Salbung den Faden aufnahm und das Gemälde da und dort ergänzte, das man von ihr entworfen. Nicht lange war Dietrich bei Züs aus und ein gegangen, so hatte sie ihm auch schon den Gültbrief gezeigt und er war voll guter Dinge und tat gegen seine Gefährten so heimlich wie einer, der das Perpetuum mobile erfunden hat. Jobst und Fridolin kamen ihm jedoch bald auf die Spur und erstaunten über seinen tiefen Geist und über seine Gewandtheit. Jobst besonders schlug sich förmlich vor den Kopf; denn schon seit Jahren ging er ja auch in das Haus, und noch nie war ihm eingefallen, etwas anderes da zu suchen als seine Wäsche; er haßte vielmehr die Leute beinahe, weil sie die einzigen waren, bei welchen er einige bare Pfennige herausklauben mußte allwöchentlich. An eine eheliche Verbindung pflegte er nie zu denken, weil er unter einer Frau nichts anderes denken konnte als ein Wesen, das etwas von ihm wollte, was er nicht schuldig sei, und etwas von einer selbst zu wollen, was ihm nützlich sein könnte, fiel ihm auch nicht ein, da er nur sich selbst vertraute und seine kurzen Gedanken nicht über den nächsten und allerengsten Kreis seines Geheimnisses hinausgingen. Aber jetzt galt es, dem Schwäbchen den Rang abzulaufen, denn dieses konnte mit den siebenhundert Gulden der Jungfer Züs schlimme Geschichten aufstellen, wenn es sie erhielt, und die siebenhundert Gulden selbst bekamen auf einmal einen verklärten Glanz und Schimmer in den Augen des Sachsen wie des Bayern. So hatte Dietrich, der erfindungsreiche, nur ein Land entdeckt, welches alsobald Gemeingut wurde, und teilte das herbe Schicksal aller Entdecker; denn die zwei andern folgten sogleich seiner Fährte und stellten sich ebenfalls bei Züs Bünzlin auf, und diese sah sich von einem ganzen Hof verständiger und ehrbarer Kammacher umgeben. Das gefiel ihr ausnehmend wohl; noch nie hatte sie mehrere Verehrer auf einmal besessen, weshalb es eine neue Geistesübung für sie ward, diese drei mit der größten Klugheit und Unparteilichkeit zu behandeln und im Zaume zu halten und sie so lange mit wunderbaren Reden zur Entsagung und Uneigennützigkeit aufzumuntern, bis der Himmel über das Unabänderliche etwas entschiede. Denn da jeder von ihnen ihr insbesondere sein Geheimnis und seinen Plan vertraut hatte, so entschloß sie sich auf der Stelle, denjenigen zu beglücken, welcher sein Ziel erreiche und Inhaber des Geschäftes würde. Den Schwaben, welcher es nur durch sie werden konnte, schloß sie aber davon aus und nahm sich vor, diesen jedenfalls nicht zu heiraten; weil er aber der jüngste, klügste und liebenswürdigste der Gesellen war, so gab sie ihm durch manche stille Zeichen noch am ehesten einige Hoffnung und spornte durch die Freundlichkeit, mit welcher sie ihn besonders zu beaufsichtigen und zu regieren schien, die anderen zu größerem Eifer an, so daß dieser arme Kolumbus, der das schöne Land erfunden hatte, vollständig der Narr im Spiele ward. Alle drei wetteiferten miteinander in der Ergebenheit, Bescheidenheit und Verständigkeit und in der anmutigen Kunst, sich von der gestrengen Jungfrau im

Zaume halten zu lassen und sie ohne Eigennutz zu bewundern, und wenn die ganze Gesellschaft beieinander war, glich sie einem seltsamen Konventikel, in welchem die sonderbarsten Reden geführt wurden. Trotz aller Frömmigkeit und Demut geschah es doch alle Augenblicke, daß einer oder der andere, vom Lobpreisen der gemeinsamen Herrin plötzlich abspringend, sich selbst zu loben und herauszustreichen versuchte und sich, sanft von ihr zurechtgewiesen, beschämt unterbrochen sah oder anhören mußte, wie sie ihm die Tugenden der übrigen entgegenhielt, die er eiligst anerkannte und bestätigte.

Aber dies war ein strenges Leben für die armen Kammacher; so kühl sie von Gemüt waren, gab es doch, seit einmal ein Weib im Spiele, ganz ungewohnte Erregungen der Eifersucht, der Besorgnis, der Furcht und der Hoffnung; sie rieben sich in Arbeit und Sparsamkeit beinahe auf und magerten sichtlich ab; sie wurden schwermütig, und während sie vor den Leuten und besonders bei Züs sich der friedlichsten Beredsamkeit beflissen, sprachen sie, wenn sie zusammen bei der Arbeit oder in ihrer Schlafkammer saßen, kaum ein Wort miteinander und legten sich seufzend in ihr gemeinschaftliches Bett, noch immer so still und verträglich wie drei Bleistifte. Ein und derselbe Traum schwebte allnächtlich über dem Kleeblatt, bis er einst so lebendig wurde, daß Jobst an der Wand sich herumwarf und den Dietrich anstieß; Dietrich fuhr zurück und stieß den Fridolin, und nun brach in den schlummertrunkenen Gesellen ein wilder Groll aus und in dem Bette der schreckbarste Kampf, indem sie während drei Minuten sich so heftig mit den Füßen stießen, traten und ausschlugen, daß alle sechs Beine sich ineinander verwikkelten und der ganze Knäuel unter furchtbarem Geschrei aus dem Bette purzelte. Sie glaubten, völlig erwachend, der Teufel wolle sie holen, oder es seien Räuber in die Kammer gebrochen; sie sprangen schreiend auf, Jobst stellte sich auf seinen Stein, Fridolin eiligst auf seinen und Dietrich auf denjenigen, unter welchem sich bereits auch seine kleine Ersparnis angesetzt hatte, und indem sie so in einem Dreieck standen, zitterten und mit den Armen vor sich hin in die Luft schlugen, schrien sie zetermordio und riefen: »Geh fort! Geh fort!«, bis der erschreckte Meister in die Kammer drang und die tollen Gesellen beruhigte. Zitternd vor Furcht, Groll und Scham zugleich krochen sie endlich wieder ins Bett und lagen lautlos nebeneinander bis zum Morgen. Aber der nächtliche Spuk war nur ein Vorspiel gewesen eines größeren Schreckens, der sie jetzt erwartete, als der Meister ihnen beim Frühstück eröffnete, daß er nicht mehr drei Arbeiter brauchen könne und daher zwei von ihnen wandern müßten. Sie hatten nämlich des Guten zuviel getan und so viel Ware zuweg gebracht, daß ein Teil davon liegenblieb, indes der Meister den vermehrten Erwerb dazu verwendet hatte, das Geschäft, als es auf dem Gipfelpunkt stand, um so rascher rückwärtszubringen, und ein solch lustiges Leben führte, daß er bald doppelt soviel Schulden hatte, als er einnahm. Daher waren ihm die Gesellen, so fleißig und enthaltsam sie auch waren, plötzlich eine überflüssige Last. Er sagte ihnen zum Trost, daß sie ihm alle drei gleich lieb und wert wären und er es ihnen überließe, unter sich auszumachen, welcher dableiben und welche wandern sollten. Aber sie machten nichts aus, sondern standen da bleich wie der Tod und lächelten einer den andern an; dann gerieten sie in eine furchtbare Aufregung, da dies die verhängnisvollste Stunde war; denn die Ankündigung des Meisters war ein sicheres Zeichen, daß er es nicht lange mehr treiben und das Kammfabrikchen endlich wieder käuflich würde. Also war das Ziel, nach dem sie alle gestrebt, nahe und glänzte wie ein himmlisches Jerusalem, und zwei sollten vor den Toren desselben umkehren und ihm den Rücken wenden. Ohne alle fürdere Rücksicht erklärte jeder, dableiben zu wollen, und wenn er ganz umsonst arbeiten müsse. Der Meister konnte aber auch dies nicht brauchen und versicherte sie, daß zwei von ihnen jedenfalls gehen müßten; sie fielen ihm zu Füßen, sie rangen die Hände, sie beschworen ihn, und jeder bat insbesondere für sich, daß er ihn behalten möchte, nur noch zwei Monate, nur noch vier Wochen. Allein er wußte wohl, worauf sie spekulierten, ärgerte sich darüber und machte sich über sie lustig, indem er plötzlich einen spaßhaften Ausweg vorschlug, wie sie die Sache entscheiden sollten. »Wenn ihr euch durchaus nicht einigen könnt«, sagte er, »welche von euch den Abschied wollen, so will ich euch die Weise angeben, wie ihr die Sache entscheidet, und so soll es dann sein und bleiben! Morgen ist Sonntag, da zahle ich euch aus, ihr packt euer Felleisen, ergreift euren Stab und wandert alle drei einträchtlich zum Tore hinaus, eine gute halbe Stunde weit, auf welche Seite ihr wollt. Alsdann ruhet ihr euch aus und könnt auch einen Schoppen trinken, wenn ihr mögt, und habt ihr das getan, so wandert ihr wieder in die Stadt herein, und welcher dann der erste sein wird, der mich von neuem um Arbeit anspricht, den werde ich behalten; die anderen aber werden unausbleiblich gehen, wo es ihnen beliebt!« Sie fielen ihm abermals zu Füßen und baten ihn, von diesem grausamen Vorhaben abzustehen, aber umsonst; er blieb fest und unerbittlich. Unversehens sprang der Schwabe auf und rannte wie besessen zum Hause hinaus und zu Züs Bünzlin hinüber; kaum gewahrten dies Jobst und der Bayer, so unterbrachen sie ihr Lamentieren und rannten ihm nach, und die verzweifelte Szene war alsobald in die Wohnung der erschrockenen Jungfrau verlegt.

Diese war sehr betroffen und bewegt durch das unerwartete Abenteuer; doch faßte sie sich zuerst, und die Lage der Dinge überschauend, beschloß sie, ihr eigenes Schicksal an des Meisters wunderlichen Einfall zu knüpfen, und betrachtete diesen als eine höhere Eingebung; sie holte gerührt ein Schatzkästlein hervor und stach mit einer Nadel zwischen die Blätter, und der Spruch, welchen sie aufschlug, handelte vom unentwegten Verfolgen eines guten Zieles. Sodann ließ sie die aufgeregten Gesellen aufschlagen, und alles, was diese aufschlugen, handelte vom eifrigen Wandel auf dem schmalen Wege, vom Vorwärtsgehen ohne Rückschauen, von einer Laufbahn, kurz vom Laufen und Rennen aller Art, so daß der morgende Wettlauf deutlich vom Himmel vorgeschrieben schien. Da sie aber befürchtete, daß Dietrich als der Jüngste leicht am besten springen und die Palme erringen könnte, beschloß sie, selbst mit den drei Liebhabern auszuziehen und zu sehen, was etwa zu ihrem Vorteil zu machen wäre; denn sie wünschte, daß nur einer der zwei älteren Sieger würde, und es war ihr ganz gleichgültig, welcher. Sie befahl daher den Wehklagenden und sich Bezankenden Ruhe und Ergebung und sagte: »Wisset, meine Freunde, daß nichts ohne Bedeutung geschieht, und so merkwürdig und ungewöhnlich die Zumutung eures Meisters ist, so müssen wir sie doch als eine Fügung ansehen und uns mit einer höheren Weisheit, von welcher der mutwillige Mann nichts ahnt, dieser jähen Entscheidung unterwerfen. Unser friedliches und verständiges Zusammenleben ist zu schön gewesen, als daß es noch lange so erbaulich stattfinden könnte; denn ach! alles Schöne und Ersprießliche ist ja so vergänglich und vorübergehend, und nichts besteht in die Länge als das Übel, das Hartnäckige und die Einsamkeit der Seele, die wir alsdann mit unserer frommen Vernünftigkeit betrachten und beobachten. Daher wollen wir, ehe sich etwa ein böser Dämon des Zwiespaltes unter uns erhebt, uns lieber vorher freiwillig trennen und auseinanderscheiden, wie die lieben Frühlingslüftlein, wenn sie ihren eilenden Lauf am Himmel nehmen, ehe wir auseinanderfahren wie der Sturmwind des Herbstes. Ich selbst will euch hinausbegleiten auf dem schweren Wege und zugegen sein, wenn ihr den Prüfungslauf antretet, damit ihr einen fröhlichen Mut fasset und einen schönen Antrieb hinter euch habt, während vor euch das Ziel des Sieges winkt. Aber so wie der Sieger sich seines Glückes nicht überheben wird, so sollen die, welche unterliegen, nicht verzagen und keinen Gram oder Groll von dannen nehmen, sondern unsers liebevollen Andenkens gewärtig sein und als vergnügte Wanderjünglinge in die weite Welt ziehen; denn die Menschen haben viele Städte gebauet, welche so schön oder noch schöner sind wie Seldwyla; Rom ist eine große merkwürdige Stadt, allwo der Heilige Vater wohnt, und Paris ist eine gar mächtige Stadt mit vielen Seelen und herrlichen Palästen, und in Konstantinopel herrscht der Sultan, von türkischem Glauben, und Lissabon, welches einst durch ein Erdbeben verschüttet ward, ist desto schöner wieder aufgebaut worden. Wien ist die Hauptstadt von Österreich und die Kaiserstadt genannt, und London ist die reichste Stadt der Welt, in Engelland gelegen, an einem Fluß, der die Themse benannt wird. Zwei Millionen Menschen wohnen da! Petersburg aber ist die Haupt- und Residenzstadt von Rußland, so wie Neapel die Hauptstadt des Königsreiches gleichen Namens, mit dem feuerspeienden Berg Vesuvius, auf welchem einst einem englischen Schiffshauptmann eine verdammte Seele erschienen ist, wie ich in einer merkwürdigen Reisebeschreibung gelesen habe, welche Seele einem gewissen John Smidt angehörte, der vor hundertundfunfzig Jahren ein gottloser Mann gewesen und nun besagtem Hauptmann einen Auftrag erteilte an seine Nachkommen in England, damit er erlöst würde; denn der ganze Feuerberg ist ein Aufenthalt der Verdammten, wie auch in des gelehrten Peter Haslers Traktatus über die mutmaßliche Gelegenheit der Hölle zu lesen ist. Noch viele andere Städte gibt es, wovon ich nur noch Mailand, Venedig, das ganz im Wasser gebaut ist, Lyon, Marseilingen, Straßburg, Köllen und Amsterdam nennen will; Paris hab' ich schon gesagt, aber noch nicht Nürnberg, Augsburg und Frankfurt, Basel, Bern und Genf, alles schöne Städte, sowie das schöne Zürich, und weiterhin noch eine Menge, mit deren Aufzählung ich nicht fertig würde. Denn alles hat seine Grenzen, nur nicht die Erfindungsgabe der Menschen, welche sich allwärts ausbreiten und alles unternehmen, was ihnen nützlich scheint. Wenn sie gerecht sind, so wird es ihnen gelingen, aber der Ungerechte vergehet wie das Gras der Felder und wie ein Rauch. Viele sind erwählt, aber wenige sind berufen. Aus allen diesen Gründen, und in noch manch anderer Hinsicht, die uns die Pflicht und die Tugend unseres reinen Gewissens auferlegen, wollen wir uns dem Schicksalsrufe unterziehen. Darum gehet und bereitet euch zur Wanderschaft, aber als gerechte und sanftmütige Männer, die ihren Wert in sich tragen, wo sie auch hingehen, und deren Stab überall Wurzel schlägt, welche, was sie auch ergreifen mögen, sich sagen können: Ich habe das bessere Teil erwählt!«

Die Kammacher wollten aber von allem nichts hören, sondern bestürmten die kluge Züs, daß sie einen von ihnen auserwählen und dableiben heißen solle, jeder meinte damit sich selbst. Aber sie hütete sich, eine Wahl zu treffen, und kündigte ihnen ernsthaft und gebieterisch an, daß sie ihr gehorchen müßten, ansonst sie ihnen ihre Freundschaft auf immer entziehen würde. Jetzt rannte Jobst, der Älteste, wieder davon und in das Haus des Meisters hinüber, und spornstreichs rannten die anderen hinter ihm her, befürchtend, daß er dort etwas gegen sie unternähme, und so schossen sie den ganzen Tag umher wie Sternschnuppen, und wurden sich untereinander so zuwider wie drei Spinnen in einem Netz. Die halbe Stadt sah dies seltsame Schauspiel der verstörten Kammacher, die bislang so still und ruhig gewesen, und die alten Leute wurden darüber ängstlich und hielten die Erscheinung für ein geheimnisvolles Vorzeichen schwerer Begebenheiten. Gegen Abend wurden sie matt und erschöpft, ohne daß sie sich eines Besseren besonnen und zu etwas entschieden hatten, und legten sich zähneklappernd in das alte Bett; einer nach dem andern kroch unter die Decke und lag da, wie vom Tode hingestreckt, in verwirrten Gedanken, bis ein heilsamer Schlaf ihn umfing. Jobst war der erste, welcher in aller Frühe erwachte und sah, daß ein heiterer Frühlingsmorgen in die Kammer schien, in welcher er nun schon seit sechs Jahren geschlafen. So dürftig das Gemach aussah, so erschien es ihm doch wie ein Paradies, welches er verlassen sollte, und zwar so ungerechterweise. Er ließ seine Augen umhergehen an den Wänden und zählte alle die vertrauten Spuren von den vielen Gesellen, die hier schon gewohnt, kürzere oder längere Zeit; hier hatte der seinen Kopf zu reiben gepflegt und einen dunklen Fleck verfertigt, dort hatte jener einen Nagel eingeschlagen, um eine Pfeife daranzuhängen, und das rote Schnürchen hing noch daran. Welche gute Menschen waren das gewesen, daß sie so harmlos wieder davongegangen, während diese, welche neben ihm lagen, durchaus nicht weichen wollten. Dann heftete er sein Auge auf die Gegend zunächst seinem Gesichte und betrachtete da die kleineren Gegenstände, welche er schon tausendmal betrachtet, wenn er des Morgens oder am Abend noch bei Tageshelle im Bette lag und sich seines seligen, kostenfreien Daseins erfreute. Da war eine beschädigte Stelle in dem Bewurf, welche wie ein Land aussah mit Seen und Städten, und ein Häufchen von groben Sandkörnern stellte eine glückselige Inselgruppe vor; weithin erstreckte sich eine lange Schweinsborste, welche aus dem Pinsel gefallen und in der blauen Tünche steckengeblieben war; denn Jobst hatte im letzten Herbst einmal ein kleines Restchen solcher

Tünche gefunden und, damit es nicht umkommen sollte, eine Viertelswandseite damit angestrichen, soweit es reichen wollte, und zwar hatte er die Stelle bemalt, wo er zunächst im Bette lag. Jenseits der Schweinsborste aber ragte eine ganz geringe Erhöhung, wie ein kleines blaues Gebirge, welches einen zarten Schlagschatten über die Borste weg nach den glückseligen Inseln hinüberwarf. Über dies Gebirge hatte er schon den ganzen Winter gegrübelt, da es ihm dünkte, als ob es früher nicht dagewesen wäre. Wie er nun mit seinem traurigen, duselnden Auge dasselbe suchte und plötzlich vermißte, traute er seinen Sinnen kaum, als er statt desselben einen kleinen kahlen Fleck an der Mauer fand, dagegen sah, wie der winzige blaue Berg nicht weit davon sich bewegte und zu wandeln schien. Erstaunt fuhr Jobst in die Höhe, als ob er ein blaues Wunder sähe, und sah, daß es eine Wanze war, welche er also im vorigen Herbst achtlos mit der Farbe überstrichen, als sie schon in Erstarrung dagesessen hatte. Jetzt aber war sie von der Frühlingswärme neu belebt, hatte sich aufgemacht und stieg eben in diesem Augenblicke mit ihrem blauen Rücken unverdrossen die Wand hinan. Er blickte ihr gerührt und voll Verwunderung nach; solange sie im Blauen ging, war sie kaum von der Wand zu unterscheiden; als sie aber aus dem gestrichenen Bereich hinaustrat und die letzten vereinzelten Spritze hinter sich hatte, wandelte das gute himmelblaue Tierchen weithin sichtbar seine Bahn durch die dunkleren Bezirke. Wehmütig sank Jobst in den Pfülmen zurück; sowenig er sich sonst aus dergleichen machte, rührte diese Erscheinung doch jetzt ein Gefühl in ihm auf, als ob er doch auch endlich wieder wandern müßte, und es bedünkte ihm ein gutes Zeichen zu sein, daß er sich in das Unabänderliche ergeben und sich wenigstens mit gutem Willen auf den Weg machen solle. Durch diese ruhigeren Gedanken kehrte seine natürliche Besonnenheit und Weisheit zurück, und indem er die Sache näher überlegte, fand er, daß, wenn er sich ergebungsvoll und bescheiden anstelle, sich dem schwierigen Werke unterziehe und dabei sich zusammennehme und klug verhalte, er noch am ehesten über seine Nebenbuhler obsiegen könne. Sachte stieg er aus dem Bette und begann seine Sachen zu ordnen und vor allem seinen Schatz zu heben und zuunterst in das alte Felleisen zu verpacken. Darüber erwachten sogleich seine Gefährten; wie diese sahen, daß er so gelassen sein Bündel schnürte, verwunderten sie sich sehr, und noch mehr, als Jobst sie mit versöhnlichen Worten anredete und ihnen einen guten Morgen wünschte. Weiter ließ er sich aber nicht aus, sondern fuhr in seinem Geschäfte still und friedfertig fort. Sogleich, obschon sie nicht wußten, was er im

Schilde führte, witterten sie eine Kriegslist in seinem Benehmen und ahmten es auf der Stelle nach, höchst aufmerksam auf alles, was er ferner beginnen würde. Hierbei war es seltsam, wie sie alle drei zum erstenmal offen ihre Schätze unter den Fliesen hervorholten und dieselben, ohne sie zu zählen, in die Ranzen versorgten. Denn sie wußten schon lange, daß jeder das Geheimnis der übrigen kannte, und nach alter ehrbarer Art mißtrauten sie sich nicht in der Weise, daß sie eine Verletzung des Eigentums befürchteten, und jeder wußte wohl, daß ihn die anderen nicht berauben würden, wie denn in den Schlafkammern der Handwerksgesellen, Soldaten und dergleichen kein Verschluß und kein Mißtrauen bestehen soll.

So waren sie unversehens zum Aufbruch gerüstet, der Meister zahlte ihnen den Lohn aus und gab ihnen ihre Wanderbücher, in welche von der Stadt und vom Meister die allerschönsten Zeugnisse geschrieben waren über ihre gute andauernde Führung und Vortrefflichkeit, und sie standen wehmutsvoll vor der Haustüre der Züs Bünzlin, in lange braune Röcke gekleidet mit alten verwaschenen Staubhemden darüber, und die Hüte, obgleich sie verjährt und abgebürstet genug waren, sorglich mit Wachsleinwand überzogen. Hinten auf dem Felleisen hatte jeder ein kleines Wägelchen befestigt, um das Gepäck darauf zu ziehen, wenn es ins Weite ginge; sie dachten aber die Räder nicht zu brauchen, und deswegen ragten dieselben hoch über ihrem Rücken. Jobst stützte sich auf einen ehrbaren Rohrstock, Fridolin auf einen rot und schwarz geflammten und gemalten Eschenstab, und Dietrich auf ein abenteuerliches Stockungeheuer, um welches sich ein wildes Geflecht von Zweigen wand. Er schämte sich aber beinahe dieses prahlerischen Dinges, da es noch aus der ersten Wanderzeit herstammte, wo er bei weitem noch nicht so gesetzt und vernünftig gewesen wie jetzt. Viele Nachbaren und deren Kinder umstanden die ernsten drei Männer und wünschten ihnen Glück auf den Weg. Da erschien Züs unter der Türe, mit feierlicher Miene, und zog an der Spitze der Gesellen gefaßten Mutes aus dem Tore. Sie hatte ihnen zu Ehren einen ungewöhnlichen Staat angelegt, trug einen großen Hut mit mächtigen gelben Bändern, ein rosafarbenes Indiennekleid mit verschollenen Ausladungen und Verzierungen, eine schwarze Sammetschärpe mit einer Tombakschnalle und rote Saffianschuhe mit Fransen besetzt. Dazu trug sie einen grünseidenen großen Ridikül, welchen sie mit gedörrten Birnen und Pflaumen gefüllt hatte, und hielt ein Sonnenschirmchen aufgespannt, auf welchem oben eine große Lyra aus Elfenbein stand. Sie hatte auch ihr Medaillon mit dem blonden Haardenkmal umgehängt und das goldene Vergißmeinnicht vorgesteckt und trug weiße gestrickte Handschuhe. Sie sah freundlich und zart aus in all diesem Schmuck, ihr Antlitz war leicht gerötet, und ihr Busen schien sich höher als sonst zu heben, und die ausziehenden Nebenbuhler wußten sich nicht zu lassen vor Wehmut und Betrübnis; denn die äußerste Lage der Dinge, der schöne Frühlingstag, der ihren Auszug beschien, und Züsis Putz mischten in ihre gespannten Empfindungen fast etwas von dem, was man wirklich Liebe nennt. Vor dem Tore ermahnte aber die freundliche Jungfrau ihre Liebhaber, die Felleisen auf die Räderchen zu stellen und zu ziehen, damit sie sich nicht unnötigerweise ermüdeten. Sie taten es, und als sie hinter dem Städtlein hinaus die Berge hinanfuhren, war es fast wie ein Artilleriewesen, das da hinauffuhrwerkte, um oben eine Batterie zu besetzen. Als sie eine gute halbe Stunde dahingezogen, machten sie halt auf einer anmutigen Anhöhe, über welche ein Kreuzweg ging, und setzten sich unter einer Linde in einen Halbkreis, wo man einer weiten Aussicht genoß und über Wälder, Seen und Ortschaften wegsah. Züs öffnete ihren Beutel und gab jedem eine Handvoll Birnen und Pflaumen, um sich zu erfrischen, und sie saßen so eine geraume Weile schweigend und ernst, nur mit den schnalzenden Zungen, wenn sie die süßen Früchte damit zerdrückten, ein sanftes Geräusch erregend.

Dann begann Züs, indem sie einen Pflaumenkern fortwarf und die davon gefärbten Fingerspitzen am jungen Gras abwischte, zu sprechen: »Lieben Freunde! Sehet, wie schön und weitläufig die Welt ist, ringsherum voll herrlicher Sachen und voll Wohnungen der Menschen! Und dennoch wollte ich wetten, daß in dieser feierlichen Stunde nirgends in dieser weiten Welt vier so rechtfertige und gutartige Seelen beieinander versammelt sitzen, wie wir hier sind, so sinnreich und bedachtsam von Gemüt, so zugetan allen arbeitsamen Übungen und Tugenden, der Eingezogenheit, der Sparsamkeit, der Friedfertigkeit und der innigen Freundschaft. Wie viele Blumen stehen hier um uns herum, von allen Arten, die der Frühling hervorbringt, besonders die gelben Schlüsselblumen, welche einen wohlschmeckenden und gesunden Tee geben; aber sind sie gerecht und arbeitsam? Sparsam, vorsichtig und geschickt zu klugen und lehrreichen Gedanken? Nein, es sind unwissende und geistlose Geschöpfe, unbeseelt und vernunftlos vergeuden sie ihre Zeit, und so schön sie sind, wird ein totes Heu daraus, während wir in unserer Tugend ihnen so weit überlegen sind und ihnen wahrlich an Zier der Gestalt nichts nachgeben; denn Gott hat uns nach seinem Bilde geschaffen und uns seinen göttlichen Odem eingeblasen. Oh, könnten wir doch ewig hier so sitzen in diesem Paradiese und in solcher Unschuld; ja, meine Freunde, es ist mir so, als wären wir sämtlich im Stande der Unschuld, aber durch eine sündenlose Erkenntnis veredelt; denn wir alle können, Gott sei Dank, lesen und schreiben und haben alle eine geschickte Hantierung gelernt. Zu vielem hätte ich Geschick und Anlagen und getraute mir wohl, Dinge zu verrichten, wie sie das gelehrteste Fräulein nicht kann, wenn ich über meinen Stand hinausgehen wollte; aber die Bescheidenheit und die Demut sind die vornehmste Tugend eines rechtschaffenen Frauenzimmers, und es genügt mir zu wissen, daß mein Geist nicht wertlos und verachtet ist vor einer höheren Einsicht. Schon viele haben mich begehrt, die meiner nicht wert waren, und nun auf einmal sehe ich drei würdige Junggesellen um mich versammelt, von denen ein jeder gleich wert wäre, mich zu besitzen! Bemesset darnach, wie mein Herz in diesem wunderbaren Überflusse schmachten muß, und nehmet euch jeder ein Beispiel an mir und denket euch, jeder wäre von drei gleich werten Jungfrauen umblühet, die sein begehrten, und er könnte sich um dessentwillen zu keiner hinneigen und gar keine bekommen! Stellt euch doch recht lebhaft vor, um jeden von euch buhleten drei Jungfern Bünzlin und säßen so um euch her, gekleidet wie ich und von gleichem Ansehen, so daß ich gleichsam verneunfacht hier vorhanden wäre und euch von allen Seiten anblickte und nach euch schmachtete! Tut ihr dies?«

Die wackeren Gesellen hörten verwundert auf zu kauen und studierten mit einfältigen Gesichtern, die seltsame Aufgabe zu lösen. Das Schwäblein kam zuerst damit zustande und rief mit lüsternem Gesicht: »Ja, werteste Jungfer Züs! Wenn Sie es denn gütigst erlauben, so sehe ich Sie nicht nur dreifach, sondern verneunfacht um mich herumschweben und mich mit huldreichen Äuglein anblicken und mir tausend Küßlein anbieten!«

»Nicht doch!« sagte Züs unwillig verweisend. »Nicht in so ungehöriger und übertriebener Weise! Was fällt Ihnen denn ein, unbescheidener Dietrich? Nicht hundertfach und nicht Küßlein anbietend habe ich es erlaubt, sondern nur dreifach für jeden und in züchtiger und ehrbarer Manier, daß mir nicht zu nahe geschieht!«

»Ja«, rief jetzt endlich Jobst und zeigte mit einem abgenagten Birnenstiel um sich her, »nur dreifach, aber in größter Ehrbarkeit sehe ich die liebste Jungfer Bünzli um mich her spazieren und mir wohlwollend zuwinken, indem sie die Hand aufs Herz legt! Ich danke sehr, danke, danke ergebenst!« sagte er schmunzelnd, sich nach drei Seiten verneigend, als ob er wirklich die Erscheinungen sähe. »So ist's recht«, sagte Züs lächelnd, »wenn irgendein Unterschied zwischen euch besteht, so seid Ihr doch der Begabteste, lieber

Jobst, wenigstens der Verständigste!« Der Bayer Fridolin war immer noch nicht fertig mit seiner Vorstellung, da er aber den Jobst so loben hörte, wurde es ihm angst, und er rief eilig: »Ich sehe auch die liebste Jungfrau Bünzli dreifach um mich her spazieren in größter Ehrbarkeit und mir wollüstig zuwinken, indem sie die Hand auf –«

»Pfui, Bayer!« schrie Züs und wandte das Gesicht ab. »Nicht ein Wort weiter! Woher nehmen Sie den Mut, von mir in so wüsten Worten zu reden und sich solche Sauereien einzubilden? Pfui, pfui!« Der arme Bayer war wie vom Donner gerührt und wurde glühend rot, ohne zu wissen wofür; denn er hatte sich gar nichts eingebildet und nur ungefähr dem Klange nach gesagt, was er von Jobsten gehört, da er gesehen, wie dieser für seine Rede belobt worden. Züs wandte sich wieder zu Dietrich und sagte: »Nun, lieber Dietrich, haben Sie's noch nicht auf eine etwas bescheidenere Art zuwege gebracht?« – »Ja, mit Ihrer Erlaubnis«, erwiderte er, froh, wieder angeredet zu werden, »ich erblicke Sie jetzt nur dreimal um mich her, freundlich, aber anständig mich anschauend und mir drei weiße Hände bietend, welche ich küsse!«

»Gut denn!« sagte Züs. »Und Sie Fridolin? Sind Sie noch nicht von Ihrer Abirrung zurückgekehrt? Kann sich Ihr ungestümes Blut noch nicht zu einer wohlanständigen Vorstellung beruhigen?« – »Um Vergebung!« sagte Fridolin kleinlaut. »Ich glaube jetzt drei Jungfern zu sehen, die mir gedörrte Birnen anbieten und mir nicht abgeneigt scheinen. Es ist keine schöner als die andere, und die Wahl unter ihnen scheint mir ein bitteres Kraut zu sein.«

»Nun also«, sprach Züs, »da ihr in euerer Einbildungskraft von neun solchen ganz gleich werten Personen umgeben seid und in diesem liebreizenden Überflusse dennoch Mangel in euerem Herzen leidet, ermesset danach meinen eigenen Zustand; und wie ihr an mir sahet, daß ich mich weisen und bescheidenen Herzens zu fassen weiß, so nehmet doch ein Beispiel an meiner Stärke und gelobet mir und euch untereinander, euch ferner zu vertragen und, wie ich liebevoll von euch scheide, euch ebenso liebevoll voneinander zu trennen, wie auch das Schicksal, das eurer wartet, entscheiden möge! So leget denn alle eure Hände zusammen in meine Hand und gelobt es!«

»Ja, wahrhaftig«, rief Jobst, »ich will es wenigstens tun, an mir soll's nicht fehlen!« Und die andern zwei riefen eiligst: »An mir auch nicht, an mir auch nicht!«, und sie legten alle die Hände zusammen, wobei sich jedoch jeder vornahm, auf alle Fälle zu springen, so gut er vermöchte. »An mir soll es wahrhaftig nicht fehlen!«

wiederholte Jobst. »Denn ich bin von Jugend auf barmherziger und einträchtiger Natur gewesen. Noch nie habe ich einen Streit gehabt und konnte nie ein Tierlein leiden sehen; wo ich noch gewesen bin, habe ich mich gut vertragen und das beste Lob geerntet ob meines geruhsamen Betragens; denn obgleich ich gar manche Dinge auch ein bißchen verstehe und ein verständiger junger Mann bin, so hat man nie gesehen, daß ich mich in etwas mischte, was mich nichts anging, und habe stets meine Pflicht auf eine einsichtsvolle Weise getan. Ich kann arbeiten, soviel ich will, und es schadet mir nichts, da ich gesund und wohlauf bin und in den besten Jahren! Alle meine Meisterinnen haben noch gesagt, ich sei ein Tausendmensch, ein Ausbund, und mit mir sei gut auskommen! Ach, ich glaube wirklich selbst, ich könnte leben wie im Himmel mit Ihnen, allerliebste Jungfer Züs!«

»Ei!« sagte der Bayer eifrig. »Das glaub' ich wohl, das wäre auch keine Kunst, mit der Jungfer wie im Himmel zu leben! Das wollt' ich mir auch zutrauen, denn ich bin nicht auf den Kopf gefallen! Mein Handwerk versteh' ich aus dem Grund und weiß die Dinge in Ordnung zu halten, ohne ein Unwort zu verlieren. Nirgends habe ich Händel bekommen, obgleich ich in den größten Städten gearbeitet habe, und niemals habe ich eine Katze geschlagen oder eine Spinne getötet. Ich bin mäßig und enthaltsam und mit jeder Nahrung zufrieden, und ich weiß mich am Geringfügigsten zu vergnügen und damit zufrieden zu sein. Aber ich bin auch gesund und munter und kann etwas aushalten, ein gutes Gewissen ist das beste Lebenselixier, alle Tiere lieben mich und laufen mir nach, weil sie mein gutes Gewissen wittern, denn bei einem ungerechten Menschen wollen sie nicht bleiben. Ein Pudelhund ist mir einst drei Tage lang nachgefolgt, als ich aus der Stadt Ulm verreiste, und ich mußte ihn endlich einem Bauersmann in Gewahrsam geben, da ich als ein demütiger Handwerksgesell kein solches Tier ernähren konnte, und als ich durch den Böhmerwald reiste, sind die Hirsche und Rehe auf zwanzig Schritt noch stehengeblieben und haben sich nicht vor mir gefürchtet. Es ist wunderbar, wie selbst die wilden Tiere sich bei den Menschen auskennen und wissen, welche guten Herzens sind!«

»Ja, das muß wahr sein!« rief der Schwabe. »Seht ihr nicht, wie dieser Fink schon die ganze Zeit da vor mir herumfliegt und sich mir zu nähern sucht? Und jenes Eichhörnchen auf der Tanne sieht sich immerfort nach mir um, und hier kriecht ein kleiner Käfer allfort an meinem Beine und will sich durchaus nicht vertreiben lassen. Dem muß es gewiß recht wohl sein bei mir, dem guten Tierchen!«

Jetzt wurde aber Züs eifersüchtig und sagte etwas heftig: »Bei mir wollen alle Tiere gern bleiben! Einen Vogel hab' ich acht Jahre gehabt, und er ist sehr ungern von mir weggestorben; unsere Katze streicht mir nach, wo ich geh' und stehe, und des Nachbars Tauben drängen und zanken sich vor meinem Fenster, wenn ich ihnen Brosamen streue! Wunderbare Eigenschaften haben die Tiere je nach ihrer Art! Der Löwe folgt gern den Königen nach und den Helden, und der Elefant begleitet den Fürsten und den tapferen Krieger; das Kamel trägt den Kaufmann durch die Wüste und bewahrt ihm frisches Wasser in seinem Bauch, und der Hund begleitet seinen Herrn durch alle Gefahren und stürzt sich für ihn in das Meer! Der Delphin liebt die Musik und folgt den Schiffen, und der Adler den Kriegsherren. Der Affe ist ein menschenähnliches Wesen und tut alles, was er die Menschen tun sieht, und der Papagei versteht unsere Sprache und plaudert mit uns wie ein Alter! Selbst die Schlangen lassen sich zähmen und tanzen auf der Spitze ihres Schwanzes; das Krokodil weint menschliche Tränen und wird von den Bürgern dort geachtet und verschont; der Strauß läßt sich satteln und reiten wie ein Roß; der wilde Büffel ziehet den Wagen des Menschen und das gehörnte Rentier seinen Schlitten. Das Einhorn liefert ihm das schneeweiße Elfenbein und die Schildkröte ihre durchsichtigen Knochen –«

»Mit Verlaub«, sagten alle drei Kammacher zugleich, »hierin irren Sie sich gewißlich, das Elfenbein wird aus den Elefantenzähnen gewonnen, und die Schildpattkämme macht man aus der Schale und nicht aus den Knochen der Schildkröte!«

Züs wurde feuerrot und sagte: »Das ist noch die Frage, denn ihr habt gewiß nicht gesehen, wo man es hernimmt, sondern verarbeitet nur die Stücke; ich irre mich sonst selten, doch sei dem, wie ihm wolle, so lasset mich ausreden: Nicht nur die Tiere haben ihre merkwürdigen, von Gott eingepflanzten Besonderheiten, sondern selbst das tote Gestein, so aus den Bergen gegraben wird. Der Kristall ist durchsichtig wie Glas, der Marmor aber hart und geädert, bald weiß und bald schwarz; der Bernstein hat elektrische Eigenschaften und ziehet den Blitz an; aber dann verbrennt er und riecht wie Weihrauch. Der Magnet zieht Eisen an, auf die Schiefertafeln kann man schreiben, aber nicht auf den Diamant, denn dieser ist hart wie Stahl; auch gebraucht ihn der Glaser zum Glasschneiden, weil er klein und spitzig ist. Ihr sehet, liebe Freunde, daß ich auch ein weniges von den Tieren zu sagen weiß! Was aber mein Verhältnis zu ihnen betrifft, so ist dies zu bemerken: Die Katze ist ein schlaues und listiges Tier und ist daher nur schlauen und listigen Menschen anhänglich; die Taube aber ist ein Sinnbild der Unschuld und Einfalt und kann sich nur von einfältigen, schuldlosen Seelen angezogen fühlen. Da mir nun Katzen und Tauben anhänglich sind, so folgt hieraus, daß ich klug und einfältig, schlau und unschuldig zugleich bin, wie es denn auch heißt: Seid klug wie die Schlangen und einfältig wie die Tauben! Auf diese Weise können wir allerdings die Tiere und ihr Verhältnis zu uns würdigen und manches daraus lernen, wenn wir die Sache recht zu betrachten wissen.«

Die armen Gesellen wagten nicht ein Wort weiter zu sagen; Züs hatte sie gut zugedeckt und sprach noch viele hochtrabende Dinge durcheinander, daß ihnen Hören und Sehen verging. Sie bewunderten aber Züsis Geist und Beredsamkeit, und in solcher Bewunderung dünkte sich keiner zu schlecht, das Kleinod zu besitzen, besonders da diese Zierde eines Hauses so wohlfeil war und nur in einer rastlosen Zunge bestand. Ob sie selbst dessen, was sie so hoch stellen, auch wert seien und etwas damit anzufangen wüßten, fragen sich solche Schwachköpfe zuallerletzt oder auch gar nicht, sondern sie sind wie die Kinder, welche nach allem greifen, was ihnen in die Augen glänzt, von allen bunten Dingen die Farben abschlekken und ein Schellenspiel ganz in den Mund stecken wollen, statt es bloß an die Ohren zu halten. So erhitzten sie sich immer mehr in der Begierde und Einbildung, diese ausgezeichnete Person zu erwerben, und je schnöder, herzloser und eitler Züsens unsinnige Phrasen wurden, desto gerührter und jämmerlicher waren die Kammacher daran. Zugleich fühlten sie einen heftigen Durst von dem trockenen Obste, welches sie inzwischen aufgegessen; Jobst und der Bayer suchten im Gehölz nach Wasser, fanden eine Quelle und tranken sich voll kaltes Wasser. Der Schwabe hingegen hatte listigerweise ein Fläschchen mitgenommen, in welchem er Kirschgeist mit Wasser und Zucker gemischt, welches liebliche Getränk ihn stärken und ihm einen Vorschub gewähren sollte beim Laufen; denn er wußte, daß die andern zu sparsam waren, um etwas mitzunehmen oder eine Einkehr zu halten. Dies Fläschchen zog er jetzt eilig hervor, während jene sich mit Wasser füllten, und bot es der Jungfer Züs an; sie trank es halb aus, es schmeckte ihr vortrefflich und erquickte sie, und sie sah den Dietrich dabei überquer ganz holdselig an, daß ihm der Rest, welchen er selber trank, so lieblich schmeckte wie Zyperwein und ihn gewaltig stärkte. Er konnte sich nicht enthalten, Züsis Hand zu ergreifen und ihr zierlich die Fingerspitzen zu küssen; sie tippte ihm leicht mit dem Zeigefinger auf die Lippen, und er tat, als ob er danach schnappen wollte, und machte dazu ein Maul wie ein lächelnder Karpfen; Züs schmunzelte falsch und freundlich, Dietrich schmunzelte schlau und süßlich; sie saßen auf der Erde sich gegenüber und tätschelten zuweilen mit den Schuhsohlen gegeneinander, wie wenn sie sich mit den Füßen die Hände geben wollten. Züs beugte sich ein wenig vornüber und legte die Hand auf seine Schulter, und Dietrich wollte ebendieses holde Spiel erwidern und fortsetzen, als der Sachse und der Bayer zurückkamen und bleich und stöhnend zuschauten. Denn es war ihnen von dem vielen Wasser, welches sie an die genossenen Backbirnen geschüttet, plötzlich elend geworden, und das Herzeleid, welches sie bei dem Anblicke des spielenden Paares empfanden, vereinigte sich mit dem öden Gefühle des Bauches, so daß ihnen der kalte Schweiß auf der Stirne stand. Züs verlor aber die Fassung nicht, sondern winkte ihnen überaus freundlich zu und rief: »Kommet, ihr Lieben, und setzet euch doch auch noch ein bißchen zu mir her, daß wir noch ein Weilchen und zum letztenmal unsere Eintracht und Freundschaft genießen!« Jobst und Fridolin drängten sich hastig herbei und streckten ihre Beine aus; Züs ließ dem Schwaben die eine Hand, gab Jobsten die andere und berührte mit den Füßen Fridolins Stiefelsohlen, während sie mit dem Angesicht einen nach dem andern der Reihe nach anlächelte. So gibt es Virtuosen, welche viele Instrumente zugleich spielen, auf dem Kopfe ein Glockenspiel schütteln, mit dem Munde die Panspfeife blasen, mit den Händen die Gitarre spielen, mit den Knien die Zimbel schlagen, mit dem Fuß den Dreiangel und mit den Ellbogen eine Trommel, die ihnen auf dem Rücken hängt.

Dann aber erhob sie sich von der Erde, strich ihr Kleid, welches sie sorgfältig aufgeschürzt hatte, zurecht und sagte: »Nun ist es wohl Zeit, liebe Freunde, daß wir uns aufmachen und daß ihr euch zu jenem ernsthaften Gange rüstet, welchen euch der Meister in seiner Torheit auferlegt, wir aber als die Anordnung eines höheren Geschickes ansehen! Tretet diesen Weg an voll schönen Eifers, aber ohne Feindschaft noch Neid gegeneinander, und überlasset dem Sieger willig die Krone!«

Wie von einer Wespe gestochen sprangen die Gesellen auf und stellten sich auf die Beine. Da standen sie nun und sollten mit denselben einander den Rang ablaufen, mit denselben guten Beinen, welche bislang nur in bedachtem, ehrbarem Schritt gewandelt! Keiner wußte sich mehr zu entsinnen, daß er je einmal gesprungen oder gelaufen wäre; am ehesten schien sich noch der Schwabe zu trauen und mit den Füßen sogar leise zu scharren und dieselben ungeduldig zu heben. Sie sahen sich ganz sonderbar und verdächtig an, waren bleich und schwitzten dabei, als ob sie schon im heftigsten Laufen begriffen wären.

»Gebet euch«, sagte Züs, »noch einmal die Hand!« Sie taten es, aber so willenlos und lässig, daß die drei Hände kalt voneinander abglitten und abfielen wie Bleihände. »Sollen wir denn wirklich das Torenwerk beginnen?« sagte Jobst und wischte sich die Augen, welche anfingen zu träufeln. »Ja«, versetzte der Bayer, »sollen wir wirklich laufen und springen?« und begann zu weinen. »Und Sie, allerliebste Jungfer Bünzlin?« sagte Jobst heulend. »Wie werden Sie sich denn verhalten?« – »Mir geziemt«, antwortete sie und hielt sich das Schnupftuch vor die Augen, »mir geziemt zu schweigen, zu leiden und zuzusehen!« Der Schwabe sagte freundlich und listig: »Aber dann nachher, Jungfer Züsi?« – »O Dietrich!« erwiderte sie sanft. »Wissen Sie nicht, daß es heißt, der Zug des Schicksals ist des Herzens Stimme?« Und dabei sah sie ihn von der Seite so verblümt an, daß er abermals die Beine hob und Lust verspürte, sogleich in Trab zu geraten. Während die zwei Nebenbuhler ihre kleinen Felleisenfuhrwerke in Ordnung brachten und Dietrich das gleiche tat, streifte sie mehrmals mit Nachdruck seinen Ellbogen oder trat ihm auf den Fuß; auch wischte sie ihm den Staub von dem Hute, lächelte aber gleichzeitig den andern zu, wie wenn sie den Schwaben auslachte, doch so, daß es dieser nicht sehen konnte. Alle drei bliesen jetzt mächtig die Backen auf und sandten große Seufzer in die Luft. Sie sahen sich um nach allen Seiten, nahmen die Hüte ab, wischten sich den Schweiß von der Stirn, strichen die steifgeklebten Haare und setzten die Hüte wieder auf. Nochmals schauten sie nach allen Winden und schnappten nach Luft. Züs erbarmte sich ihrer und war so gerührt, daß sie selbst weinte. »Hier sind noch drei dürre Pflaumen«, sagte sie, »nehmt jeder eine in den Mund und behaltet sie darin, das wird euch erquicken! So ziehet denn dahin und kehret die Torheit der Schlechten um in Weisheit der Gerechten! Was sie zum Mutwillen ausgesonnen, das verwandelt in ein erbauliches Werk der Prüfung und der Selbstbeherrschung, in eine sinnreiche Schlußhandlung eines langjährigen Wohlverhaltens und Wettlaufes in der Tugend!« Jedem steckte sie die Pflaume in den Mund, und er sog daran. Jobst drückte die Hand auf seinen Magen und rief: »Wenn es denn sein muß, so sei es in's Himmels Namen!« und plötzlich fing er, indem er den Stock erhob, mit stark gebogenen Knien mächtig an auszuschreiten und zog sein Felleisen an sich. Kaum sah dies Fridolin, so folgte er ihm nach mit langen

Schritten, und ohne sich ferner umzusehen, eilten sie schon ziemlich hastig die Straße hinab. Der Schwabe war der letzte, der sich aufmachte, und ging mit listig vergnügtem Gesicht und scheinbar ganz gemächlich neben Züs her, wie wenn er seiner Sache sicher und edelmütig seinen Gefährten Vorsprung gönnen wollte. Züs belobte seine freundliche Gelassenheit und hing sich vertraulich an seinen Arm. »Ach, es ist doch schön«, sagte sie mit einem Seufzer, »eine feste Stütze zu haben im Leben! Selbst wenn man hinlänglich begabt ist mit Klugheit und Einsicht und einen tugendhaften Weg wandelt, so geht es sich auf diesem Wege doch viel gemütlicher am vertrauten Freundesarme!« – »Der Tausend, ei ja wohl, das wollte ich wirklich meinen!« erwiderte Dietrich und stieß ihr den Ellbogen tüchtig in die Seite, indem er zugleich nach seinen Nebenbuhlern spähte, ob der Vorsprung auch nicht zu groß würde. »Sehen Sie wohl, werteste Jungfer! Kommt es Ihnen allendlich? Merken Sie, wo Barthel den Most holt?« – »O Dietrich, lieber Dietrich«, sagte sie mit einem noch viel stärkeren Seufzer, »ich fühle mich oft recht einsam!« – »Hopsele, so muß es kommen!« rief er, und sein Herz hüpfte wie ein Häschen im Weißkohl. »O Dietrich!« rief sie und drückte sich fester an ihn; es ward ihm schwül, und sein Herz wollte zerspringen vor pfiffigem Vergnügen; aber zugleich entdeckte er, daß seine Vorläufer nicht mehr sichtbar, sondern um eine Ecke herum verschwunden waren. Sogleich wollte er sich losreißen von Züsis Arm und jenen nachspringen; aber sie hielt ihn so fest, daß es ihm nicht gelang, und klammerte sich an, wie wenn sie schwach würde. »Dietrich!« flüsterte sie, die Augen verdrehend. »Lassen Sie mich jetzt nicht allein, ich vertraue auf Sie, stützen Sie mich!« – »Den Teufel noch einmal, lassen Sie mich los, Jungfer«, rief er ängstlich, »oder ich komm' zu spät und dann ade Zipfelmütze!« – »Nein, nein! Sie dürfen mich nicht verlassen, ich fühle, mir wird übel!« jammerte sie. »Übel oder nicht übel!« schrie er und riß sich gewaltsam los; er sprang auf eine Erhöhung und sah sich um und sah die Läufer schon im vollen Rennen weit den Berg hinunter. Nun setzte er zum Sprung an, schaute sich aber im selben Augenblick noch einmal nach Züs um. Da sah er sie, wie sie am Eingange eines engen schattigen Waldpfades saß und lieblich lokkend ihm mit den Händen winkte. Diesem Anblicke konnte er nicht widerstehen, sondern eilte, statt den Berg hinunter, wieder zu ihr hin. Als sie ihn kommen sah, stand sie auf und ging tiefer in das Holz hinein, sich nach ihm umsehend; denn sie dachte ihn auf alle Weise vom Laufen abzuhalten und so lange zu vexieren, bis er zu spät käme und nicht in Seldwyl bleiben könne.

Allein der erfindungsreiche Schwabe änderte zu selber Zeit seine Gedanken und nahm sich vor, sein Heil hier oben zu erkämpfen, und so geschah es, daß es ganz anders kam, als die listige Person es hoffte. Sobald er sie erreicht und an einem verborgenen Plätzchen mit ihr allein war, fiel er ihr zu Füßen und bestürmte sie mit den feurigsten Liebeserklärungen, welche ein Kammacher je gemacht hat. Erst suchte sie ihm Ruhe zu gebieten und, ohne ihn fortzuscheuchen, auf gute Manier hinzuhalten, indem sie alle ihre Weisheiten und Anmutungen spielen ließ. Als er ihr aber Himmel und Hölle vorstellte, wozu ihm sein aufgeregter und gespannter Unternehmungsgeist herrliche Zauberworte lieh, als er sie mit Zärtlichkeiten jeder Art überhäufte und bald ihrer Hände, bald ihrer Füße sich zu bemächtigen suchte und ihren Leib und ihren Geist, alles, was an ihr war, lobte und rühmte, daß der Himmel hätte grün werden mögen, als dazu die Witterung und der Wald so still und lieblich waren, verlor Züs endlich den Kompaß, als ein Wesen, dessen Gedanken am Ende doch so kurz sind als seine Sinne; ihr Herz krabbelte so ängstlich und wehrlos wie ein Käfer, der auf dem Rücken liegt, und Dietrich besiegte es in jeder Weise. Sie hatte ihn in dies Dickicht verlockt, um ihn zu verraten, und war im Handumdrehen von dem Schwäbchen erobert; dies geschah nicht, weil sie etwa eine besonders verliebte Person war, sondern weil sie als eine kurze Natur trotz aller eingebildeten Weisheit doch nicht über ihre eigene Nase wegsah. Sie blieben wohl eine Stunde in dieser kurzweiligen Einsamkeit, umarmten sich immer aufs neue und gaben sich tausend Küßchen. Sie schwuren sich ewige Treue, und in aller Aufrichtigkeit, und wurden einig, sich zu heiraten auf alle Fälle.

Unterdessen hatte sich in der Stadt die Kunde von dem seltsamen Unternehmen der drei Gesellen verbreitet und der Meister selbst zu seiner Belustigung die Sache bekanntgemacht; deshalb freuten sich die Seldwyler auf das unverhoffte Schauspiel und waren begierig, die gerechten und ehrbaren Kammacher zu ihrem Spaße laufen und ankommen zu sehen. Eine große Menschenmenge zog vor das Tor und lagerte sich zu beiden Seiten der Straße, wie wenn man einen Schnelläufer erwartet. Die Knaben kletterten auf die Bäume, die Alten und Rückgesetzten saßen im Grase und rauchten ihr Pfeifchen, zufrieden, daß sich ihnen ein so wohlfeiles Vergnügen aufgetan. Selbst die Herren waren ausgerückt, um den Hauptspaß mit anzusehen, saßen fröhlich diskurrierend in den Gärten und Lauben der Wirtshäuser und bereiteten eine Menge Wetten vor. In den Straßen, durch welche die Läufer kommen mußten, waren alle Fenster geöffnet, die Frauen hatten in den Visitenstuben rote und weiße Kissen ausgelegt, die Arme darauf zu legen, und zahlreichen Damenbesuch empfangen, so daß fröhliche Kaffeegesellschaften aus dem Stegreif entstanden und die Mägde genug zu laufen hatten, um Kuchen und Zwieback zu holen. Vor dem Tore aber sahen jetzt die Buben auf den höchsten Bäumen eine kleine Staubwolke sich nähern und begannen zu rufen: »Sie kommen, sie kommen!« Und nicht lange dauerte es, so kamen Fridolin und Jobst wirklich wie ein Sturmwind herangesaust, mitten auf der Straße, eine dicke Wolke Staubes aufrührend. Mit der einen Hand zogen sie die Felleisen, welche wie toll über die Steine flogen, mit der andern hielten sie die Hüte fest, welche ihnen im Nacken saßen, und ihre langen Röcke flogen und wehten um die Wette. Beide waren von Schweiß und Staub bedeckt, sie sperrten den Mund auf und lechzten nach Atem, sahen und hörten nichts, was um sie her vorging, und dicke Tränen rollten den armen Männern über die Gesichter, welche sie nicht abzuwischen Zeit hatten. Sie liefen sich dicht auf den Fersen, doch war der Bayer voraus um eine Spanne. Ein entsetzliches Geschrei und Gelächter erhob sich und dröhnte, so weit das Ohr reichte. Alles raffte sich auf und drängte sich dicht an den Weg, von allen Seiten rief es: »So recht, so recht! Lauft, wehr dich, Sachs! Halt dich brav, Bayer! Einer ist schon abgefallen, es sind nur noch zwei!« Die Herren in den Gärten standen auf den Tischen und wollten sich ausschütten vor Lachen. Ihr Gelächter dröhnte aber donnernd und fest über den haltlosen Lärm der Menge weg, die auf der Straße lagerte, und gab das Signal zu einem unerhörten Freudentage. Die Buben und das Gesindel strömten hinter den zwei armen Gesellen zusammen, und ein wilder Haufen, eine furchtbare Wolke erregend, wälzte sich mit ihnen dem Tore zu; selbst Weiber und junge Gassenmädchen liefen mit und mischten ihre hellen quiekenden Stimmen in das Geschrei der Burschen. Schon waren sie dem Tore nah, dessen Türme von Neugierigen besetzt waren, die ihre Mützen schwenkten; die zwei rannten wie scheu gewordene Pferde, das Herz voll Qual und Angst; da kniete ein Gassenjunge wie ein Kobold auf Jobstens fahrendes Felleisen und ließ sich unter dem Beifallsgeschrei der Menge mitfahren. Jobst wandte sich und flehte ihn an, loszulassen, auch schlug er mit dem Stocke nach ihm; aber der Junge duckte sich und grinste ihn an. Darüber gewann Fridolin einen größeren Vorsprung, und wie Jobst es merkte, warf er ihm den Stock zwischen die Füße, daß er hinstürzte. Wie aber Jobst über ihn wegspringen wollte, erwischte ihn der Bayer am Rockschoß und zog sich daran in die Höhe; Jobst schlug ihm auf die Hände und schrie: »Laß los, laß los!« Fridolin ließ aber nicht los, Jobst packte dafür seinen Rockschoß, und nun hielten sie sich gegenseitig fest und drehten sich langsam zum Tore hinein, nur zuweilen einen Sprung versuchend, um einer dem andern zu entrinnen. Sie weinten, schluchzten und heulten wie Kinder und schrien in unsäglicher Beklemmung: »O Gott! Laß los! Du lieber Heiland, laß los, Jobst! – Laß los, Fridolin! – Laß los, du Satan!« Dazwischen schlugen sie sich fleißig auf die Hände, kamen aber immer nur ein weniges vorwärts. Hut und Stock hatten sie verloren, zwei Buben trugen dieselben, die Hüte auf die Stöcke gesteckt, voran, und hinter ihnen her wälzte sich der tobende Haufen; alle Fenster waren von der Damenwelt besetzt, welche ihr silbernes Gelächter in die unten tosende Brandung warf, und seit langer Zeit war man nicht mehr so fröhlich gestimmt gewesen in dieser Stadt. Das rauschende Vergnügen schmeckte den Bewohnern so gut, daß kein Mensch den zwei Ringenden ihr Ziel zeigte, des Meisters Haus, an welchem sie endlich angelangt. Sie selber sahen es nicht, sie sahen überhaupt nichts, und so wälzte sich der tolle Zug durch das ganze Städtchen und zum andern Tore wieder hinaus. Der Meister hatte lachend unter dem Fenster gelegen, und nachdem er noch ein Stündchen auf den endlichen Sieger gewartet, wollte er eben weggehen, um die Früchte seines Schwankes zu genießen, als Dietrich und Züs still und unversehens bei ihm eintraten.

Diese hatten nämlich unterdessen ihre Gedanken zusammengetan und beraten, daß der Kammachermeister wohl geneigt sein dürfte, da er doch nicht lang mehr machen würde, sein Geschäft gegen eine bare Summe zu verkaufen. Züs wollte ihren Gültbrief dazu hergeben und der Schwabe sein Geldchen auch dazutun, und dann wären sie die Herren der Sachlage und könnten die andern zwei auslachen. Sie trugen ihre Vereinigung dem überraschten Meister vor; diesem leuchtete es sogleich ein, hinter dem Rücken seiner Gläubiger, ehe es zum Bruch kam, noch schnell den Handel abzuschließen und unverhofft des baren Kaufpreises habhaft zu werden. Rasch wurde alles festgestellt, und ehe die Sonne unterging, war Jungfer Bünzlin die rechtmäßige Besitzerin des Kammachergeschäfts und ihr Bräutigam der Mieter des Hauses, in welchem dasselbe lag, und so war Züs, ohne es am Morgen geahnt zu haben, endlich erobert und gebunden durch die Handlichkeit des Schwäbchens.

Halbtot vor Scham, Mattigkeit und Ärger lagen Jobst und Fridolin in der Herberge, wohin man sie geführt hatte, nachdem sie auf dem freien Felde endlich umgefallen waren, ganz ineinander verbissen. Die ganze Stadt, da sie einmal aufgeregt war, hatte die Ursache schon vergessen und feierte eine lustige Nacht. In vielen Häusern wurde getanzt, und in den Schenken wurde gezecht und gesungen, wie an den größten Seldwyler Tagen; denn die Seldwyler brauchten nicht viel Zeug, um mit Meisterhand eine Lustbarkeit daraus zu formen. Als die beiden armen Teufel sahen, wie ihre Tapferkeit, mit welcher sie gedacht hatten, die Torheit der Welt zu benutzen, nur dazu gedient hatte, dieselbe triumphieren zu lassen und sich selbst zum allgemeinen Gespött zu machen, wollte ihnen das Herz brechen; denn sie hatten nicht nur den weisen Plan mancher Jahre verfehlt und vernichtet, sondern auch den Ruhm besonnener und rechtlich ruhiger Leute eingebüßt.

Jobst, der der älteste war und sieben Jahre hiergewesen, war ganz verloren und konnte sich nicht zurechtfinden. Ganz schwermütig zog er vor Tag wieder aus der Stadt und hing sich an der Stelle, wo sie alle gestern gesessen, an einen Baum. Als der Bayer eine Stunde später da vorüberkam und ihn erblickte, faßte ihn ein solches Entsetzen, daß er wie wahnsinnig davonrannte, sein ganzes Wesen veränderte und, wie man nachher hörte, ein liederlicher Mensch und alter Handwerksbursch wurde, der keines Menschen Freund war.

Dietrich der Schwabe allein blieb ein Gerechter und hielt sich oben in dem Städtchen; aber er hatte nicht viel Freude davon; denn Züs ließ ihm gar nicht den Ruhm, regierte und unterdrückte ihn und betrachtete sich selbst als die alleinige Quelle alles Guten.

Spiegel, das Kätzchen

Ein Märchen

Wenn ein Seldwyler einen schlechten Handel gemacht hat oder angeführt worden ist, so sagt man zu Seldwyla: Er hat der Katze den Schmer abgekauft! Dies Sprichwort ist zwar auch anderwärts gebräuchlich, aber nirgends hört man es so oft wie dort, was vielleicht daher rühren mag, daß es in dieser Stadt eine alte Sage gibt über den Ursprung und die Bedeutung dieses Sprichwortes.

Vor mehreren hundert Jahren, heißt es, wohnte zu Seldwyla eine ältliche Person allein mit einem schönen, grau und schwarzen Kätzchen, welches in aller Vergnügtheit und Klugheit mit ihr lebte und niemandem, der es ruhig ließ, etwas zuleide tat. Seine einzige Leidenschaft war die Jagd, welche es jedoch mit Vernunft und Mäßigung befriedigte, ohne sich durch den Umstand, daß diese Leidenschaft zugleich einen nützlichen Zweck hatte und seiner Herrin wohlgefiel, beschönigen zu wollen und allzusehr zur Grausamkeit hinreißen zu lassen. Es fing und tötete daher nur die zudringlichsten und frechsten Mäuse, welche sich in einem gewissen Umkreise des Hauses betreten ließen, aber diese dann mit zuverlässiger Geschicklichkeit; nur selten verfolgte es eine besonders pfiffige Maus, welche seinen Zorn gereizt hatte, über diesen Umkreis hinaus und erbat sich in diesem Falle mit vieler Höflichkeit von den Herren Nachbaren die Erlaubnis, in ihren Häusern ein wenig mausen zu dürfen, was ihm gerne gewährt wurde, da es die Milchtöpfe stehenließ, nicht an die Schinken hinaufsprang, welche etwa an den Wänden hingen, sondern seinem Geschäfte still und aufmerksam oblag und nachdem es dieses verrichtet, sich mit dem Mäuslein im Maule anständig entfernte. Auch war das Kätzchen gar nicht scheu und unartig, sondern zutraulich gegen jedermann, und floh nicht vor vernünftigen Leuten; vielmehr ließ es sich von solchen einen guten Spaß gefallen und selbst ein bißchen an den Ohren zupfen, ohne zu kratzen; dagegen ließ es sich von einer Art dummer Menschen, von welchen es behauptete, daß die Dummheit aus einem unreifen und nichtsnutzigen Herzen käme, nicht das mindeste gefallen und ging ihnen entweder aus dem Wege oder versetzte ihnen einen ausreichenden Hieb über die Hand, wenn sie es mit einer Plumpheit molestierten.

Spiegel, so war der Name des Kätzchens wegen seines glatten und glänzenden Pelzes, lebte so seine Tage heiter, zierlich und beschaulich dahin, in anständiger Wohlhabenheit und ohne Überhebung. Er saß nicht zu oft auf der Schulter seiner freundlichen Gebieterin, um ihr die Bissen von der Gabel wegzufangen, sondern nur, wenn er merkte, daß ihr dieser Spaß angenehm war; auch lag und schlief er den Tag über selten auf seinem warmen Kissen hinter dem Ofen, sondern hielt sich munter und liebte es eher, auf einem schmalen Treppengeländer oder in der Dachrinne zu liegen und sich philosophischen Betrachtungen und der Beobachtung der Welt zu überlassen. Nur jeden Frühling und Herbst einmal wurde dies ruhige Leben eine Woche lang unterbrochen, wenn die Veilchen blühten oder die milde Wärme des Altweibersommers die Veilchenzucht nachäffte. Alsdann ging Spiegel seine eigenen Wege, streifte in verliebter Begeisterung über die fernsten Dächer und sang die allerschönsten Lieder. Als ein rechter Don Juan bestand er bei Tag und Nacht die bedenklichsten Abenteuer, und wenn er sich zur Seltenheit einmal im Hause sehen ließ, so erschien er mit einem so verwegenen, burschikosen, ja liederlichen und zerzausten Aussehen, daß die stille Person, seine Gebieterin, fast unwillig ausrief: »Aber Spiegel! Schämst du dich denn nicht, ein solches Leben zu führen?« Wer sich aber nicht schämte, war Spiegel; als ein Mann von Grundsätzen, der wohl wußte, was er sich zur wohltätigen Abwechslung erlauben durfte, beschäftigte er sich ganz ruhig damit, die Glätte seines Pelzes und die unschuldige Munterkeit seines Aussehens wiederherzustellen, und er fuhr sich so unbefangen mit dem feuchten Pfötchen über die Nase, als ob gar nichts geschehen wäre.

Allein das gleichmäßige Leben nahm plötzlich ein trauriges Ende. Als das Kätzchen Spiegel eben in der Blüte seiner Jahre stand, starb die Herrin unversehens an Altersschwäche und ließ das schöne Kätzchen herrenlos und verwaist zurück. Es war das erste Unglück, welches ihm widerfuhr, und mit jenen Klagetönen, welche so schneidend den bangen Zweifel an der wirklichen und rechtmäßigen Ursache eines großen Schmerzes ausdrücken, begleitete es die Leiche bis auf die Straße und strich den ganzen übrigen Tag ratlos im Hause und rings um dasselbe her. Doch seine gute Natur, seine Vernunft und Philosophie geboten ihm bald, sich zu fassen, das Unabänderliche zu tragen und seine dankbare Anhänglichkeit an das Haus seiner toten Gebieterin dadurch zu beweisen, daß er ihren lachenden Erben seine Dienste anbot und sich bereit machte, denselben mit Rat und Tat beizustehen, die Mäuse ferner im Zaume zu halten und überdies ihnen manche gute Mitteilung zu machen, welche die Törichten nicht verschmäht hätten, wenn sie eben nicht unvernünftige Menschen gewesen wären. Aber diese

Leute ließen Spiegel gar nicht zu Worte kommen, sondern warfen ihm die Pantoffeln und das artige Fußschemelchen der Seligen an den Kopf, sooft er sich blicken ließ, zankten sich acht Tage lang untereinander, begannen endlich einen Prozeß und schlossen das Haus bis auf weiteres zu, so daß nun gar niemand darin wohnte.

Da saß nun der arme Spiegel traurig und verlassen auf der steinernen Stufe vor der Haustüre und hatte niemand, der ihn hineinließ. Des Nachts begab er sich wohl auf Umwegen unter das Dach des Hauses, und im Anfang hielt er sich einen großen Teil des Tages dort verborgen und suchte seinen Kummer zu verschlafen; doch der Hunger trieb ihn bald an das Licht und nötigte ihn, an der warmen Sonne und unter den Leuten zu erscheinen, um bei der Hand zu sein und zu gewärtigen, wo sich etwa ein Maul voll geringer Nahrung zeigen möchte. Je seltener dies geschah, desto aufmerksamer wurde der gute Spiegel, und alle seine moralischen Eigenschaften gingen in dieser Aufmerksamkeit auf, so daß er sehr bald sich selber nicht mehr gleichsah. Er machte zahlreiche Ausflüge von seiner Haustüre aus und stahl sich scheu und flüchtig über die Straße, um manchmal mit einem schlechten unappetitlichen Bissen, dergleichen er früher nie angesehen, manchmal mit gar nichts zurückzukehren. Er wurde von Tag zu Tag magerer und zerzauster, dabei gierig, kriechend und feig; all sein Mut, seine zierliche Katzenwürde, seine Vernunft und Philosophie waren dahin. Wenn die Buben aus der Schule kamen, so kroch er in einen verborgenen Winkel, sobald er sie kommen hörte, und guckte nur hervor, um aufzupassen, welcher von ihnen etwa eine Brotrinde wegwürfe, und merkte sich den Ort, wo sie hinfiel. Wenn der schlechteste Köter von weitem ankam, so sprang er hastig fort, während er früher gelassen der Gefahr ins Auge geschaut und böse Hunde oft tapfer gezüchtigt hatte. Nur wenn ein grober und einfältiger Mensch daherkam, dergleichen er sonst klüglich gemieden, blieb er sitzen, obgleich das arme Kätzchen mit dem Reste seiner Menschenkenntnis den Lümmel recht gut erkannte; allein die Not zwang Spiegelchen, sich zu täuschen und zu hoffen, daß der Schlimme ausnahmsweise einmal es freundlich streicheln und ihm einen Bissen darreichen werde. Und selbst wenn er statt dessen nun doch geschlagen oder in den Schwanz gekneift wurde, so kratzte er nicht, sondern duckte sich lautlos zur Seite und sah dann noch verlangend nach der Hand, die es geschlagen und gekneift und welche nach Wurst oder Hering roch.

Als der edle und kluge Spiegel so heruntergekommen war, saß er eines Tages ganz mager und traurig auf seinem Stein und blinzelte in der Sonne. Da kam der Stadthexenmeister Pineiß des Weges, sah das Kätzchen und stand vor ihm still. Etwas Gutes hoffend, obgleich es den Unheimlichen wohl kannte, saß Spiegelchen demütig auf dem Stein und erwartete, was der Pineiß etwa tun oder sagen würde. Als dieser aber begann und sagte: »Na, Katze! Soll ich dir deinen Schmer abkaufen?«, da verlor es die Hoffnung, denn es glaubte, der Stadthexenmeister wollte es seiner Magerkeit wegen verhöhnen. Doch erwiderte er bescheiden und lächelnd, um es mit niemand zu verderben: »Ach, der Herr Pineiß belieben zu scherzen!« – »Mitnichten!« rief Pineiß. »Es ist mir voller Ernst! Ich brauche Katzenschmer vorzüglich zur Hexerei; aber es muß mir vertragsmäßig und freiwillig von den werten Herren Katzen abgetreten werden, sonst ist er unwirksam. Ich denke, wenn je ein wakkeres Kätzchen in der Lage war, einen vorteilhaften Handel abzuschließen, so bist es du! Begib dich in meinen Dienst; ich füttere dich herrlich heraus, mache dich fett und kugelrund mit Würstchen und gebratenen Wachteln. Auf dem ungeheuer hohen alten Dache meines Hauses, welches nebenbei gesagt das köstlichste Dach von der Welt ist für eine Katze, voll interessanter Gegenden und Winkel, wächst auf den sonnigsten Höhen treffliches Spitzgras, grün wie Smaragd, schlank und fein in den Lüften schwankend, dich einladend, die zartesten Spitzen abzubeißen und zu genießen, wenn du dir an meinen Leckerbissen eine leichte Unverdaulichkeit zugezogen hast. So wirst du bei trefflicher Gesundheit bleiben und mir dereinst einen kräftigen brauchbaren Schmer liefern!«

Spiegel hatte schon längst die Ohren gespitzt und mit wässerndem Mäulchen gelauscht; doch war seinem geschwächten Verstande die Sache noch nicht klar, und er versetzte daher: »Das ist soweit nicht übel, Herr Pineiß! Wenn ich nur wüßte, wie ich alsdann, wenn ich doch, um Euch meinen Schmer abzutreten, mein Leben lassen muß, des verabredeten Preises habhaft werden und ihn genießen soll, da ich nicht mehr bin?« – »Des Preises habhaft werden?« sagte der Hexenmeister verwundert. »Den Preis genießest du ja eben in den reichlichen und üppigen Speisen, womit ich dich fett mache, das versteht sich von selber! Doch will ich dich zu dem Handel nicht zwingen!« Und er machte Miene, sich von dannen begeben zu wollen. Aber Spiegel sagte hastig und ängstlich: »Ihr müßt mir wenigstens eine mäßige Frist gewähren über die Zeit meiner höchsten erreichten Rundheit und Fettigkeit hinaus, daß ich nicht so jählings von hinnen gehen muß, wenn jener angenehme und ach! so traurige Zeitpunkt herangekommen und entdeckt ist!«

»Es sei!« sagte Herr Pineiß mit anscheinender Gutmütigkeit.

»Bis zum nächsten Vollmond sollst du dich alsdann deines angenehmen Zustandes erfreuen dürfen, aber nicht länger! Denn in den abnehmenden Mond hinein darf es nicht gehen, weil dieser einen vermindernden Einfluß auf mein wohlerworbenes Eigentum ausüben würde.«

Das Kätzchen beeilte sich zuzuschlagen und unterzeichnete einen Vertrag, welchen der Hexenmeister im Vorrat bei sich führte, mit seiner scharfen Handschrift, welche sein letztes Besitztum und Zeichen besserer Tage war.

»Du kannst dich nun zum Mittagessen bei mir einfinden, Kater!« sagte der Hexer. »Punkt zwölf Uhr wird gegessen!« – »Ich werde so frei sein, wenn Ihr's erlaubt!« sagte Spiegel und fand sich pünktlich um die Mittagsstunde bei Herrn Pineiß ein. Dort begann nun während einiger Monate ein höchst angenehmes Leben für das Kätzchen; denn es hatte auf der Welt weiter nichts zu tun, als die guten Dinge zu verzehren, die man ihm vorsetzte, dem Meister bei der Hexerei zuzuschauen, wenn es mochte, und auf dem Dache spazierenzugehen. Dies Dach glich einem ungeheuren schwarzen Nebelspalter oder Dreiröhrenhut, wie man die großen Hüte der schwäbischen Bauern nennt, und wie ein solcher Hut ein Gehirn voller Nücken und Finten überschattet, so bedeckte dies Dach ein großes, dunkles und winkliges Haus voll Hexenwerk und Tausendsgeschichten. Herr Pineiß war ein Kann-alles, welcher hundert Ämtchen versah, Leute kurierte, Wanzen vertilgte, Zähne auszog und Geld auf Zinsen lieh; er war der Vormünder aller Waisen und Witwen, schnitt in seinen Mußestunden Federn, das Dutzend für einen Pfennig, und machte schöne schwarze Tinte; er handelte mit Ingwer und Pfeffer, mit Wagenschmiere und Rosoli, mit Häftlein und Schuhnägeln, er renovierte die Turmuhr und machte jährlich den Kalender mit der Witterung, den Bauernregeln und dem Aderlaßmännchen; er verrichtete zehntausend rechtliche Dinge am hellen Tag um mäßigen Lohn und einige unrechtliche nur in der Finsternis und aus Privatleidenschaft oder hing auch den rechtlichen, ehe er sie aus seiner Hand entließ, schnell noch ein unrechtliches Schwänzchen an, so klein wie die Schwänzchen der jungen Frösche, gleichsam nur der Possierlichkeit wegen. Überdies machte er das Wetter in schwierigen Zeiten, überwachte mit seiner Kunst die Hexen, und wenn sie reif waren, ließ er sie verbrennen; für sich trieb er die Hexerei nur als wissenschaftlichen Versuch und zum Hausgebrauch, sowie er auch die Stadtgesetze, die er redigierte und ins reine schrieb, unter der Hand probierte und verdrehte, um ihre Dauerhaftigkeit zu ergründen. Da die Seldwyler stets einen solchen

Bürger brauchten, der alle unlustigen kleinen und großen Dinge für sie tat, so war er zum Stadthexenmeister ernannt worden und bekleidete dies Amt schon seit vielen Jahren mit unermüdlicher Hingebung und Geschicklichkeit, früh und spät. Daher war sein Haus von unten bis oben vollgestopft mit allen erdenklichen Dingen, und Spiegel hatte viel Kurzweil, alles zu besehen und zu beriechen.

Doch im Anfang gewann er keine Aufmerksamkeit für andere Dinge als für das Essen. Er schlang gierig alles hinunter, was Pineiß ihm darreichte, und mochte kaum von einer Zeit zur andern warten. Dabei überlud er sich den Magen und mußte wirklich auf das Dach gehen, um dort von den grünen Gräsern abzubeißen und sich von allerhand Unwohlsein zu kurieren. Als der Meister diesen Heißhunger bemerkte, freute er sich und dachte, das Kätzchen würde solcherweise recht bald fett werden, und je besser er daran wende, desto klüger verfahre und spare er im ganzen. Er baute daher für Spiegel eine ordentliche Landschaft in seiner Stube, indem er ein Wäldchen von Tannenbäumchen aufstellte, kleine Hügel von Steinen und Moos errichtete und einen kleinen See anlegte. Auf die Bäumchen setzte er duftig gebratene Lerchen, Finken, Meisen und Sperlinge, je nach der Jahreszeit, so daß da Spiegel immer etwas herunterzuholen und zu knabbern vorfand. In die kleinen Berge versteckte er in künstlichen Mauslöchern herrliche Mäuse, welche er sorgfältig mit Weizenmehl gemästet, dann ausgeweidet, mit zarten Speckriemchen gespickt und gebraten hatte. Einige dieser Mäuse konnte Spiegel mit der Hand hervorholen, andere waren zur Erhöhung des Vergnügens tiefer verborgen, aber an einen Faden gebunden, an welchem Spiegel sie behutsam hervorziehen mußte, wenn er diese Lustbarkeit einer nachgeahmten Jagd genießen wollte. Das Becken des Sees aber füllte Pineiß alle Tage mit frischer Milch, damit Spiegel in der süßen seinen Durst lösche, und ließ gebratene Gründlinge darin schwimmen, da er wußte, daß Katzen zuweilen auch die Fischerei lieben. Aber da nun Spiegel ein so herrliches Leben führte, tun und lassen, essen und trinken konnte, was ihm beliebte und wann es ihm einfiel, so gedieh er allerdings zusehends an seinem Leibe; sein Pelz wurde wieder glatt und glänzend und sein Auge munter; aber zugleich nahm er, da sich seine Geisteskräfte in gleichem Maße wieder ansammelten, bessere Sitten an; die wilde Gier legte sich, und weil er jetzt eine traurige Erfahrung hinter sich hatte, so wurde er nun klüger als zuvor. Er mäßigte sich in seinen Gelüsten und fraß nicht mehr, als ihm zuträglich war, indem er zugleich wieder vernünftigen und tiefsinnigen Betrachtungen nachhing und die Dinge wieder durchschaute.

So holte er eines Tages einen hübschen Krammetsvogel von den Ästen herunter, und als er denselben nachdenklich zerlegte, fand er dessen kleinen Magen kugelrund angefüllt mit frischer unversehrter Speise. Grüne Kräutchen, artig zusammengerollt, schwarze und weiße Samenkörner und eine glänzend rote Beere waren da so niedlich und dicht ineinandergepfropft, als ob ein Mütterchen für ihren Sohn das Ränzchen zur Reise gepackt hätte. Als Spiegel den Vogel langsam verzehrt und das so vergnüglich gefüllte Mäglein an seine Klaue hing und philosophisch betrachtete, rührte ihn das Schicksal des armen Vogels, welcher nach so friedlich verbrachtem Geschäft so schnell sein Leben lassen gemußt, daß er nicht einmal die eingepackten Sachen verdauen konnte. »Was hat er nun davon gehabt, der arme Kerl«, sagte Spiegel, »daß er sich so heftig und eifrig genährt hat, daß dies kleine Säckchen aussieht wie ein wohl vollbrachtes Tagewerk? Diese rote Beere ist es, die ihn aus dem freien Walde in die Schlinge des Vogelstellers gelockt hat. Aber er dachte doch, seine Sache noch besser zu machen und sein Leben an solchen Beeren zu fristen, während ich, der ich soeben den unglücklichen Vogel gegessen, daran mich nur um einen Schritt zum Tode gegessen habe! Kann man einen elenderen und feigeren Vertrag abschließen, als sein Leben noch ein Weilchen fristen zu lassen, um es dann um diesen Preis doch zu verlieren? Wäre nicht ein freiwilliger und schneller Tod vorzuziehen gewesen für einen entschlossenen Kater? Aber ich habe keine Gedanken gehabt, und nun, da ich wieder solche habe, sehe ich nichts vor mir als das Schicksal dieses Krammetsvogels; wenn ich rund genug bin, so muß ich von hinnen, aus keinem anderen Grunde, als weil ich rund bin. Ein schöner Grund für einen lebenslustigen und gedankenreichen Katzmann! Ach, könnte ich aus dieser Schlinge kommen!«

Er vertiefte sich nun in vielfältige Grübeleien, wie das gelingen möchte; aber da die Zeit der Gefahr noch nicht da war, so wurde es ihm nicht klar, und er fand keinen Ausweg; aber als ein kluger Mann ergab er sich bis dahin der Tugend der Selbstbeherrschung, welches immer die beste Vorschule und Zeitverwendung ist, bis sich etwas entscheiden soll. Er verschmähte das weiche Kissen, welches ihm Pineiß zurechtgelegt hatte, damit er fleißig darauf schlafen und fett werden sollte, und zog es vor, wieder auf schmalen Gesimsen und hohen gefährlichen Stellen zu liegen, wenn er ruhen wollte. Ebenso verschmähte er die gebratenen Vögel und die gespickten Mäuse und fing sich lieber auf den Dächern, da er nun wieder einen rechtmäßigen Jagdgrund hatte, mit List und Gewandtheit einen schlichten lebendigen Sperling oder auf den Speichern eine flinke

Maus, und solche Beute schmeckte ihm vortrefflicher als das gebratene Wild in Pineißens künstlichem Gehege, während sie ihn nicht zu fett machte; auch die Bewegung und Tapferkeit sowie der wiedererlangte Gebrauch der Tugend und Philosophie verhinderten ein zu schnelles Fettwerden, so daß Spiegel zwar gesund und glänzend aussah, aber zu Pineißens Verwunderung auf einer gewissen Stufe der Beleibtheit stehenblieb, welche lange nicht das erreichte, was der Hexenmeister mit seiner freundlichen Mästung bezweckte; denn dieser stellte sich darunter ein kugelrundes, schwerfälliges Tier vor, welches sich nicht vom Ruhekissen bewegte und aus eitel Schmer bestand. Aber hierin hatte sich seine Hexerei eben geirrt, und er wußte bei aller Schlauheit nicht, daß, wenn man einen Esel füttert, derselbe ein Esel bleibt, wenn man aber einen Fuchsen speiset, derselbe nichts anders wird als ein Fuchs; denn jede Kreatur wächst sich nach ihrer Weise aus. Als Herr Pineiß entdeckte, wie Spiegel immer auf demselben Punkte einer wohlgenährten, aber geschmeidigen und rüstigen Schlankheit stehenblieb, ohne eine erkleckliche Fettigkeit anzusetzen, stellte er ihn eines Abends plötzlich zur Rede und sagte barsch: »Was ist das, Spiegel? Warum frissest du die guten Speisen nicht, die ich dir mit so viel Sorgfalt und Kunst präpariere und herstelle? Warum fängst du die gebratenen Vögel nicht auf den Bäumen, warum suchst du die leckeren Mäuschen nicht in den Berghöhlen? Warum fischest du nicht mehr in dem See? Warum pflegst du dich nicht? Warum schläfst du nicht auf dem Kissen? Warum strapazierst du dich und wirst mir nicht fett?« – »Ei, Herr Pineiß!« sagte Spiegel. »Weil es mir wohler ist auf diese Weise! Soll ich meine kurze Frist nicht auf die Art verbringen, die mir am angenehmsten ist?« – »Wie!« rief Pineiß. »Du sollst so leben, daß du dick und rund wirst, und nicht dich abjagen! Ich merke aber wohl, wo du hinauswillst! Du denkst mich zu äffen und hinzuhalten, daß ich dich in Ewigkeit in diesem Mittelzustande herumlaufen lasse? Mitnichten soll dir das gelingen! Es ist deine Pflicht, zu essen und zu trinken und dich zu pflegen, auf daß du dick werdest und Schmer bekommst! Auf der Stelle entsage daher dieser hinterlistigen und kontraktwidrigen Mäßigkeit, oder ich werde ein Wörtchen mit dir sprechen!«

Spiegel unterbrach sein behagliches Spinnen, das er angefangen, um seine Fassung zu behaupten, und sagte: »Ich weiß kein Sterbenswörtchen davon, daß in dem Kontrakt steht, ich solle der Mäßigkeit und einem gesunden Lebenswandel entsagen! Wenn der Herr Stadthexenmeister darauf gerechnet hat, daß ich ein fauler Schlemmer sei, so ist das nicht meine Schuld! Ihr tut tausend rechtliche Dinge des Tages, so lasset dieses auch noch hinzukommen und uns beide hübsch in der Ordnung bleiben; denn Ihr wißt ja wohl, daß Euch mein Schmer nur nützlich ist, wenn er auf rechtliche Weise erwachsen!« – »Ei, du Schwätzer!« rief Pineiß erbost. »Willst du mich belehren? Zeig her, wie weit bist du denn eigentlich gediehen, du Müßiggänger? Vielleicht kann man dich doch bald abtun!« Er griff dem Kätzchen an den Bauch; allein dieses fühlte sich dadurch unangenehm gekitzelt und hieb dem Hexenmeister einen scharfen Kratz über die Hand. Diesen betrachtete Pineiß aufmerksam, dann sprach er: »Stehen wir so miteinander, du Bestie? Wohlan, so erkläre ich dich hiermit feierlich, kraft des Vertrages, für fett genug! Ich begnüge mich mit dem Ergebnis und werde mich desselben zu versichern wissen! In fünf Tagen ist der Mond voll, und bis dahin magst du dich noch deines Lebens erfreuen, wie es geschrieben steht, und nicht eine Minute länger!« Damit kehrte er ihm den Rücken und überließ ihn seinen Gedanken.

Diese waren jetzt sehr bedenklich und düster; so war denn die Stunde doch nahe, wo der gute Spiegel seine Haut lassen sollte? Und war mit aller Klugheit gar nichts mehr zu machen? Seufzend stieg er auf das hohe Dach, dessen Firste dunkel in den schönen Herbstabendhimmel emporragten. Da ging der Mond über der Stadt auf und warf seinen Schein auf die schwarzen bemoosten Hohlziegel des alten Daches, ein lieblicher Gesang tönte in Spiegels Ohren, und eine schneeweiße Kätzin wandelte glänzend über einen benachbarten First weg. Sogleich vergaß Spiegel die Todesaussichten, in welchen er lebte, und erwiderte mit seinem schönsten Katerliede den Lobgesang der Schönen. Er eilte ihr entgegen und war bald im hitzigen Gefecht mit drei fremden Katern begriffen, die er mutig und wild in die Flucht schlug. Dann machte er der Dame feurig und ergeben den Hof und brachte Tag und Nacht bei ihr zu, ohne an den Pineiß zu denken oder im Hause sich sehen zu lassen. Er sang wie eine Nachtigall die schönen Mondnächte hindurch, jagte hinter der weißen Geliebten her über die Dächer, durch die Gärten, und rollte mehr als einmal im heftigen Minnespiel oder im Kampfe mit den Rivalen über hohe Dächer hinunter und fiel auf die Straße; aber nur um sich aufzuraffen, das Fell zu schütteln und die wilde Jagd seiner Leidenschaften von neuem anzuheben. Stille und laute Stunden, süße Gefühle und zorniger Streit, anmutiges Zwiegespräch, witziger Gedankenaustausch, Ränke und Schwänke der Liebe und Eifersucht, Liebkosungen und Raufereien, die Gewalt des Glückes und die Leiden des Unsterns ließen den verliebten

Spiegel nicht zu sich selbst kommen, und als die Scheibe des Mondes voll geworden, war er von allen diesen Aufregungen und Leidenschaften so heruntergekommen, daß er jämmerlicher, magerer und zerzauster aussah als je. Im selben Augenblick rief ihm Pineiß aus einem Dachtürmchen: »Spiegelchen, Spiegelchen! Wo bist du? Komm doch ein bißchen nach Hause!«

Da schied Spiegel von der weißen Freundin, welche zufrieden und kühl miauend ihrer Wege ging, und wandte sich stolz seinem Henker zu. Dieser stieg in die Küche hinunter, raschelte mit dem Kontrakt und sagte: »Komm, Spiegelchen, komm, Spiegelchen!«, und Spiegel folgte ihm und setzte sich in der Hexenküche trotzig vor den Meister hin in all seiner Magerkeit und Zerzaustheit. Als Herr Pineiß erblickte, wie er so schmählich um seinen Gewinn gebracht war, sprang er wie besessen in die Höhe und schrie wütend: »Was seh' ich? Du Schelm, du gewissenloser Spitzbube! Was hast du mir getan?« Außer sich vor Zorn griff er nach einem Besen und wollte Spiegelein schlagen; aber dieser krümmte den schwarzen Rücken, ließ die Haare emporstarren, daß ein fahler Schein darüber knisterte, legte die Ohren zurück, prustete und funkelte den Alten so grimmig an, daß dieser voll Furcht und Entsetzen drei Schritte zurücksprang. Er begann zu fürchten, daß er einen Hexenmeister vor sich habe, welcher ihn foppe und mehr könne als er selbst. Ungewiß und kleinlaut sagte er: »Ist der ehrsame Herr Spiegel vielleicht vom Handwerk? Sollte ein gelehrter Zaubermeister beliebt haben, sich in dero äußere Gestalt zu verkleiden, da er nach Gefallen über sein Leibliches gebieten und genauso beleibt werden kann, als es ihm angenehm dünkt, nicht zuwenig und nicht zuviel, oder unversehens so mager wird wie ein Gerippe, um dem Tode zu entschlüpfen?«

Spiegel beruhigte sich wieder und sprach ehrlich: »Nein, ich bin kein Zauberer! Es ist allein die süße Gewalt der Leidenschaft, welche mich so heruntergebracht und zu meinem Vergnügen Euer Fett dahingenommen hat. Wenn wir übrigens jetzt unser Geschäft von neuem beginnen wollen, so will ich tapfer dabeisein und dreinbeißen! Setzt mir nur eine recht schöne und große Bratwurst vor, denn ich bin ganz erschöpft und hungrig!« Da packte Pineiß den Spiegel wütend am Kragen, sperrte ihn in den Gänsestall, der immer leer war, und schrie: »Da sieh zu, ob dir deine süße Gewalt der Leidenschaft noch einmal heraushilft und ob sie stärker ist als die Gewalt der Hexerei und meines rechtlichen Vertrages! Jetzt heißt's: Vogel friß und stirb!« Sogleich briet er eine lange Wurst, die so lecker duftete, daß er sich nicht enthalten konnte, selbst ein bißchen an beiden Zipfeln zu schlecken, ehe er sie durch das Gitter steckte. Spiegel fraß sie von vorn bis hinten auf, und indem er sich behaglich den Schnurrbart putzte und den Pelz leckte, sagte er zu sich selber: »Meiner Seel! Es ist doch eine schöne Sache um die Liebe! Die hat mich für diesmal wieder aus der Schlinge gezogen. Jetzt will ich mich ein wenig ausruhen und trachten, daß ich durch Beschaulichkeit und gute Nahrung wieder zu vernünftigen Gedanken komme! Alles hat seine Zeit! Heute ein bißchen Leidenschaft, morgen ein wenig Besonnenheit und Ruhe, ist jedes in seiner Weise gut. Dies Gefängnis ist gar nicht so übel, und es läßt sich gewiß etwas Ersprießliches darin ausdenken!« Pineiß aber nahm sich nun zusammen und bereitete alle Tage mit aller seiner Kunst solche Leckerbissen und in solch reizender Abwechslung und Zuträglichkeit, daß der gefangene Spiegel denselben nicht widerstehen konnte; denn Pineißens Vorrat an freiwilligem und rechtmäßigem Katzenschmer nahm alle Tage mehr ab und drohte nächstens ganz auszugehen, und dann war der Hexer ohne dies Hauptmittel ein geschlagener Mann. Aber der gute Hexenmeister nährte mit dem Leibe Spiegels dessen Geist immer wieder mit, und es war durchaus nicht von dieser unbequemen Zutat loszukommen, weshalb auch seine Hexerei sich hier als lückenhaft erwies.

Als Spiegel in seinem Käfig ihm endlich fett genug dünkte, säumte er nicht länger, sondern stellte vor den Augen des aufmerksamen Katers alle Geschirre zurecht und machte ein helles Feuer auf dem Herd, um den lang ersehnten Gewinn auszukochen. Dann wetzte er ein großes Messer, öffnete den Kerker, zog Spiegelchen hervor, nachdem er die Küchentür wohl verschlossen, und sagte wohlgemut: »Komm, du Sapperlöter! Wir wollen dir den Kopf abschneiden vorderhand und dann das Fell abziehen! Dieses wird eine warme Mütze für mich geben, woran ich Einfältiger noch gar nicht gedacht habe! Oder soll ich dir erst das Fell abziehen und dann den Kopf abschneiden?« – »Nein, wenn es Euch gefällig ist«, sagte Spiegel demütig, »lieber zuerst den Kopf abschneiden!« – »Hast recht, du armer Kerl!« sagte Herr Pineiß. »Wir wollen dich nicht unnütz quälen! Alles was recht ist!« – »Dies ist ein wahres Wort!« sagte Spiegel mit einem erbärmlichen Seufzer und legte das Haupt ergebungsvoll auf die Seite. »O hätt' ich doch jederzeit getan, was recht ist, und nicht eine so wichtige Sache leichtsinnig unterlassen, so könnte ich jetzt mit besserem Gewissen sterben, denn ich sterbe gern; aber ein Unrecht erschwert mir den sonst so willkommenen Tod; denn was bietet mir das Leben? Nichts als Furcht, Sorge und Armut und zur Abwechslung einen

Sturm verzehrender Leidenschaft, die noch schlimmer ist als die stille zitternde Furcht!« – »Ei, welches Unrecht, welche wichtige Sache?« fragte Pineiß neugierig. »Ach, was hilft das Reden jetzt noch«, seufzte Spiegel, »geschehen ist geschehen, und jetzt ist Reue zu spät!« – »Siehst du Sappermenter, was für ein Sünder du bist?« sagte Pineiß. »Und wie wohl du deinen Tod verdienst? Aber was Tausend hast du denn angestellt? Hast du mir vielleicht etwas entwendet, entfremdet, verdorben? Hast du mir ein himmelschreiendes Unrecht getan, von dem ich noch gar nichts weiß, ahne, vermute, du Satan? Das sind mir schöne Geschichten! Gut, daß ich noch dahinterkomme! Auf der Stelle beichte mir, oder ich schinde und siede dich lebendig aus! Wirst du sprechen oder nicht?« – »Ach nein!« sagte Spiegel. »Wegen Euch habe ich mir nichts vorzuwerfen. Es betrifft die zehntausend Goldgülden meiner seligen Gebieterin – aber was hilft reden! – Zwar – wenn ich bedenke und Euch ansehe, so möchte es vielleicht doch nicht ganz zu spät sein – wenn ich Euch betrachte, so sehe ich, daß Ihr ein noch ganz schöner und rüstiger Mann seid, in den besten Jahren – sagt doch, Herr Pineiß! Habt Ihr noch nie etwa den Wunsch verspürt, Euch zu verehelichen, ehrbar und vorteilhaft? Aber was schwatze ich! Wie wird ein so kluger und kunstreicher Mann auf dergleichen müßige Gedanken kommen! Wie wird ein so nützlich beschäftigter Meister an törichte Weiber denken! Zwar allerdings hat auch die schlimmste noch irgendwas an sich, was etwa nützlich für einen Mann ist, das ist nicht abzuleugnen! Und wenn sie nur halbwegs was taugt, so ist eine gute Hausfrau etwa weiß am Leibe, sorgfältig im Sinne, zutulich von Sitten, treu von Herzen, sparsam im Verwalten, aber verschwenderisch in der Pflege ihres Mannes, kurzweilig in Worten und angenehm in ihren Taten, einschmeichelnd in ihren Handlungen! Sie küßt den Mann mit ihrem Munde und streichelt ihm den Bart, sie umschließt ihn mit ihren Armen und kraut ihm hinter den Ohren, wie er es wünscht, kurz, sie tut tausend Dinge, die nicht zu verwerfen sind. Sie hält sich ihm ganz nah zu oder in bescheidener Entfernung, je nach seiner Stimmung, und wenn er seinen Geschäften nachgeht, so stört sie ihn nicht, sondern verbreitet unterdessen sein Lob in und außer dem Hause; denn sie läßt nichts an ihn kommen und rühmt alles, was an ihm ist! Aber das Anmutigste ist die wunderbare Beschaffenheit ihres zarten leiblichen Daseins, welches die Natur so verschieden gemacht hat von unserm Wesen bei anscheinender Menschenähnlichkeit, daß es ein fortwährendes Meerwunder in einer glückhaften Ehe bewirkt und eigentlich die allerdurchtriebenste Hexerei in sich birgt! Doch was schwatze ich da wie ein Tor an der Schwelle des Todes! Wie wird ein weiser Mann auf dergleichen Eitelkeiten sein Augenmerk richten! Verzeiht, Herr Pineiß, und schneidet mir den Kopf ab!«

Pineiß aber rief heftig: »So halt doch endlich inne, du Schwätzer! Und sage mir: Wo ist eine solche? Und hat sie zehntausend Goldgülden?«

»Zehntausend Goldgülden?« sagte Spiegel.

»Nun ja«, rief Pineiß ungeduldig, »sprachest du nicht eben erst davon?«

»Nein«, antwortete jener, »das ist eine andere Sache! Die liegen vergraben an einem Orte!«

»Und was tun sie da, wem gehören sie?« schrie Pineiß.

»Niemand gehören sie, das ist eben meine Gewissensbürde, denn ich hätte sie unterbringen sollen! Eigentlich gehören sie jenem, der eine solche Person heiratet, wie ich eben beschrieben habe. Aber wie soll man drei solche Dinge zusammenbringen in dieser gottlosen Stadt: zehntausend Goldgülden, eine weiße feine und gute Hausfrau und einen weisen rechtschaffenen Mann? Daher ist eigentlich meine Sünde nicht allzu groß, denn der Auftrag war zu schwer für eine arme Katze!«

»Wenn du jetzt«, rief Pineiß, »nicht bei der Sache bleibst und sie verständlich der Ordnung nach dartust, so schneide ich dir vorläufig den Schwanz und beide Ohren ab! Jetzt fang an.«

»Da Ihr es befehlt, so muß ich die Sache wohl erzählen«, sagte Spiegel und setzte sich gelassen auf seine Hinterfüße, »obgleich dieser Aufschub meine Leiden nur vergrößert!« Pineiß steckte das scharfe Messer zwischen sich und Spiegel in die Diele und setzte sich neugierig auf ein Fäßchen, um zuzuhören, und Spiegel fuhr fort:

»Ihr wisset doch, Herr Pineiß, daß die brave Person, meine selige Meisterin, unverheiratet gestorben ist als eine alte Jungfer, die in aller Stille viel Gutes getan und niemand zuwider gelebt hat. Aber nicht immer war es um sie her so still und ruhig zugegangen, und obgleich sie niemals von bösem Gemüt gewesen, so hatte sie doch einst viel Leid und Schaden angerichtet; denn in ihrer Jugend war sie das schönste Fräulein weit und breit, und was von jungen Herren und kecken Gesellen in der Gegend war oder des Weges kam, verliebte sich in sie und wollte sie durchaus heiraten. Nun hatte sie wohl große Lust, zu heiraten und einen hübschen, ehrenfesten und klugen Mann zu nehmen, und sie hatte die Auswahl, da sich Einheimische und Fremde um sie stritten und einander mehr als einmal die Degen in den Leib rannten, um den Vorrang zu gewinnen. Es bewarben sich um sie und versammelten sich kühne und verzagte, listige und treuherzige, reiche und arme Freier, solche mit einem guten und anständigen Geschäft und solche, welche als Kavaliere zierlich von ihren Renten lebten; dieser mit diesen, jener mit jenen Vorzügen, beredt oder schweigsam, der eine munter und liebenswürdig, und ein anderer schien es mehr in sich zu haben, wenn er auch etwas einfältig aussah; kurz, das Fräulein hatte eine so vollkommene Auswahl, wie es ein mannbares Frauenzimmer sich nur wünschen kann. Allein sie besaß außer ihrer Schönheit ein schönes Vermögen von vielen tausend Goldgülden, und diese waren die Ursache, daß sie nie dazu kam, eine Wahl treffen und einen Mann nehmen zu können, denn sie verwaltete ihr Gut mit trefflicher Umsicht und Klugheit und legte einen großen Wert auf dasselbe, und da nun der Mensch immer von seinen eigenen Neigungen aus andere beurteilt, so geschah es, daß sie, sobald sich ihr ein achtungswerter Freier genähert und ihr halbwegs gefiel, alsobald sich einbildete, derselbe begehre sie nur um ihres Gutes willen. War einer reich, so glaubte sie, er würde sie doch nicht begehren, wenn sie nicht auch reich wäre, und von den Unbemittelten nahm sie vollends als gewiß an, daß sie nur ihre Goldgülden im Auge hätten und sich daran gedächten gütlich zu tun, und das arme Fräulein, welches doch selbst so große Dinge auf den irdischen Besitz hielt, war nicht imstande, diese Liebe zu Geld und Gut an ihren Freiern von der Liebe zu ihr selbst zu unterscheiden, oder, wenn sie wirklich etwa vorhanden war, dieselbe nachzusehen und zu verzeihen. Mehrere Male war sie schon so gut wie verlobt, und ihr Herz klopfte endlich stärker; aber plötzlich glaubte sie aus irgendeinem Zuge zu entnehmen, daß sie verraten sei und man einzig an ihr Vermögen denke, und sie brach unverweilt die Geschichte entzwei und zog sich voll Schmerzen, aber unerbittlich zurück. Sie prüfte alle, welche ihr nicht mißfielen, auf hundert Arten, so daß eine große Gewandtheit dazu gehörte, nicht in die Falle zu gehen, und zuletzt keiner mehr sich mit einiger Hoffnung nähern konnte, als wer ein durchaus geriebener und verstellter Mensch war, so daß schon aus diesen Gründen endlich die Wahl wirklich schwer wurde, weil solche Menschen dann zuletzt doch eine unheimliche Unruhe erwecken und die peinlichste Ungewißheit bei einer Schönen zurücklassen, je geriebener und geschickter sie sind. Das Hauptmittel, ihre Anbeter zu prüfen, war, daß sie ihre Uneigennützigkeit auf die Probe stellte und sie alle Tage zu großen Ausgaben, zu reichen Geschenken und zu wohltätigen Handlungen veranlaßte. Aber sie mochten es machen, wie sie wollten, so trafen sie doch nie das

Rechte; denn zeigten sie sich freigebig und aufopfernd, gaben sie glänzende Feste, brachten sie ihr Geschenke dar oder anvertrauten ihr beträchtliche Gelder für die Armen, so sagte sie plötzlich, dies alles geschehe nur, um mit einem Würmchen den Lachs zu fangen oder mit der Wurst nach der Speckseite zu werfen, wie man zu sagen pflegt. Und sie vergabte die Geschenke sowohl wie das anvertraute Geld an Klöster und milde Stiftungen und speisete die Armen; aber die betrogenen Freier wies sie unbarmherzig ab. Bezeigten sich dieselben aber zurückhaltend oder gar knauserig, so war der Stab sogleich über sie gebrochen, da sie das noch viel übler nahm und daran eine schnöde und nackte Rücksichtslosigkeit und Eigenliebe zu erkennen glaubte. So kam es, daß sie, welche ein reines und nur ihrer Person hingegebenes Herz suchte, zuletzt von lauter verstellten, listigen und eigensüchtigen Freiersleuten umgeben war, aus denen sie nie klug wurde und die ihr das Leben verbitterten. Eines Tages fühlte sie sich so mißmutig und trostlos, daß sie ihren ganzen Hof aus dem Hause wies, dasselbe zuschloß und nach Mailand verreiste, wo sie eine Base hatte. Als sie über den Sankt Gotthard ritt auf einem Eselein, war ihre Gesinnung so schwarz und schaurig wie das wilde Gestein, das sich aus den Abgründen emportürmte, und sie fühlte die heftigste Versuchung, sich von der Teufelsbrücke in die tobenden Gewässer der Reuß hinabzustürzen. Nur mit der größten Mühe gelang es den zwei Mägden, die sie bei sich hatte und die ich selbst noch gekannt habe, welche aber nun schon lange tot sind, und dem Führer, sie zu beruhigen und von der finstern Anwandlung abzubringen. Doch langte sie bleich und traurig in dem schönen Land Italien an, und so blau dort der Himmel war, wollten sich ihre dunklen Gedanken doch nicht aufhellen. Aber als sie einige Tage bei ihrer Base verweilt, sollte unverhofft eine andere Melodie ertönen und ein Frühlingsanfang in ihr aufgehen, von dem sie bis dato noch nicht viel gewußt. Denn es kam ein junger Landsmann in das Haus der Base, der ihr gleich beim ersten Anblick so wohl gefiel, daß man wohl sagen kann, sie verliebte sich jetzt von selbst und zum erstenmal. Es war ein schöner Jüngling, von guter Erziehung und edlem Benehmen, nicht arm und nicht reich zur Zeit, denn er hatte nichts als zehntausend Goldgulden, welche er von seinen verstorbenen Eltern ererbt und womit er, da er die Kaufmannschaft erlernt hatte, in Mailand einen Handel mit Seide begründen wollte; denn er war unternehmend und klar von Gedanken und hatte eine glückliche Hand, wie es unbefangene und unschuldige Leute oft haben; denn auch dies war der junge Mann; er schien, so wohlgelehrt er war, doch so arglos und unschuldig wie ein Kind. Und obgleich er ein Kaufmann war und ein so unbefangenes Gemüt, was schon zusammen eine köstliche Seltenheit ist, so war er doch fest und ritterlich in seiner Haltung und trug sein Schwert so keck zur Seite, wie nur ein geübter Kriegsmann es tragen kann. Dies alles sowie seine frische Schönheit und Jugend bezwangen das Herz des Fräuleins dermaßen, daß sie kaum an sich halten konnte und ihm mit großer Freundlichkeit begegnete. Sie wurde wieder heiter, und wenn sie dazwischen auch traurig war, so geschah dies in dem Wechsel der Liebesfurcht und Hoffnung, welche immerhin ein edleres und angenehmeres Gefühl war als jene peinliche Verlegenheit in der Wahl, welche sie früher unter den vielen Freiern empfunden. Jetzt kannte sie nur eine Mühe und Besorgnis, diejenige nämlich, dem schönen und guten Jüngling zu gefallen, und je schöner sie selbst war, desto demütiger und unsicherer war sie jetzt, da sie zum ersten Male eine wahre Neigung gefaßt hatte. Aber auch der junge Kaufmann hatte noch nie eine solche Schönheit gesehen oder war wenigstens noch keiner so nahe gewesen und von ihr so freundlich und artig behandelt worden. Da sie nun, wie gesagt, nicht nur schön, sondern auch gut von Herzen und fein von Sitten war, so ist es nicht zu verwundern, daß der offene und frische Jüngling, dessen Herz noch ganz frei und unerfahren war, sich ebenfalls in sie verliebte, und das mit aller Kraft und Rückhaltlosigkeit, die in seiner ganzen Natur lag. Aber vielleicht hätte das nie jemand erfahren, wenn er in seiner Einfalt nicht aufgemuntert worden wäre durch des Fräuleins Zutulichkeit, welche er mit heimlichem Zieren und Zagen für eine Erwiderung seiner Liebe zu halten wagte, da er selber keine Verstellung kannte. Doch bezwang er sich einige Wochen und glaubte die Sache zu verheimlichen; aber jeder sah ihm von weitem an, daß er zum Sterben verliebt war, und wenn er irgend in die Nähe des Fräuleins geriet oder sie nur genannt wurde, so sah man auch gleich, in wen er verliebt war. Er war aber nicht lange verliebt, sondern begann wirklich zu lieben mit aller Heftigkeit seiner Jugend, so daß ihm das Fräulein das Höchste und Beste auf der Welt wurde, an welches er ein für allemal das Heil und den ganzen Wert seiner eigenen Person setzte. Dies gefiel ihr über die Maßen wohl; denn es war in allem, was er sagte oder tat, eine andere Art, als sie bislang erfahren, und dies bestärkte und rührte sie so tief, daß sie nun gleichermaßen der stärksten Liebe anheimfiel und nun nicht mehr von einer Wahl für sie die Rede war. Jedermann sah diese Geschichte spielen, und es wurde offen darüber gesprochen und vielfach gescherzt. Dem Fräulein war es höchlich wohl dabei, und indem ihr das Herz vor banger Erwartung zerspringen wollte, half sie den Roman von ihrer Seite doch ein wenig verwickeln und ausspinnen, um ihn recht auszukosten und zu genießen. Denn der junge Mann beging in seiner Verwirrung so köstliche und kindliche Dinge, dergleichen sie niemals erfahren und für sie ein Mal schmeichelhafter und angenehmer waren als das andere. Er aber in seiner Gradheit und Ehrlichkeit konnte es nicht lange so aushalten; da jeder darauf anspielte und sich einen Scherz erlaubte, so schien es ihm eine Komödie zu werden, als deren Gegenstand ihm seine Geliebte viel zu gut und heilig war, und was ihr ausnehmend behagte, das machte ihn bekümmert, ungewiß und verlegen um sie selber. Auch glaubte er sie zu beleidigen und hintergehen, wenn er da lange eine so heftige Leidenschaft zu ihr herumtrüge und unaufhörlich an sie denke, ohne daß sie eine Ahnung davon habe, was doch gar nicht schicklich sei und ihm selber nicht recht! Daher sah man ihm eines Morgens von weitem an, daß er etwas vorhatte, und er bekannte ihr seine Liebe in einigen Worten, um es einmal und nie zum zweitenmal zu sagen, wenn er nicht glücklich sein sollte. Denn er war nicht gewohnt zu denken, daß ein solches schönes und wohlbeschaffenes Fräulein etwa nicht ihre wahre Meinung sagen und nicht auch gleich zum erstenmal ihr unwiderrufliches Ja oder Nein erwidern sollte. Er war ebenso zart gesinnt als heftig verliebt, ebenso spröde als kindlich und ebenso stolz als unbefangen, und bei ihm galt es gleich auf Tod und Leben, auf Ja oder Nein, Schlag um Schlag. In demselben Augenblicke aber, in welchem das Fräulein sein Geständnis anhörte, das sie so sehnlich erwartet, überfiel sie ihr altes Mißtrauen, und es fiel ihr zur unglücklichen Stunde ein, daß ihr Liebhaber ein Kaufmann sei, welcher am Ende nur ihr Vermögen zu erlangen wünsche, um seine Unternehmungen zu erweitern. Wenn er daneben auch ein wenig in ihre Person verliebt sein sollte, so wäre ja das bei ihrer Schönheit kein sonderliches Verdienst und nur um so empörender, wenn sie eine bloße erwünschte Zugabe zu ihrem Golde vorstellen sollte. Anstatt ihm daher ihre Gegenliebe zu gestehen und ihn wohl aufzunehmen, wie sie am liebsten getan hätte, ersann sie auf der Stelle eine neue List, um seine Hingebung zu prüfen, und nahm eine ernste, fast traurige Miene an, indem sie ihm vertraute, wie sie bereits mit einem jungen Mann verlobt sei in ihrer Heimat, welchen sie auf das allerherzlichste liebe. Sie habe ihm das schon mehrmals mitteilen wollen, da sie ihn, den Kaufmann nämlich, als Freund sehr lieb habe, wie er wohl habe sehen können aus ihrem Benehmen, und sie vertraute ihm wie einem Bruder. Aber die ungeschickten Scherze, welche in der Gesellschaft aufgekommen seien, hätten ihr eine vertrauliche Unterhaltung erschwert; da er nun aber selbst sie mit seinem braven und edlen Herzen überrascht und dasselbe vor ihr aufgetan, so könne sie ihm für seine Neigung nicht besser danken, als indem sie ihm ebenso offen sich anvertraue. Ja, fuhr sie fort, nur demjenigen könne sie angehören, welchen sie einmal erwählt habe, und nie würde es ihr möglich sein, ihr Herz einem anderen Mannesbilde zuzuwenden, dies stehe mit goldenem Feuer in ihrer Seele geschrieben, und der liebe Mann wisse selbst nicht, wie lieb er ihr sei, so wohl er sie auch kenne! Aber ein trüber Unstern hätte sie betroffen; ihr Bräutigam sei ein Kaufmann, aber so arm wie eine Maus; darum hätten sie den Plan gefaßt, daß er aus den Mitteln der Braut einen Handel begründen solle; der Anfang sei gemacht und alles auf das beste eingeleitet, die Hochzeit sollte in diesen Tagen gefeiert werden, da wollte ein unverhofftes Mißgeschick, daß ihr ganzes Vermögen plötzlich ihr angetastet und abgestritten wurde und vielleicht für immer verlorengehe, während der arme Bräutigam in nächster Zeit seine ersten Zahlungen zu leisten habe an die Mailänder und venezianischen Kaufleute, worauf sein ganzer Kredit, sein Gedeihen und seine Ehre beruhe, nicht zu sprechen von ihrer Vereinigung und glücklichen Hochzeit! Sie sei in der Eile nach Mailand gekommen, wo sie begüterte Verwandte habe, um da Mittel und Auswege zu finden; aber zu einer schlimmen Stunde sei sie gekommen; denn nichts wolle sich fügen und schicken, während der Tag immer näher rücke, und wenn sie ihrem Geliebten nicht helfen könne, so müsse sie sterben vor Traurigkeit. Denn es sei der liebste und beste Mensch, den man sich denken könne, und würde sicherlich ein großer Kaufherr werden, wenn ihm geholfen würde, und sie kenne kein anderes Glück mehr auf Erden, als dann dessen Gemahlin zu sein! Als sie diese Erzählung beendet, hatte sich der arme schöne Jüngling schon lange entfärbt und war bleich wie ein weißes Tuch. Aber er ließ keinen Laut der Klage vernehmen und sprach nicht ein Sterbenswörtchen mehr von sich selbst und von seiner Liebe, sondern fragte bloß traurig, auf wieviel sich denn die eingegangenen Verpflichtungen des glücklich unglücklichen Bräutigams beliefen? ›Auf zehntausend Goldgulden!‹ antwortete sie noch viel trauriger. Der junge traurige Kaufherr stand auf, ermahnte das Fräulein, guten Mutes zu sein, da sich gewiß ein Ausweg zeigen werde, und entfernte sich von ihr, ohne daß er sie anzusehen wagte, so sehr fühlte er sich betroffen und beschämt, daß er sein Auge auf eine Dame geworfen, die so treu und leidenschaftlich einen andern liebte. Denn der Arme glaubte jedes Wort von ihrer Erzählung wie ein

Evangelium. Dann begab er sich ohne Säumnis zu seinen Handelsfreunden und brachte sie durch Bitten und Einbüßung einer gewissen Summe dahin, seine Bestellungen und Einkäufe wieder rückgängig zu machen, welche er selbst in diesen Tagen auch grad mit seinen zehntausend Goldgulden bezahlen sollte und worauf er seine ganze Laufbahn bauete, und ehe sechs Stunden verflossen waren, erschien er wieder bei dem Fräulein mit seinem ganzen Besitztum und bat sie um Gottes willen, diese Aushilfe von ihm annehmen zu wollen. Ihre Augen funkelten vor freudiger Überraschung, und ihre Brust pochte wie ein Hammerwerk; sie fragte ihn, wo er denn dies Kapital hergenommen, und er erwiderte, er habe es auf seinen guten Namen geliehen und würde es, da seine Geschäfte sich glücklich wendeten, ohne Unbequemlichkeit zurückerstatten können. Sie sah ihm deutlich an, daß er log und daß es sein einziges Vermögen und ganze Hoffnung war, welche er ihrem Glücke opferte; doch stellte sie sich, als glaubte sie seinen Worten. Sie ließ ihren freudigen Empfindungen freien Lauf und tat grausamerweise, als ob diese dem Glücke gälten, nun doch ihren Erwählten retten und heiraten zu dürfen, und sie konnte nicht Worte finden, ihre Dankbarkeit auszudrücken. Doch plötzlich besann sie sich und erklärte, nur unter einer Bedingung die großmütige Tat annehmen zu können, da sonst alles Zureden unnütz wäre. Befragt, worin diese Bedingung bestehe, verlangte sie das heilige Versprechen, daß er an einem bestimmten Tage sich bei ihr einfinden wolle, um ihrer Hochzeit beizuwohnen und der beste Freund und Gönner ihres zukünftigen Ehegemahls zu werden sowie der treueste Freund, Schützer und Berater ihrer selbst. Errötend bat er sie, von diesem Begehren abzustehen; aber umsonst wandte er alle Gründe an, um sie davon abzubringen, umsonst stellte er ihr vor, daß seine Angelegenheiten jetzt nicht erlaubten, nach der Schweiz zurückzureisen, und daß er von einem solchen Abstecher einen erheblichen Schaden erleiden würde. Sie beharrte entschieden auf ihrem Verlangen und schob ihm sogar sein Gold wieder zu, da er sich nicht dazu verstehen wollte. Endlich versprach er es, aber er mußte ihr die Hand darauf geben und es ihr bei seiner Ehre und Seligkeit beschwören. Sie bezeichnete ihm genau den Tag und die Stunde, wann er eintreffen solle, und alles dies mußte er bei seinem Christenglauben und bei seiner Seligkeit beschwören. Erst dann nahm sie sein Opfer an und ließ den Schatz vergnügt in ihre Schlafkammer tragen, wo sie ihn eigenhändig in ihrer Reisetruhe verschloß und den Schlüssel in den Busen steckte. Nun hielt sie sich nicht länger in Mailand auf, sondern reiste ebenso fröhlich über den Sankt Gotthard zurück, als schwermütig sie hergekommen war. Auf der Teufelsbrücke, wo sie hatte hinabspringen wollen, lachte sie wie eine Unkluge und warf mit hellem Jauchzen ihrer wohlklingenden Stimme einen Granatblütenstrauß in die Reuß, welchen sie vor der Brust trug, kurz, ihre Lust war nicht zu bändigen, und es war die fröhlichste Reise, die je getan wurde. Heimgekehrt, öffnete und lüftete sie ihr Haus von oben bis unten und schmückte es, als ob sie einen Prinzen erwartete. Aber zu Häupten ihres Bettes legte sie den Sack mit den zehntausend Goldgulden und legte des Nachts den Kopf so glückselig auf den harten Klumpen und schlief darauf, wie wenn es das weichste Flaumkissen gewesen wäre. Kaum konnte sie den verabredeten Tag erwarten, wo sie ihn sicher kommen sah, da sie wußte, daß er nicht das einfachste Versprechen, geschweige denn einen Schwur brechen würde, und wenn es ihm um das Leben ginge. Aber der Tag brach an, und der Geliebte erschien nicht, und es vergingen viele Tage und Wochen, ohne daß er von sich hören ließ. Da fing sie an, an allen Gliedern zu zittern und verfiel in die größte Angst und Bangigkeit; sie schickte Briefe über Briefe nach Mailand, aber niemand wußte ihr zu sagen, wo er geblieben sei. Endlich aber stellte es sich durch einen Zufall heraus, daß der junge Kaufherr aus einem blutroten Stück Seidendamast, welches er von seinem Handelsanfang her im Haus liegen und bereits bezahlt hatte, sich ein Kriegskleid hatte anfertigen lassen und unter die Schweizer gegangen war, welche damals eben im Solde des Königs Franz von Frankreich den Mailändischen Krieg mitstritten. Nach der Schlacht bei Pavia, in welcher so viele Schweizer das Leben verloren, wurde er auf einem Haufen erschlagener Spaniolen liegend gefunden, von vielen tödlichen Wunden zerrissen und sein rotes Seidengewand von unten bis oben zerschlitzt und zerfetzt. Eh' er den Geist aufgab, sagte er einem neben ihm liegenden Seldwyler, der minder übel zugerichtet war, folgende Botschaft ins Gedächtnis und bat ihn, dieselbe auszurichten, wenn er mit dem Leben davonkäme: ›Liebstes Fräulein! Obgleich ich Euch bei meiner Ehre, bei meinem Christenglauben und bei meiner Seligkeit geschworen habe, auf Euerer Hochzeit zu erscheinen, so ist es mir dennoch nicht möglich gewesen, Euch nochmals zu sehen und einen andern des höchsten Glückes teilhaftig zu erblicken, das es für mich geben könnte. Dieses habe ich erst in Euerer Abwesenheit verspürt und habe vorher nicht gewußt, welch eine strenge und unheimliche Sache es ist um solche Liebe, wie ich zu Euch habe, sonst würde ich mich zweifelsohne besser davor gehütet haben. Da es aber einmal so ist, so wollte ich lieber meiner weltlichen Ehre und meiner geistlichen Seligkeit verloren und in die ewige Verdammnis eingehen als ein Meineidiger, denn noch einmal in Euerer Nähe erscheinen mit einem Feuer in der Brust, welches stärker und unauslöschlicher ist als das Höllenfeuer und mich dieses kaum wird verspüren lassen. Betet nicht etwa für mich, schönstes Fräulein, denn ich kann und werde nie selig werden ohne Euch, sei es hier oder dort, und somit lebt glücklich und seid gegrüßt!‹ So hatte in dieser Schlacht, nach welcher König Franziskus sagte: ›Alles verloren, außer der Ehre!‹, der unglückliche Liebhaber alles verloren, die Hoffnung, die Ehre, das Leben und die ewige Seligkeit, nur die Liebe nicht, die ihn verzehrte. Der Seldwyler kam glücklich davon, und sobald er sich etwas erholt und außer Gefahr sah, schrieb er die Worte des Umgekommenen getreu auf seine Schreibtafel, um sie nicht zu vergessen, reiste nach Hause, meldete sich bei dem unglücklichen Fräulein und las ihr die Botschaft so steif und kriegerisch vor, wie er zu tun gewohnt war, wenn er sonst die Mannschaft seines Fähnleins verlas; denn es war ein Feldleutnant. Das Fräulein aber zerraufte sich die Haare, zerriß ihre Kleider und begann so laut zu schreien und zu weinen, daß man es die Straße auf und nieder hörte und die Leute zusammenliefen. Sie schleppte wie wahnsinnig die zehntausend Goldgulden herbei, zerstreute sie auf dem Boden, warf sich der Länge nach darauf hin und küßte die glänzenden Goldstücke. Ganz von Sinnen, suchte sie den umherrollenden Schatz zusammenzuraffen und zu umarmen, als ob der verlorene Geliebte darin zugegen wäre. Sie lag Tag und Nacht auf dem Golde und wollte weder Speise noch Trank zu sich nehmen; unaufhörlich liebkoste und küßte sie das kalte Metall, bis sie mitten in einer Nacht plötzlich aufstand, den Schatz, emsig hin und her eilend, nach dem Garten trug und dort unter bitteren Tränen in den tiefen Brunnen warf und einen Fluch darüber aussprach, daß er niemals jemand anderm angehören solle.«

Als Spiegel so weit erzählt hatte, sagte Pineiß: »Und liegt das schöne Geld noch in dem Brunnen? – »Ja, wo sollte es sonst liegen?« antwortete Spiegel. »Denn nur ich kann es herausbringen und habe es bis zur Stunde noch nicht getan!« – »Ei ja so, richtig!« sagte Pineiß. »Ich habe es ganz vergessen über deiner Geschichte! Du kannst nicht übel erzählen, du Sapperlöter! Und es ist mir ganz gelüstig worden nach einem Weibchen, die so für mich eingenommen wäre; aber sehr schön müßte sie sein! Doch erzähle jetzt schnell noch, wie die Sache eigentlich zusammenhängt!« – »Es dauerte manche Jahre«, sagte Spiegel, »bis das Fräulein aus bittern Seelenleiden so weit zu sich kam, daß sie anfangen konnte, die stille alte Jungfer zu werden, als welche ich sie kennenlernte. Ich darf mich berühmen, daß ich ihr einziger Trost und ihr vertrautester Freund geworden bin in ihrem einsamen Leben bis an ihr stilles Ende. Als sie aber dieses herannahen sah, vergegenwärtigte sie sich noch einmal die Zeit ihrer fernen Jugend und Schönheit und erlitt noch einmal mit milderen ergebenen Gedanken erst die süßen Erregungen und dann die bittern Leiden jener Zeit, und sie weinte still sieben Tage und Nächte hindurch über die Liebe des Jünglings, deren Genuß sie durch ihr Mißtrauen verloren hatte, so daß ihre alten Augen noch kurz vor dem Tode erblindeten. Dann bereute sie den Fluch, welchen sie über jenen Schatz ausgesprochen, und sagte zu mir, indem sie mich mit dieser wichtigen Sache beauftragte: ›Ich bestimme nun anders, lieber Spiegel, und gebe dir die Vollmacht, daß du meine Verordnung vollziehest. Sieh dich um und suche, bis du eine bildschöne, aber unbemittelte Frauensperson findest, welcher es ihrer Armut wegen an Freiern gebricht! Wenn sich dann ein verständiger, rechtlicher und hübscher Mann finden sollte, der sein gutes Auskommen hat und die Jungfrau ungeachtet ihrer Armut, nur allein von ihrer Schönheit bewegt, zur Frau begehrt, so soll dieser Mann mit den stärksten Eiden sich verpflichten, derselben so treu, aufopfernd und unabänderlich ergeben zu sein, wie es mein unglücklicher Liebster gewesen ist, und dieser Frau sein Leben lang in allen Dingen zu willfahren. Dann gib der Braut die zehntausend Goldgulden, welche im Brunnen liegen, zur Mitgift, daß sie ihren Bräutigam am Hochzeitsmorgen damit überrasche!‹ So sprach die Selige, und ich habe meiner widrigen Geschicke wegen versäumt, dieser Sache nachzugehen, und muß nun befürchten, daß die Arme deswegen im Grabe noch beunruhigt sei, was für mich eben auch nicht die angenehmsten Folgen haben kann!«

Pineiß sah den Spiegel mißtrauisch an und sagte: »Wärst du wohl imstande, Bürschchen, mir den Schatz ein wenig nachzuweisen und augenscheinlich zu machen?«

»Zu jeder Stunde!« versetzte Spiegel. »Aber Ihr müßt wissen, Herr Stadthexenmeister, daß Ihr das Gold nicht etwa so ohne weiteres herausfischen dürftet. Man würde Euch unfehlbar das Genick umdrehen; denn es ist nicht ganz geheuer in dem Brunnen, ich habe darüber bestimmte Inzichten, welche ich aus Rücksichten nicht näher berühren darf!«

»Hei, wer spricht denn von Herausholen?« sagte Pineiß etwas furchtsam. »Führe mich einmal hin und zeige mir den Schatz! Oder vielmehr will ich dich führen an einem guten Schnürlein, damit du mir nicht entwischest!«

»Wie Ihr wollt!« sagte Spiegel. »Aber nehmet auch eine andere lange Schnur mit und eine Blendlaterne, welche Ihr daran in den Brunnen hinablassen könnt; denn der ist sehr tief und dunkel!« Pineiß befolgte diesen Rat und führte das muntere Kätzchen nach dem Garten jener Verstorbenen. Sie überstiegen miteinander die Mauer, und Spiegel zeigte dem Hexer den Weg zu dem alten Brunnen, welcher unter verwildertem Gebüsch verborgen war. Dort ließ Pineiß sein Laternchen hinunter, begierig nachblickend, während er den angebundenen Spiegel nicht von der Hand ließ. Aber richtig sah er in der Tiefe das Gold funkeln unter dem grünlichen Wasser und rief: »Wahrhaftig, ich seh's, es ist wahr! Spiegel, du bist ein Tausendskerl!« Dann guckte er wieder eifrig hinunter und sagte: »Mögen es auch zehntausend sein?« – »Ja, das ist nun nicht zu schwören!« sagte Spiegel. »Ich bin nie da unten gewesen und hab's nicht gezählt! Ist auch möglich, daß die Dame dazumal einige Stücke auf dem Wege verloren hat, als sie den Schatz hierhertrug, da sie in einem sehr aufgeregten Zustande war.« – »Nun, seien es auch ein Dutzend oder mehr weniger!« sagte Herr Pineiß. »Es soll mir darauf nicht ankommen!« Er setzte sich auf den Rand des Brunnens, Spiegel setzte sich auch nieder und leckte sich das Pfötchen. »Da wäre nun der Schatz!« sagte Pineiß, indem er sich hinter den Ohren kratzte. »Und hier wäre auch der Mann dazu; fehlt nur noch das bildschöne Weib!« – »Wie?« sagte Spiegel. – »Ich meine, es fehlt nur noch diejenige, welche die Zehntausend als Mitgift bekommen soll, um mich damit zu überraschen am Hochzeitsmorgen, und welche alle jene angenehmen Tugenden hat, von denen du gesprochen!« – »Hm!« versetzte Spiegel. »Die Sache verhält sich nicht ganz so, wie Ihr sagt! Der Schatz ist da, wie Ihr richtig einseht; das schöne Weib habe ich, um es aufrichtig zu gestehen, allbereits auch schon ausgespürt; aber mit dem Mann, der sie unter diesen schwierigen Umständen heiraten möchte, da hapert es eben; denn heutzutage muß die Schönheit obenein vergoldet sein wie die Weihnachtsnüsse, und je hohler die Köpfe werden, desto mehr sind sie bestrebt, die Leere mit einigem Weibergut nachzufüllen, damit sie die Zeit besser zu verbringen vermögen; da wird dann mit wichtigem Gesicht ein Pferd besehen und ein Stück Sammet gekauft, mit Laufen und Rennen eine gute Armbrust bestellt, und der Büchsenschmied kommt nicht aus dem Hause; da heißt es, ich muß meinen Wein einheimsen und meine Fässer putzen, meine Bäume putzen lassen und mein Dach decken; ich muß meine Frau ins Bad schicken, sie kränkelt und kostet mich viel Geld, und muß mein Holz fahrenlassen und mein Ausstehendes eintreiben; ich habe ein

Paar Windspiele gekauft und meine Bracken vertauscht, ich habe einen schönen eichenen Ausziehtisch eingehandelt und meine große Nußbaumlade drangegeben; ich habe meine Bohnenstangen geschnitten, meinen Gärtner fortgejagt, mein Heu verkauft und meinen Salat gesäet, immer mein und mein vom Morgen bis zum Abend. Manche sagen sogar: Ich habe meine Wäsche die nächste Woche, ich muß meine Betten sonnen, ich muß eine Magd dingen und einen neuen Metzger haben, denn den alten will ich abschaffen; ich habe ein allerliebstes Waffeleisen erstanden, durch Zufall, und habe mein silbernes Zimmetbüchschen verkauft, es war mir so nichts nütze; alles das sind wohlverstanden die Sachen der Frau, und so verbringt ein solcher Kerl die Zeit und stiehlt unserem Herrgott den Tag ab, indem er alle diese Verrichtungen aufzählt, ohne einen Streich zu tun. Wenn es hoch kommt und ein solcher Patron sich etwa ducken muß, so wird er vielleicht sagen: Unsere Kühe und unsere Schweine, aber –« Pineiß riß den Spiegel an der Schnur, daß er »miau« schrie, und rief: »Genug, du Plappermaul! Sag jetzt unverzüglich: Wo ist sie, von der du weißt?« Denn die Aufzählung aller dieser Herrlichkeiten und Verrichtungen, die mit einem Weibergute verbunden sind, hatte dem dürren Hexenmeister den Mund nur noch wässeriger gemacht. Spiegel sagte erstaunt: »Wollt Ihr denn wirklich das Ding unternehmen, Herr Pineiß?«

»Versteht sich, will ich! Wer sonst als ich? Drum heraus damit: Wo ist diejenige?«

»Damit Ihr hingehen und sie freien könnt?«

»Ohne Zweifel!« – »So wisset, die Sache geht nur durch meine Hand! Mit mir müßt Ihr sprechen, wenn Ihr Geld und Frau wollt!« sagte Spiegel kaltblütig und gleichgültig und fuhr sich mit den beiden Pfoten eifrig über die Ohren, nachdem er sie jedesmal ein bißchen naß gemacht. Pineiß besann sich sorgfältig, stöhnte ein bißchen und sagte: »Ich merke, du willst unsern Kontrakt aufheben und deinen Kopf salvieren!«

»Schiene Euch das so uneben und unnatürlich?«

»Du betrügst mich am Ende und belügst mich, wie ein Schelm!«

»Dies ist auch möglich!« sagte Spiegel.

»Ich sage dir: Betrüge mich nicht!« rief Pineiß gebieterisch.

»Gut, so betrüge ich Euch nicht!« sagte Spiegel.

»Wenn du's tust!«

»So tu' ich's.«

»Quäle mich nicht, Spiegelchen!« sprach Pineiß beinahe weinerlich, und Spiegel erwiderte jetzt ernsthaft: »Ihr seid ein wunderbarer Mensch, Herr Pineiß! Da haltet Ihr mich an einer Schnur gefangen und zerrt daran, daß mir der Atem vergeht! Ihr lasset das Schwert des Todes über mir schweben seit länger als zwei Stunden, was sag' ich, seit einem halben Jahre! Und nun sprecht Ihr: Quäle mich nicht, Spiegelchen!

Wenn Ihr erlaubt, so sage ich Euch in Kürze: Es kann mir nur lieb sein, jene Liebespflicht gegen die Tote doch noch zu erfüllen und für das bewußte Frauenzimmer einen tauglichen Mann zu finden, und Ihr scheint mir allerdings in aller Hinsicht zu genügen; es ist keine Leichtigkeit, ein Weibstück wohl unterzubringen, sosehr dies auch scheint, und ich sage noch einmal: Ich bin froh, daß Ihr Euch hierzu bereit finden lasset! Aber umsonst ist der Tod! Eh' ich ein Wort weiterspreche, einen Schritt tue, ja eh' ich nur den Mund noch einmal aufmache, will ich erst meine Freiheit wiederhaben und mein Leben versichert! Daher nehmet die Schnur weg und legt den Kontrakt hier auf den Brunnen, hier auf diesen Stein, oder schneidet mir den Kopf ab, eines von beiden!«

»Ei du Tollhäusler und Obenhinaus!« sagte Pineiß. »Du Hitzkopf, so streng wird es nicht gemeint sein? Das will ordentlich besprochen sein und muß jedenfalls ein neuer Vertrag geschlossen werden!« Spiegel gab keine Antwort mehr und saß unbeweglich da, ein, zwei bis drei Minuten. Da ward dem Meister bänglich, er zog seine Brieftasche hervor, klaubte seufzend den Schein heraus, las ihn noch einmal durch und legte ihn dann zögernd vor Spiegel hin. Kaum lag das Papier dort, so schnappte es Spiegel auf und verschlang es; und obgleich er heftig daran zu würgen hatte, so dünkte es ihn doch die beste und gedeihlichste Speise zu sein, die er je genossen, und er hoffte, daß sie ihm noch auf lange wohl bekommen und ihn rundlich und munter machen würde. Als er mit der angenehmen Mahlzeit fertig war, begrüßte er den Hexenmeister höflich und sagte: »Ihr werdet unfehlbar von mir hören, Herr Pineiß, und Weib und Geld sollen Euch nicht entgehen. Dagegen macht Euch bereit, recht verliebt zu sein, damit Ihr jene Bedingungen einer unverbrüchlichen Hingebung an die Liebkosungen Euerer Frau, die schon so gut wie Euer ist, ja beschwören und erfüllen könnt! Und hiermit bedanke ich mich des vorläufigen für genossene Pflege und Beköstigung und beurlaube mich!«

Somit ging Spiegel seines Weges und freute sich über die Dummheit des Hexenmeisters, welcher glaubte, sich selbst und alle Welt betrügen zu können, indem er ja die gehoffte Braut nicht uneigennützig, aus bloßer Liebe zur Schönheit ehelichen wollte, sondern den Umstand mit den zehntausend Goldgulden vorher wußte. Indessen hatte er schon eine Person im Auge, welche er dem törichten

Hexenmeister aufzuhalsen gedachte für seine gebratenen Krammetsvögel, Mäuse und Würstchen.

Dem Hause des Herrn Pineiß gegenüber war ein anderes Haus, dessen vordere Seite auf das sauberste geweißt war und dessen Fenster immer frisch gewaschen glänzten. Die bescheidenen Fenstervorhänge waren immer schneeweiß und wie soeben geplättet, und ebenso weiß war der Habit und das Kopf- und Halstuch einer alten Begine, welche in dem Hause wohnte, also daß ihr nonnenartiger Kopfputz, der ihre Brust bekleidete, immer wie aus Schreibpapier gefaltet aussah, so daß man gleich darauf hätte schreiben mögen; das hätte man wenigstens auf der Brust bequem tun können, da sie so eben und so hart war wie ein Brett. So scharf die weißen Kanten und Ecken ihrer Kleidung, so scharf war auch die lange Nase und das Kinn der Begine, ihre Zunge und der böse Blick ihrer Augen; doch sprach sie nur wenig mit der Zunge und blickte wenig mit den Augen, da sie die Verschwendung nicht liebte und alles nur zur rechten Zeit und mit Bedacht verwendete. Alle Tage ging sie dreimal in die Kirche, und wenn sie in ihrem frischen, weißen und knitternden Zeuge und mit ihrer weißen spitzigen Nase über die Straße ging, liefen die Kinder furchtsam davon, und selbst erwachsene Leute traten gern hinter die Haustüre, wenn es noch Zeit war. Sie stand aber wegen ihrer strengen Frömmigkeit und Eingezogenheit in großem Rufe und besonders bei der Geistlichkeit in hohem Ansehen, aber selbst die Pfaffen verkehrten lieber schriftlich mit ihr als mündlich, und wenn sie beichtete, so schoß der Pfarrer jedesmal so schweißtriefend aus dem Beichtstuhl heraus, als ob er aus einem Backofen käme. So lebte die fromme Begine, die keinen Spaß verstand, in tiefem Frieden und blieb ungeschoren. Sie machte sich auch mit niemand zu schaffen und ließ die Leute gehen, vorausgesetzt, daß sie ihr aus dem Wege gingen; nur auf ihren Nachbar Pineiß schien sie einen besonderen Haß geworfen zu haben; denn sooft er sich an seinem Fenster blicken ließ, warf sie ihm einen bösen Blick hinüber und zog augenblicklich ihre weißen Vorhänge vor, und Pineiß fürchtete sie wie das Feuer und wagte nur zuhinterst in seinem Hause, wenn alles gut verschlossen war, etwa einen Witz über sie zu machen. So weiß und hell aber das Haus der Begine nach der Straße zu aussah, so schwarz und räucherig, unheimlich und seltsam sah es von hinten aus, wo es jedoch fast gar nicht gesehen werden konnte als von den Vögeln des Himmels und den Katzen auf den Dächern, weil es in eine dunkle Winkelei von himmelhohen Brandmauern ohne Fenster hineingebaut war, wo nirgends ein menschliches Gesicht sich sehen ließ. Unter dem Dache dort hingen alte zerrissene Unterröcke, Körbe und Kräutersäcke, auf dem Dache wuchsen ordentliche Eibenbäumchen und Dornsträucher, und ein großer rußiger Schornstein ragte unheimlich in die Luft. Aus diesem Schornstein aber fuhr in der dunklen Nacht nicht selten eine Hexe auf ihrem Besen in die Höhe, jung und schön und splitternackt, wie Gott die Weiber geschaffen und der Teufel sie gern sieht. Wenn sie aus dem Schornstein fuhr, so schnupperte sie mit dem feinsten Näschen und mit lächelnden Kirschenlippen in der frischen Nachtluft und fuhr in dem weißen Scheine ihres Leibes dahin, indes ihr langes rabenschwarzes Haar wie eine Nachtfahne hinter ihr herflatterte. In einem Loch am Schornstein saß ein alter Eulenvogel, und zu diesem begab sich jetzt der befreite Spiegel, eine fette Maus im Maule, die er unterwegs gefangen.

»Wünsch' guten Abend, liebe Frau Eule! Eifrig auf der Wacht?« sagte er, und die Eule erwiderte: »Muß wohl! Wünsch' gleichfalls guten Abend! Ihr habt Euch lange nicht sehen lassen, Herr Spiegel!«

»Hat seine Gründe gehabt, werde Euch das erzählen. Hier habe ich Euch ein Mäuschen gebracht, schlecht und recht, wie es die Jahreszeit gibt, wenn Ihr's nicht verschmähen wollt! Ist die Meisterin ausgeritten?«

»Noch nicht, sie will erst gegen Morgen auf ein Stündchen hinaus. Habt Dank für die schöne Maus! Seid doch immer der höfliche Spiegel! Habe hier einen schlechten Sperling zur Seite gelegt, der mir heut zu nahe flog; wenn Euch beliebt, so kostet den Vogel! Und wie ist es Euch ergangen?«

»Fast wunderlich«, erwiderte Spiegel, »sie wollten mir an den Kragen. Hört, wenn es Euch gefällig ist.« Während sie nun vergnüglich ihr Abendessen einnahmen, erzählte Spiegel der aufmerksamen Eule alles, was ihn betroffen und wie er sich aus den Händen des Herrn Pineiß befreit habe. Die Eule sagte: »Da wünsch' ich tausendmal Glück, nun seid Ihr wieder ein gemachter Mann und könnt gehen, wo Ihr wollt, nachdem Ihr mancherlei erfahren!«

»Damit sind wir noch nicht zu Ende«, sagte Spiegel, »der Mann muß seine Frau und seine Goldgulden haben!«

»Seid Ihr von Sinnen, dem Schelm noch wohlzutun, der Euch das Fell abziehen wollte?«

»Ei, er hat es doch rechtlich und vertragsmäßig tun können, und da ich ihn in gleicher Münze wieder bedienen kann, warum sollt' ich es unterlassen? Wer sagt denn, daß ich ihm wohltun will? Jene Erzählung war eine reine Erfindung von mir, meine in Gott ruhende Meisterin war eine simple Person, welche in ihrem Leben nie verliebt noch von Anbetern umringt war, und jener Schatz ist ein ungerechtes Gut, das sie einst ererbt und in den Brunnen geworfen hat, damit sie kein Unglück daran erlebe. ›Verflucht sei, wer es da herausnimmt und verbraucht‹, sagte sie. Es macht sich also in betreff des Wohltuns!«

»Dann ist die Sache freilich anders! Aber nun, wo wollt Ihr die entsprechende Frau hernehmen?« – »Hier aus diesem Schornstein! Deshalb bin ich gekommen, um ein vernünftiges Wort mit Euch zu reden! Möchtet Ihr denn nicht einmal wieder frei werden aus den Banden dieser Hexe? Sinnt nach, wie wir sie fangen und mit dem alten Bösewicht verheiraten!«

»Spiegel, Ihr braucht Euch nur zu nähern, so weckt Ihr mir ersprießliche Gedanken.«

»Das wußt' ich wohl, daß Ihr klug seid! Ich habe das Meinige getan, und es ist besser, daß Ihr auch Euren Senf dazugebt und neue Kräfte vorspannt, so kann es gewiß nicht fehlen!«

»Da alle Dinge so schön zusammentreffen, so brauche ich nicht lang zu sinnen, mein Plan ist längst gemacht!« – »Wie fangen wir sie?« – »Mit einem neuen Schnepfengarn aus guten starken Hanfschnüren; geflochten muß es sein von einem zwanzigjährigen Jägerssohn, der noch kein Weib angesehen hat, und es muß schon dreimal der Nachttau darauf gefallen sein, ohne daß sich eine Schnepfe gefangen; der Grund aber hiervon muß dreimal eine gute Handlung sein. Ein solches Netz ist stark genug, die Hexe zu fangen.«

»Nun bin ich neugierig, wo Ihr ein solches hernehmt«, sagte Spiegel, »denn ich weiß, daß Ihr keine vergeblichen Worte schwatzt!«

»Es ist auch schon gefunden, wie für uns gemacht; in einem Walde nicht weit von hier sitzt ein zwanzigjähriger Jägerssohn, welcher noch kein Weib gesehen hat; denn er ist blind geboren. Deswegen ist er auch zu nichts zu gebrauchen als zum Garnflechten, und hat vor einigen Tagen ein neues, sehr schönes Schnepfengarn zustande gebracht. Aber als der alte Jäger es zum ersten Male ausspannen wollte, kam ein Weib daher, welches ihn zur Sünde verlocken wollte; es war aber so häßlich, daß der alte Mann voll Schreckens davonlief und das Garn am Boden liegenließ. Darum ist ein Tau darauf gefallen, ohne daß sich eine Schnepfe fing, und war also eine gute Handlung daran schuld. Als er des andern Tages hinging, um das Garn abermals auszuspannen, kam eben ein Reiter daher, welcher einen schweren Mantelsack hinter sich hatte; in diesem war ein Loch, aus welchem von Zeit zu Zeit ein Goldstück auf die Erde fiel. Da ließ der Jäger das Garn abermals liegen und lief eifrig hinter dem Reiter her und sammelte die Goldstücke in seinen Hut, bis der Reiter sich umkehrte, es sah und voll Grimm seine Lanze auf ihn richtete. Da bückte der Jäger sich erschrocken, reichte ihm den Hut dar und sagte: ›Erlaubt, gnädiger Herr, Ihr habt hier viel Gold verloren, das ich Euch sorgfältig aufgelesen!‹ Dies war wiederum eine gute Handlung, indem das ehrliche Finden eine der schwierigsten und besten ist; er war aber so weit von dem Schnepfengarn entfernt, daß er es die zweite Nacht im Walde liegenließ und den nähern Weg nach Hause ging. Am dritten Tag endlich, nämlich gestern, als er eben wieder auf dem Wege war, traf er eine hübsche Gevattersfrau an, die dem Alten um den Bart zu gehen pflegte und der er schon manches Häslein geschenkt hat. Darüber vergaß er die Schnepfen gänzlich und sagte am Morgen: ›Ich habe den armen Schnepflein das Leben geschenkt; auch gegen Tiere muß man barmherzig sein!‹ Und um dieser drei guten Handlungen willen fand er, daß er jetzt zu gut sei für diese Welt, und ist heute vormittag beizeiten in ein Kloster gegangen. So liegt das Garn noch ungebraucht im Walde, und ich darf es nur holen.« – »Holt es geschwind!« sagte Spiegel. »Es wird gut sein zu unserm Zweck!« – »Ich will es holen«, sagte die Eule, »steht nur so lange Wache für mich in diesem Loch, und wenn etwa die Meisterin den Schornstein hinaufrufen sollte, ob die Luft rein sei, so antwortet, indem Ihr meine Stimme nachahmt: ›Nein, es stinkt noch nicht in der Fechtschul'!« Spiegel stellte sich in die Nische, und die Eule flog still über die Stadt weg nach dem Wald. Bald kam sie mit dem Schnepfengarn zurück und fragte: »Hat sie schon gerufen?« – »Noch nicht!« sagte Spiegel.

Da spannten sie das Garn aus über den Schornstein und setzten sich daneben still und klug; die Luft war dunkel, und es ging ein leichtes Morgenwindchen, in welchem ein paar Sternbilder flackerten. »Ihr sollt sehen«, flüsterte die Eule, »wie geschickt die durch den Schornstein heraufzusäuseln versteht, ohne sich die blanken Schultern schwarz zu machen!« – »Ich hab' sie noch nie so nah gesehen«, erwiderte Spiegel leise, »wenn sie uns nur nicht zu fassen kriegt!«

Da rief die Hexe von unten: »Ist die Luft rein?« Die Eule rief: »Ganz rein, es stinkt herrlich in der Fechtschul'!« Und sobald kam die Hexe heraufgefahren und wurde in dem Garne gefangen, welches die Katze und die Eule eiligst zusammenzogen und verbanden. »Halt fest!« sagte Spiegel und »Binde gut!« die Eule. Die

Hexe zappelte und tobte mäuschenstill, wie ein Fisch im Netz; aber es half ihr nichts, und das Garn bewährte sich auf das beste. Nur der Stiel ihres Besens ragte durch die Maschen. Spiegel wollte ihn sachte herausziehen, erhielt aber einen solchen Nasenstüber, daß er beinahe in Ohnmacht fiel und einsah, wie man auch einer Löwin im Netz nicht zu nahe kommen dürfe. Endlich hielt sich die Hexe still und sagte: »Was wollt ihr denn von mir, ihr wunderlichen Tiere?«

»Ihr sollt mich aus Eurem Dienste entlassen und meine Freiheit zurückgeben!« sagte die Eule. – »Soviel Geschrei und wenig Wolle!« sagte die Hexe. »Du bist frei, mach dies Garn auf!« – »Noch nicht!« sagte Spiegel, der immer noch seine Nase rieb. »Ihr müßt Euch verpflichten, den Stadthexenmeister Pineiß, Euren Nachbar, zu heiraten auf die Weise, wie wir Euch sagen werden, und ihn nicht mehr zu verlassen!« Da fing die Hexe wieder an zu zappeln und zu prusten wie der Teufel, und die Eule sagte: »Sie will nicht dran!« Spiegel aber sagte: »Wenn Ihr nicht ruhig seid und alles tut, was wir wünschen, so hängen wir das Garn samt seinem Inhalte da vorn an den Drachenkopf der Dachtraufe, nach der Straße zu, daß man Euch morgen sieht und die Hexe erkennt! Sagt also: Wollt Ihr lieber unter dem Vorsitze des Herrn Pineiß gebraten werden oder ihn braten, indem Ihr ihn heiratet?«

Da sagte die Hexe mit einem Seufzer: »So sprecht, wie meint Ihr die Sache?« Und Spiegel setzte ihr alles zierlich auseinander, wie es gemeint sei und was sie zu tun hätte. »Das ist allenfalls noch auszuhalten, wenn es nicht anders sein kann!« sagte sie und ergab sich unter den stärksten Formeln, die eine Hexe binden können. Da taten die Tiere das Gefängnis auf und ließen sie heraus. Sie bestieg sogleich den Besen, die Eule setzte sich hinter sie auf den Stiel und Spiegel zuhinterst auf das Reisigbündel und hielt sich da fest, und so ritten sie nach dem Brunnen, in welchen die Hexe hinabfuhr, um den Schatz heraufzuholen.

Am Morgen erschien Spiegel bei Herrn Pineiß und meldete ihm, daß er die bewußte Person ansehen und freien könne; sie sei aber allbereits so arm geworden, daß sie, gänzlich verlassen und verstoßen, vor dem Tore unter einem Baum sitze und bitterlich weine. Sogleich kleidete sich Herr Pineiß in sein abgeschabtes gelbes Samtwämschen, das er nur bei feierlichen Gelegenheiten trug, setzte die bessere Pudelmütze auf und umgürtete sich mit seinem Degen; in die Hand nahm er einen alten grünen Handschuh, ein Balsamfläschchen, worin einst Balsam gewesen und das noch ein bißchen roch, und eine papierne Nelke, worauf er mit Spiegel vor das Tor ging, um zu freien. Dort traf er ein weinendes Frauenzimmer sitzen unter einem Weidenbaum, von so großer Schönheit, wie er noch nie gesehen; aber ihr Gewand war so dürftig und zerrissen, daß, sie mochte sich auch schamhaft gebärden, wie sie wollte, immer da oder dort der schneeweiße Leib ein bißchen durchschimmerte. Pineiß riß die Augen auf und konnte vor heftigem Entzükken kaum seine Bewerbung vorbringen. Da trocknete die Schöne ihre Tränen, gab ihm mit süßem Lächeln die Hand, dankte ihm mit einer himmlischen Glockenstimme für seine Großmut und schwur, ihm ewig treu zu sein. Aber im selben Augenblick erfüllte ihn eine solche Eifersucht und Neideswut auf seine Braut, daß er beschloß, sie vor keinem menschlichen Auge jemals sehen zu lassen. Er ließ sich bei einem uralten Einsiedler mit ihr trauen und feierte das Hochzeitsmahl in seinem Hause, ohne andere Gäste als Spiegel und die Eule, welche ersterer mitzubringen sich die Erlaubnis erbeten hatte. Die zehntausend Goldgulden standen in einer Schüssel auf dem Tisch, und Pineiß griff zuweilen hinein und wühlte in dem Golde; dann sah er wieder die schöne Frau an, welche in einem meerblauen Sammetkleide dasaß, das Haar mit einem goldenen Netz umflochten und mit Blumen geschmückt und den weißen Hals mit Perlen umgeben. Er wollte sie fortwährend küssen, aber sie wußte verschämt und züchtig ihn abzuhalten, mit einem verführerischen Lächeln, und schwur, daß sie dieses vor Zeugen und vor Anbruch der Nacht nicht tun würde. Dies machte ihn nur noch verliebter und glückseliger, und Spiegel würzte das Mahl mit lieblichen Gesprächen, welche die schöne Frau mit den angenehmsten, witzigsten und einschmeichelndsten Worten fortführte, so daß der Hexenmeister nicht wußte, wie ihm geschah vor Zufriedenheit. Als es aber dunkel geworden, beurlaubten sich die Eule und die Katze und entfernten sich bescheiden; Herr Pineiß begleitete sie bis unter die Haustür mit einem Lichte und dankte dem Spiegel nochmals, indem er ihn einen trefflichen und höflichen Mann nannte, und als er in die Stube zurückkehrte, saß die alte weiße Begine, seine Nachbarin, am Tisch und sah ihn mit einem bösen Blick an. Entsetzt ließ Pineiß den Leuchter fallen und lehnte sich zitternd an die Wand. Er hing die Zunge heraus, und sein Gesicht war so fahl und spitzig geworden wie das der Begine. Diese aber stand auf, näherte sich ihm und trieb ihn vor sich her in die Hochzeitskammer, wo sie mit höllischen Künsten ihn auf eine Folter spannte, wie noch kein Sterblicher erlebt. So war er nun mit der Alten unauflöslich verehelicht, und in der Stadt hieß es, als es ruchbar wurde: Ei seht, wie stille Wasser tief sind! Wer hätte gedacht, daß die fromme Begine und der Herr Stadthexenmeister sich noch verheiraten würden! Nun, es ist ein ehrbares und rechtliches Paar, wenn auch nicht sehr liebenswürdig!

Herr Pineiß aber führte von nun an ein erbärmliches Leben; seine Gattin hatte sich sogleich in den Besitz aller seiner Geheimnisse gesetzt und beherrschte ihn vollständig. Es war ihm nicht die geringste Freiheit und Erholung gestattet, er mußte hexen vom Morgen bis zum Abend, was das Zeug halten wollte, und wenn Spiegel vorüberging und es sah, sagte er freundlich: »Immer fleißig, fleißig, Herr Pineiß?«

Seit dieser Zeit sagt man zu Seldwyla: Er hat der Katze den Schmer abgekauft!, besonders wenn einer eine böse und widerwärtige Frau erhandelt hat.

Die Taschenbuchreihe Goldmann KLASSIKER enthält deutsche, römische, griechische, französische, italienische, spanische, englische und russische Literatur. Auf den nachstehenden Seiten folgt eine Auswahl der deutschen Klassikerausgaben.
Leser, die eine vollständige Übersicht über die Klassiker wünschen, bitten wir, unser Verlagsverzeichnis anzufordern.

BÜCHNER, GEORG: Gesammelte Werke: Dantons Tod; Lenz; Leonce und Lena; Der Hessische Landbote (7510)
CHAMISSO, ADALBERT VON: Peter Schlemihls wundersame Geschichte. Weiterer Inhalt: Gedichte; Reise um die Welt (Auswahl) (1901)
DROSTE-HÜLSHOFF, ANNETTE VON: Gedichte; Die Judenbuche. Eine Auswahl aus dem Gesamtwerk: Lyrische Gedichte; Balladen; Geistliche Gedichte; Aus: Ledwina; Aus: Bilder aus Westfalen (704)
EBNER-ESCHENBACH, MARIA VON:
- Krambambuli und andere Erzählungen: Krambambuli; Die Freiherren von Gemperlein; Er laßt die Hand küssen; Der Kreisphysikus; Der Muff (2752)
- Die Sünderin. Erzählungen aus dem alten Österreich: Die Sünderin; Der Vorzugsschüler; Ein Spätgeborner; Der Herr Hofrat (2926)

FONTANE, THEODOR: Ausgewählte Romane und Erzählungen in 10 Bänden:
- L'Adultera; Unterm Birnbaum (1571)
- Cécile (1573)
- Effi Briest (1576)
- Frau Jenny Treibel (7522)
- Grete Minde; Ellernklipp (1570)
- Irrungen Wirrungen (7521)

FONTANE, THEODOR *(Fortsetzung)*
- Die Poggenpuhls; Mathilde Möhring (1578)
- Schach von Wuthenow; Stine (1572)
- Der Stechlin (7525)
- Unwiederbringlich (1575)

GOTTHELF, JEREMIAS: Ausgewählte Romane und Erzählungen in 3 Bänden:
- Uli der Knecht. Roman (1661/62)
- Uli der Pächter. Roman (1663/64)
- Die schwarze Spinne und andere Erzählungen: Wie Joggeli eine Frau sucht; Die schwarze Spinne; Elsi, die seltsame Magd; Wie Christen eine Frau gewinnt (2637)

GRILLPARZER, FRANZ: Ausgewählte Werke in 4 Bänden:
- Das Goldene Vließ. Ein dramatisches Gedicht. Der Gastfreund; Die Argonauten; Medea (724)
- Sappho; Des Meeres und der Liebe Wellen (1496)
- Weh dem, der lügt!; Der Traum ein Leben (1990)
- Der arme Spielmann; Das Kloster bei Sendomir. Erzählungen (2914)

HEINE, HEINRICH: Ausgewählte Werke in 5 Bänden:
- Florentinische Nächte; Das Buch Le Grand; Aus den Memoiren des Herrn von Schnabelewopski; Der Rabbi von Bacharach (KL 237)
- Buch der Lieder (KL 234)
- Deutschland, ein Wintermärchen; Atta Troll; Zeitkritische Schriften (7520)
- Reisebilder: Die Harzreise; Die Nordsee; Die Stadt Lucca; Die Bäder von Lucca (KL 233)
- Die Romantische Schule; Späte Lyrik (961)

LICHTENBERG, GEORG CHRISTOPH: Aphorismen und Aufsätze. Eine Auswahl (2816)

Verehrter Leser,
senden Sie bitte diese Karte ausgefüllt an den Verlag. Sie erhalten kostenlos unsere Verlagsverzeichnisse zugestellt.

WILHELM GOLDMANN VERLAG · 8 MÜNCHEN 80

Bitte hier abschneiden

Diese Karte entnahm ich dem Buch

Kritik + Anregungen

Ich wünsche die kostenlose und unverbindliche Zusendung des Verlagskataloges und laufende Unterrichtung über die Neuerscheinungen des Wilhelm Goldmann Verlages.

Name

Beruf Ort

Straße

Ich empfehle, den Katalog auch an die nachstehende Adresse zu senden:

Name

Beruf Ort

Straße

Aus dem WILHELM GOLDMANN VERLAG
8 München 80, Postfach 80 07 09 bestelle ich
durch die Buchhandlung

Anzahl	Titel bzw. Band-Nr.	Preis

Datum: Unterschrift:

4535 · 7039 · 3.000

Bitte mit Postkarten-Porto frankieren.

Wilhelm Goldmann Verlag

8000 MÜNCHEN 80

Postfach 80 07 09